Faith Popcorn
DER POPCORN-REPORT

FAITH POPCORN

DER POPCORN REPORT

TRENDS FÜR DIE ZUKUNFT

WILHELM HEYNE VERLAG
MÜNCHEN

Titel der amerikanischen Originalausgabe
THE POPCORN REPORT
Faith Popcorn on the Future of Your Company, Your World, Your Life

Ins Deutsche übertragen von Ilse Utz

Die Originalausgabe erschien im Verlag Doubleday,
a division of Bantam Doubleday Dell Publishing Group, Inc., New York

5. Auflage
Umschlaggestaltung: Norbert Härtl, München
Satz: Kort Satz GmbH, München
Druck und Bindung: RMO-Druck, München
Printed in Germany

ISBN 3-453-05601-9

Dieses Buch ist gewidmet:

Lysbeth A. Marigold, einer klugen Beraterin,
engen Mitarbeiterin, meiner besten Freundin.
Beim Schreiben und kreativen Schaffen war sie unermüdlich,
geduldig, perfekt.

Ayse und Robert H. Kenmore,
die immer für mich da sind
und die mich dazu gebracht haben,
dieses Buch zu schreiben.

Rose und Isaac und Clara und George,
die mir bei der Gestaltung geholfen haben.

Danke.

Inhalt

1. Teil

ZEITSTRÖMUNGEN

»Die Zukunft hat große Ähnlichkeit mit der Vergangenheit,
manchmal nur ein wenig mehr.«

Die Prognose:
Ein Soziobeben!

Dies ist schon eine seltsame Zeit.

So dachte man gestern, so denkt man heute, aber morgen wird man wahrscheinlich nicht mehr so denken.

In größeren Abständen wird die Welt durch Ereignisse und Neuerungen elektrisiert, die so durchschlagend sind, daß sie das gesamte Alltagsleben durchdringen und verändern. Die Industrielle Revolution. Kriege, Seuchen. Die Erfindung des Autos. Das Fernsehen. Oder der Mikrochip. Derartige Veränderungen sind nicht vorhersehbar.

Ein Wandel ganz anderer Art zeichnet sich heute ab. Er wird nicht durch ein bestimmtes Ereignis ausgelöst, sondern durch eine sich radikal verändernde Einstellung zu unserer Vergangenheit, Gegenwart und Zukunft. Dieser Wandel wird tiefgreifender sein als alle sozialen Umbrüche, die Amerika in seiner jüngeren Vergangenheit erlebt hat. Hierbei wird es sich nicht um eine Entwicklung an den Rändern der Gesellschaft handeln, die lediglich von protestierenden Studenten und aufbegehrenden Armen getragen wird, wenngleich diese sich lautstark zu Wort melden werden.

Das neue Soziobeben wird vielmehr das »ganz normale« Amerika verändern.

Amerika ist eine Konsumentenkultur, und wenn wir verändern, was wir kaufen – und wie wir es kaufen –, dann verändern wir uns selbst.

Ich glaube nicht an das ganze Gerede von der Jahrtausendwende als dem Zeitpunkt, an dem die Weichen neu gestellt werden. Ich sträube mich gegen die Vorstellung, daß wir durch ein bestimmtes Jahr oder eine bestimmte Jahreszeit zum Handeln motiviert werden. Die Dinge geschehen dann, wenn sie geschehen. Das Ende des Jahrtausends wird einzig und allein deswegen hochgespielt, weil die Menschen wollen, daß es etwas Besonderes ist.

Die Jahrtausendwende wird überhaupt nichts ändern. *Wir allein sind diejenigen, die sich für Veränderungen entscheiden müssen.*

Zum ersten Mal in der Geschichte der Menschheit ist die Wildnis sicherer als die »Zivilisation«.

In der Wildnis gibt es keine Drogen, keine U-Bahn-Morde, kein Asbest, keine Scud-Raketen.

Wir werden uns immer mehr in die Abgeschiedenheit der Festung zurückziehen – my home is my castle. Der Zweck dieser Festung? Sie soll uns das Gefühl von Sicherheit geben. Ausgeklügelte Verteilungssysteme werden die Festungen versorgen; mit dem gewohnten Einkaufen, so wie wir es kennen, wird es dann vorbei sein – das Einkaufen hat der Unterhaltung und Zerstreuung zu dienen. Die Festung wird das Zentrum der Produktion sein (wir werden zu Hause arbeiten); das Zentrum der Sicherheit (wir werden sie vor Eindringlingen zu schützen wissen); das Zentrum des Konsums. In die immer uneinnehmbarere Festung einzudringen, wird in diesem Jahrzehnt die größte Herausforderung für Anbieter und Hersteller sein.

Zum ersten Mal in der Geschichte ist die Natur nicht mehr unser Verbündeter, sondern unser Feind.

Wir sind jetzt die gefährdete Gattung. Was wir essen, ist zu einem Politikum geworden. Das Bedürfnis, sich fit zu machen, ist durch den *Willen zum Überleben* ersetzt worden.

12

»Natürlich« war in den letzten Jahren das Zauberwort, mit dem unsere Nahrungsmittel etikettiert wurden. Jetzt sind Zweifel an den Quellen der natürlichen Nahrungsmittel aufgekommen: Wer weiß, welcher Müll unter unserem »biologisch« angebauten Gemüse liegt, und wie viele Hektar Regenwald unserem Hamburger-Konsum zum Opfer gefallen sind?

Bald werden wir Nahrungsmittel haben wollen, die unter ständiger Kontrolle in hygienischen Labors hergestellt werden. Die Produzenten von unbelasteten Lebensmitteln werden statt Latzhosen Laborkittel tragen. All die neuen, kontrollierten und unbelasteten Lebensmittel werden mit einwandfreien Zertifikaten verkauft werden: Hühner mit Lebensläufen (wo sie gezüchtet wurden, was sie gefressen haben); Fische mit Gütesiegeln von Fischfarmen (gleich neben den Restaurants – eine neue Bedeutung von »frisch«); Produkte mit Aufklebern, auf denen die Anbaubedingungen aufgeführt sind (wer sie bearbeitet hat, die Qualität des verwendeten Wassers).

Funktionale Nahrungsmittel. Zum Überleben. Zum Heilen. Wir werden gegen die Entdeckung rebellieren, daß wir die ganze Zeit nicht »gegessen haben, um zu leben«, sondern »gegessen haben, um zu sterben«.

Sagt man heute »nein« zu Drogen, wird man schon bald zu einer anderen Art von Drogen »ja« sagen – solchen, die regulierend auf die Psyche, die Stimmung und das Gedächtnis einwirken.

Mit Medikamenten kombinierte Nahrungsmittel, »Pharmalebensmittel«, werden die Dynamik von Körper und Seele steigern. Nahrungsmittel, die in genauen Dosierungen verschrieben werden, Nahrungsmittel, die die Leistungsfähigkeit erhalten und den Organismus verjüngen. Die Behandlung mit Heilkräutern, die eine jahrtausendealte Tradition hat, wird sich mit der »modernen« Schulmedizin verbinden, um Gesundheit und Wohlbefinden auf einen Stand zu bringen, den es in der Geschichte der Menschheit noch nie gegeben hat. Man wird seinen Streß messen und dadurch besser kontrollieren können. Man wird Kräuter für die äußere und innere Reinigung des Körpers kaufen. Licht- und Dufttherapien werden Einzug in die Festung halten und dort ihre beruhigende und heilende Wirkung entfalten.

Da den USA und dem restlichen Planeten nur noch eine bestimmte Frist vergönnt ist, wird sich ihr »Adrenalin-Spiegel« erhöhen: Die Kräfte der Menschen werden derartig wachsen, daß sie geradezu Übermenschliches vollbringen können.

■ Die Frist wird durch die Umweltprobleme gesetzt: Mit der Erde ist ein solcher Raubbau getrieben worden, daß sie sich nicht mehr von selbst regenerieren kann.

■ Die Frist wird durch die Probleme des Bildungswesens gesetzt: Unsere Kinder erhalten keinen ausreichenden Unterricht. 23 Prozent der amerikanischen Bevölkerung sind Analphabeten. Und der Prozentsatz steigt.

■ Die Frist wird durch die sozialpolitischen Probleme gesetzt: Zu viele Regierungsvertreter reagieren gleichgültig auf die Mißstände; sie sind nur an ihrer Wiederwahl interessiert. Die Moral: auch sie ist auf der Strecke geblieben. Heute können wir über unsere Vorbilder Skandalgeschichten lesen oder sie im Gefängnis besuchen.

■ Die Frist wird durch die ökonomischen Probleme gesetzt: Unsere Gesellschaft hat einen unvorstellbaren Schuldenberg angehäuft. Die Wirtschaft könnte in keinem schlimmeren Zustand sein. Erinnert man sich noch an die Zeit, als eine drohende Rezession nationale Ängste auslöste? Nein. Heute leben wir von einer Rezession zur nächsten, wobei die Erholungsphasen immer kürzer werden.

Heute brauchen die meisten Familien zwei Einkommen, um überhaupt nur annähernd einen Mittelklasse-Lebensstil zu erreichen – was mindestens eine Achtzig-Stunden-Woche bedeutet. Wenn es eine nationale Plage gibt, dann ist es die Erschöpfung. Wir sind sogar zu müde, um so oft wie früher Zerstreuung durch das Fernsehen zu suchen.

Und was machen wir mit unserer abnehmenden Freizeit? Müll sortieren. So weit ist es im industriellen Zeitalter mit uns gekommen.

Wir befinden uns als Menschen – und Konsumenten – auf dem Rückzug. Es gibt Leute, die Abo-Aufkleber von ihren Zeitungen entfernen, bevor sie sie wegwerfen. Warum? Niemand möchte von einer Welt identifiziert werden, von der er sich immer mehr abschottet. Die Volkszählung von 1990 war ein einziger Fehlschlag. Niemand wollte gezählt werden. Die Marktforscher finden keine Konsumenten, die sich befragen lassen wollen. Niemand will reden (wie immer bei den Menschen hat auch diese Medaille eine Kehrseite). So sehr wir einerseits bestrebt sind, uns zu verstecken, so sehr haben wir andererseits das Bedürfnis, unsere Individualität herauszustellen. Wir treten unseren Rückzug in Autos mit besonders individuellen Nummernschildern an.

Wir sprechen nicht mehr in geselliger Runde über unsere Jobs, unsere Pläne, unsere Zukunft. Das hieße langfristig denken, doch niemand von uns fühlt sich imstande, weit vorauszuplanen. Die Zukunft erscheint uns nicht mehr als erlebenswert. Man muß das Gefühl haben, die Dinge im Griff zu haben, um in langfristigen Perspektiven zu denken. Doch wir haben die Dinge nicht im Griff.

Wenn sich die Lage noch weiter verschlechtert, wird sich unser Adrenalin-Spiegel verändern. Der düster-besorgte Grundton, der alles durchzieht (ich spüre ihn, jedermann spürt ihn), wird der Akzeptanz weichen. Zuerst werden wir erkennen, daß die Dinge wirklich so schlecht *sind*, wie sie erscheinen. Dann wird Zorn aufkommen, der sich gegen die Unternehmen richtet, die hundert Jahre lang nach dem Motto gewirtschaftet haben »Ressourcen ausfindig machen und zerstören«, sowie gegen die Regierung, die mit ihnen unter einer Decke steckte. Und nach dem Zorn wird sich schließlich der Adrenalin-Stoß einstellen, der uns die Kraft geben wird, die Zukunft zu meistern.

Pessimismus kann man nicht lange aushalten.

Wenn der Umschwung kommt – vielleicht schon 1992 –, wird er uns diese neue Phase des Soziobebens bescheren. Die Psyche der Konsumenten wird sich zu neuen, hoffnungsvollen Höhen aufschwingen. Die Stimmung wird steigen. Wir werden weiterhin kaufen, ja, aber wir werden dabei vorsichtig zu

Werke gehen, aus der neuen Erkenntnis heraus, daß das Kaufen ein politischer Akt ist, dessen Verästelungen in alle Lebensbereiche hineinreichen. Nach dem Umschwung wird Überzeugung an die Stelle von Vorsicht treten.

Da die Konsumenten die Haupttriebkraft dieses Umbruchs, dieses Soziobebens sein werden, werden die Geschäftsleute versuchen, mit der neuen Entwicklung Schritt zu halten. Die Unternehmen werden feststellen, daß man nicht nur verkauft, was man herstellt. Man verkauft auch seine Identität. Wie in dem Spiel »Die Reise nach Jerusalem« werden viele Unternehmen ohne einen Platz dastehen, wenn die Musik zu spielen aufhört. Das sind die Unternehmen, die den Verbrauchern morgen nicht das bieten können, was sie haben wollen.

Ich weiß das, weil wir untersuchen, wie sich die Verbraucher heute fühlen und wie sie sich morgen fühlen werden. Wir haben für unsere Kunden aus den Kreisen der 500 größten Unternehmen seit 1974 das Verbraucherverhalten vorausgesagt; damals habe ich die Marketing-Beratungsfirma BrainReserve gegründet, die darauf spezialisiert ist, neue Produkte und Dienstleistungen zu entwickeln und bereits bestehende Marken für den zukünftigen Verbraucher zu reaktivieren. Diese Prognosen basieren nicht auf irgendwelchen geheimnisvollen psychischen Fähigkeiten, sondern auf einer tragfähigen Methode, die wir im Laufe der Jahre entwickelt und verfeinert haben. Diese Methode kann jeder in jedem Geschäftszweig auf jedes Problem anwenden. Mit ihrer Hilfe läßt sich sogar überprüfen, ob das persönliche Leben »im Trend« liegt.

Im Laufe der Jahre haben sich viele unserer Prognosen als richtig erwiesen: die Bedeutung des Kokon-Syndroms (die Tendenz, sich in den eigenen vier Wänden einzuspinnen); die Heraufkunft des Jahrzehnts der Anständigkeit (1990er Jahre), lange bevor George Bush seine prophetischen Worte über Freundlichkeit und Sanftheit sprach; und das Phänomen, daß immer mehr Männer und Frauen auf der Suche nach einer besseren Lebensqualität aus dem harten wirtschaftlichen Konkurrenzkampf aussteigen. Diejenigen unserer Kunden, die aufgrund unserer Prognosen zur Nachfrage nach frischen Lebensmitteln, zur Beliebtheit von Lieferungen frei Haus, zum Appetit der Verbraucher auf mexikanische Gerichte und »Hausgemachtes«, zur steigenden Geburtenrate, zum Erfolg des Allradantriebs und zum Scheitern der neuen Cola Investitionen vorgenommen haben, waren und sind deshalb erfolgreich, weil sie unsere Interpretationen der Verbraucher-Trends in bedeutende neue Produkte umgesetzt haben.

Was wir nun für die Zukunft voraussagen, ist eine Verbraucher-Rebellion, die sich auf jede Ladenkasse, jedes Unternehmen und jeden Haushalt in Amerika auswirken wird.

Die Zukunft ist eine ernste Angelegenheit; und wenn Ihre Kunden die Zukunft vor Ihnen erreichen, landen Sie im Abseits. Hier sind einige der Fragen, die wir unseren Kunden stellen, um ihnen zu helfen, den Verbrauchern immer einen großen Schritt voraus zu sein.

■ Ein großes Finanzdienstleistungsunternehmen fragen wir: Welche Veränderungen sind im Bereich des Kreditkartengeschäfts in den neunziger Jahren erforderlich – wenn die Ausgaben der Kunden stagnieren?

■ Ein Casino-Hotel: Wie bringen Sie Familien mit Kindern die Freuden des Glücksspiels nahe?

■ Eine Brotfabrik: Wie kann ein Unternehmen die tiefverwurzelte Überzeugung der Verbraucher verändern, daß Brot ein Satt- und Dickmacher ist? (Eine Möglichkeit besteht darin, die Verbraucher davon zu überzeugen, daß gewisse Brotsorten zu einem längeren und gesünderen Leben beitragen.)

■ Ein Kamera-Unternehmen: Wie sieht die Zukunft der Fotografie in einer elektronischen Welt aus, in der Filme vielleicht schon bald der Vergangenheit angehören?

■ Eine Lebensmittelfabrik: Wie bekämpfen Sie die zunehmende Überzeugung, daß behandelte Lebensmittel Gift sind? Wir rieten einer Firma, die Herkunft der einzelnen Bestandteile anzugeben. Und wir schlugen ihr vor, einen zweiten Verwaltungsrat unter Einbeziehung von Müttern und Kindern zu bilden, die bei umweltrelevanten Entscheidungen mitberaten und mitentscheiden können.

■ Eine Hamburger-Kette: Die Menschen essen immer weniger Rindfleisch. Wie verhindern Sie, daß sie sich auch von Ihren Produkten abwenden?

Seit zehn Jahren machen wir unseren Kunden klar, daß dieses Soziobeben kurz bevorsteht. Und jetzt, da sich die Konturen des Umbruchs abzeichnen, haben wir ein ganz merkwürdiges Gefühl – es ist fast wie eine Art *déjà vu*. Ich habe noch nie Veränderungen gesehen, die so umfassend und radikal sind. In diesem Jahrzehnt wird sich ein totaler Wandel vollziehen – die Schnellebigkeit wird dem Rückzug ins eigene Heim und der Abschirmung vor der Welt weichen. Es wird eine neue Moral, eine neue Religion, neue Lebensmittel, eine neue Wissenschaft, eine neue Medizin geben. Alles wird neu sein. Alles.

Manche werden in diesem Jahrzehnt ökonomisch auf der Strecke bleiben; aber diejenigen, die sich rechtzeitig auf den Umbruch einstellen, werden ihn überleben. Dieses Buch soll Ihnen helfen, die bevorstehenden Umwälzungen zu erkennen – und zu überleben.

Rückblende:
Die Lehren eines Lebens

Meine Eltern waren Rechtsanwälte; mein Vater war auf Straf-
sachen, meine Mutter auf Zivilsachen spezialisiert. Sie waren
die perfekte Links-Hirn- / Rechts-Hirn-Kombination; mein Vater war intuitiv, meine Mutter durch und durch rational –
Eigenschaften, die im Geschäftsleben am wichtigsten sind, aber
gut ausgewogen sein müssen.

Die ersten fünf Jahre meines Lebens verbrachten wir in
Schanghai (mein Vater arbeitete damals für den militärischen
Nachrichtendienst). Am deutlichsten erinnere ich mich daran,
daß ich mit meinem Kindermädchen in einer Rikscha fuhr und
daß wir es uns (zum Entsetzen meiner Mutter) in den Garkü-
chen am Straßenrand schmecken ließen. Da das Leben damals
so gefährlich war (man hatte Angst, »schanghait« zu werden),
wurde ich (diesmal zum Entsetzen meiner orthodox-jüdischen
Großmutter) als Tagesschülerin in die Klosterschule des Sacred
Heart Convent geschickt.

Nachdem wir das Land fluchtartig (mit dem letzten Flugzeug)
verlassen hatten, bevor der Rote Vorhang endgültig niederging,
bezogen wir wieder unsere Wohnung in Manhattan, die in der

Elften Straße, zwischen der Ersten und Zweiten Avenue, lag. In jenen Jahren, als die Mittelklasse in die Vororte drängte, war ich ein typisches Stadtkind. Seitdem frage ich mich, ob ich die großen Mehrheitstrends in Amerika vielleicht deshalb mit objektiveren Augen betrachten konnte, weil ich außerhalb stand.

In den nächsten Jahren verbrachte ich mehr Zeit bei meinen Großeltern mütterlicherseits als bei meinen Eltern. Meine Großmutter war in Amerika geboren, während mein Großvater aus Rußland kam (er war mit einem Pferd geflohen, wie er überzeugend behauptete). Sie wohnten einige Häuserblocks von uns entfernt, wo ihnen mehrere Mietshäuser gehörten. Die Devise meines Großvaters war: Man soll nichts kaufen, was man nicht im Auge behalten kann. So saß ich also mit ihm in der Zweiten Avenue auf einem Wiener Stuhl und half ihm, die Häuser »im Auge zu behalten«.

Und hier eignete ich mir auch meine ersten Marketing-Kenntnisse an.

Mein Großvater hatte ein Herrenbekleidungsgeschäft und wir dekorierten die Schaufenster gemeinsam. Dann gingen wir mit unseren Stühlen nach draußen und warteten. Wenn sich zu wenige Kunden von unserer Dekoration angesprochen fühlten, gingen wir wieder hinein und gestalteten das Fenster neu. Gab man dem Schlips eine lässigere Note oder nahm man ein Hemd in einer anderen Farbe, konnte man, so lernte ich, eine andere Botschaft vermitteln.

Derweil saß meine Großmutter in ihrer Wohnung über dem Geschäft und führte die Bücher. Jeden Mittag zur gleichen Zeit löste sie meinen Großvater im Laden ab, und die beiden gingen meistens auf der Treppe aneinander vorbei, ohne ein Wort zu wechseln – alles war wunderbar eingespielt. Nach dem Lunch begegneten sie sich wieder fast schweigend, um auf ihren alten Posten zurückzukehren. Ich denke oft an sie, wenn ich meine Seminare gebe und den Trend zum Aussteigen erwähne: Sie hatten den perfekten kleinen Familienbetrieb, in dem es redlich und menschlich zuging, und der so gut lief, daß es keiner Worte bedurfte.

Es war auch Großmutters Aufgabe, jeden Monat die Mieten

zu kassieren; auch dabei »half« ich ihr. Am ersten Tag des Monats kamen die Mieter, um ihre Miete zu zahlen – acht, zwölf oder zwanzig Dollar pro Monat. Sie saß dann am Mahagoni-Tisch in ihrem Eßzimmer und hielt mit ihnen ein kleines Schwätzchen, wobei Jiddisch, Russisch, etwas Deutsch und Ukrainisch gesprochen wurde.

Das Geschäft ging gut. Das Persönliche war mit dem Praktischen verbunden, die Familie und gelegentlich auch Freunde waren einbezogen, und für die Betreuung von meiner Schwester Mechele und mir war ebenfalls gesorgt. Beim Essen drehten sich die Gespräche um die täglichen Probleme und ihre Lösungen – Arbeit war nie etwas, das um fünf Uhr schlagartig beendet war. Wir redeten über die Mietshäuser, das Geschäft, die Rechtsfälle meiner Eltern. Jeder wußte alles, und wir alle halfen uns, so gut wir konnten. Das Ziel war täuschend einfach: Erledige deine Arbeit, und freue dich an dem, was du tust.

Jahre später, als ich die Konzeption für BrainReserve entwarf, gestaltete ich sie instinktiv so, wie ich es von meiner Familie gelernt hatte. Zuerst brachte ich meine Schwester, ihre Freunde und meine Freunde in dem Unternehmen unter. Viele meiner früheren Kollegen waren entsetzt. Wenn du Marketing-Beraterin werden willst, so *verhalte* dich auch wie eine, sagten sie mir. Gib deinen Leuten wohlklingende Titel. Geh wissenschaftlich (steif und trocken) an die Dinge heran. Gib keine Informationen an Außenstehende weiter. Und du mußt einige studierte Marketing-Experten anheuern.

Statt dessen heuerte ich meine beste Freundin, Lys Marigold, an, eine Journalistin, die sich als geniale Produzentin hervorragender Ideen entpuppte, die über alles etwas wußte und die das Marketing-Chinesisch ins Englische übersetzte. Sie arbeitete zehn Jahre lang mit uns zusammen, wobei sie immer behauptete, daß ihre Tätigkeit nur »vorübergehend« sei; und als sie uns dann wirklich verließ, um für längere Zeit nach Europa zu gehen, waren wir alle am Boden zerstört. Aber alles hat sich zum Guten gewendet – wir faxen ihr bestimmte Fragen nach Amsterdam und spannen sie im Büro ein, wenn sie nach Hause kommt. Sie kam auch, um an diesem Buch mitzuarbeiten.

Meine Schwester Mechele Flaum hat jetzt die Leitung von BrainReserve – sie führt die laufenden Geschäfte, macht die strategische Planung und sorgt für die Zufriedenheit der Kunden. Außerdem behält sie, getreu der Familientradition, immer noch die Häuser unserer Großeltern »im Auge«.

Für mich war der entscheidende Punkt, daß ich niemals ein Unternehmen im herkömmlichen Stil haben wollte, in dem die Angestellten wie die Roboter in ihren Büros sitzen.

Ich versuchte, eine Denk-Gemeinschaft zu schaffen... denn ich glaube, daß die Produktivität am meisten durch Freiheit gefördert wird... und Freiheit bringt Kreativität hervor. Eine freie und flexible Umgebung ist ein Ort, an dem Menschen zusammen die Zukunft erkunden können.

Man muß in die Zukunft blicken, um die Gegenwart zu meistern

Die Zukunft ist eine kollektive Anstrengung. Man kann nicht allein entscheiden, wie die Zukunft aussehen soll, und man kann sie vor allem nicht allein schaffen. Die ganze Unternehmung BrainReserve basiert auf dem Glauben an Zusammenarbeit.

Vor Jahren, als ich künstlerische Leiterin der Werbeagentur Smith-Greenland war, hatte ich folgende unglaublich einfache Idee: die gescheitesten Leute, die ich auftreiben konnte, zusammenzubringen, um ein x-beliebiges Problem zu lösen – so eine Art Braintrust oder, wie sich herausstellen sollte, eine BrainReserve.

Als mein damaliger Partner Stuart Pittman und ich 1974 unser Unternehmen starteten, setzten wir die Idee von der BrainReserve in die Tat um. Zuerst waren wir ein winziges Team von drei Leuten (mit einem Assistenten). Aber jedes Mal, wenn wir einen Auftrag erhielten, riefen wir unsere »Reserve« zusammen, die aus den besten Köpfen bestand, die wir kannten – Shirley Polykoff, Martin Solow, Stan Kovics, Ted Shane, Onofrio Paccione, Bert Newfeld –, und machten uns in der holzgetäfelten Bibliothek unseres vorübergehenden Hauptquartiers im Lotus Club an die Lösung des Problems.

Diese Sitzungen verliefen genauso, wie ich es mir vorgestellt hatte. Gute Leute arbeiteten zusammen, um Probleme zu lösen: Denktechnik – keine taktischen Winkelzüge. Sehr schnell wurde unsere »Reserve« zu einer computergestützten Talent-Bank, die mittlerweile über zweitausend abrufbare Mitglieder umfaßt (im März 1991 sprach die Zeitschrift *Spy* von »unserem riesigen Experten-Reservoir«).

Obwohl wir zusammenkamen, um ganz bestimmte Probleme zu lösen, stellte ich fest, daß wir auf Umwegen oft bei anderen Themen landeten. So kam es zum Beispiel vor, daß Filmleute und Ärzte bald in eine intensive Diskussion über CD-Player, Mikrowellenherde oder Familienplanung vertieft waren.

Indem wir Menschen zusammenbrachten, die ihre Ideen normalerweise nicht ausgetauscht hätten (oder Experten, die sonst vielleicht Konkurrenten gewesen wären), erlebten wir, wie Gedanken in Aktionen umgesetzt wurden: Ein Umweltexperte erklärte uns frühzeitig, wie wichtig das Recycling werden würde; ein Architekt fing an, eingebaute Recycling-Behälter für eine neue Küchen-Generation zu entwerfen; und einige Talent-Bank-Mitglieder aus dem Medienbereich informierten die Öffentlichkeit über das, was kommen würde.

Ich entdeckte, daß diese »Nebengleise« das Entscheidende waren. Die Verbraucher-Zukunft nimmt nicht im luftleeren Raum Gestalt an, sondern durch das Zusammenwirken von psychischen, sozialen, demographischen und ökonomischen Faktoren. Experten aus jeder Disziplin können ein oder zwei Teile des Puzzles erkennen, aus dem sich die Zukunft zusammensetzen wird. Setzt man diese Experten an einen Tisch, fügen sich die einzelnen Teile zusammen. Man spürt förmlich Energie und Dynamik und sieht, wie eins ins andere greift. Die Zukunft nimmt Gestalt an.

Während unsere Talent-Bank mittlerweile eine feste Form hat, kann im Prinzip jeder seine eigene BrainReserve schaffen.

Nehmen Sie die acht oder zehn gescheitesten Leute, die Sie kennen, und machen Sie sie zu Ihrem Küchenkabinett, zu Ihrem persönlichen Beraterteam. Die Leute sollten aus verschiedenen Bereichen kommen – wenn Sie in der Verpackungsbranche tätig sind, laden Sie einen Nachbarn ein, der Psychologie lehrt, einen Vetter, der über Computer schreibt. Mischen Sie Altersstufen, Bildungsniveaus und Persönlichkeiten. Sagen Sie ihnen, welche geschäftlichen Probleme Sie haben und welche Entscheidungen Sie suchen.

Alle sollen aufschreiben, welche Veränderungen sie für die nächsten zehn Jahre voraussehen, und dann diskutieren Sie mit ihnen darüber, wie sich die Veränderungen ihrer Ansicht nach *vollziehen* werden. Dabei können unsere Trend-Untersuchungen als Anregung dienen. Ein Brainstorming, das die Zukunft zum Gegenstand hat, darf keinen Arbeits- oder Lebensbereich auslassen. Haben Sie keine Angst zu fragen, und haben Sie keine Angst zuzuhören.

Talent-Bank im Schnellverfahren.

Das Schlimme ist, daß zu viele Menschen nachts aufwachen, sich alleine fühlen und Angst vor dem haben, was auf sie zukommt. Es ginge uns allen besser, wenn wir uns der Zukunft gemeinsam stellen und am hellen Tag zusammenarbeiten würden. Denn die Zukunft geht uns alle an.

Schon lange hatten mich Verleger gebeten, ein Buch über Zukunftstrends zu schreiben, aber ich war dazu noch nicht bereit.

Diesmal aber schien der Augenblick richtig gewählt: Harriet Rubin vom Verlag Doubleday und ich stimmten darin überein, daß die Zukunft ein Thema geworden ist, das alle angeht – äußerst faszinierend und zugleich sehr beängstigend. Ihr vertraute ich mein Buch an.

Obwohl einige Wirtschaftstheoretiker eine schreckliche Apokalypse voraussagen, bin ich fest davon überzeugt, daß die Zukunft besser sein wird als die Gegenwart. Ich möchte den Menschen zeigen, wie sie ihren Pessimismus überwinden können. Ich möchte den neuen Unternehmen die neuen Verbraucher vorstellen. Und ich möchte einen Beitrag zu einer positiven Zusammenarbeit bei der Zukunftsbewältigung leisten.

HOFFNUNG – UNTER DIESEM MOTTO STEHT DAS RESTLICHE BUCH.

2. Teil

WEGE IN
DIE ZUKUNFT

»Es muß besser werden. Oder schlechter. Dann besser.«
oder
»Die Zukunft ist auch nicht mehr das, was sie mal war.«

(Angeblich ein Ausspruch von Casey Stengel)

Wir schreiben das Jahr 2010: Zwei Visionen – Pessimismus versus Hoffnung

Die reine Logik kann uns auf die falsche Fährte führen: Die Dinge gehen nicht immer von A nach B, vom Schlechten zum Schlechteren. Nimmt man die Trend-Indikatoren, zeigt sich, daß sie sich auch vom Schlechten zum Besseren und sogar zum Besten entwickeln können. Im folgenden sind zwei Szenarios gegenübergestellt: Lineare Logik versus Trend-Prognose; Pessimismus versus Hoffnung.

Wir schreiben das Jahr 2010.

Sie versuchen Ihre Tür zu öffnen, und es geht nicht, weil sich draußen zuviel Müll auftürmt. Gaben Sie früher einmal 10 Prozent Ihres Gehalts aus, um unnütze Dinge zu kaufen, müssen Sie jetzt weitere 10 Prozent ausgeben, um all diese unnützen Dinge wieder loszuwerden. Wer Geld hat und wer nicht, wird man daran erkennen, wessen Müll abgeholt wird. Die neuen Reichen des Jahres 2010 haben ihr Geld nicht damit verdient, daß sie neue Produkte schufen, sondern durch Müllbeseitigung – sie sind die Müll-Barone. Und die Besitzer der letzten noch verbleibenden Müllgruben werden die übrige Gesellschaft in ihrer Gewalt haben.

Oder aber:

Wir werden unsere Grundeinstellung zum Leben ändern und in Kategorien von Verbrauch und Erneuerung denken. Verbraucher wie Unternehmer werden gelernt haben, daß Produktion und Konsum nicht das Ende der Kette sind. Der Kreislauf endet damit, daß erneuert, zurückgegeben wird.

Wir schreiben das Jahr 2010.

Immer mehr Systeme brechen zusammen. Die Giftmüllberge sind gewachsen. Jedes Jahr muß in Amerika eine Stadt mittlerer Größe evakuiert werden.

Die Luft ist so schlecht, daß das Autofahren nur noch an drei Tagen pro Woche erlaubt ist – mehr kann man sich ohnehin nicht leisten, da eine Tankfüllung etwa achtzig Dollar kostet. Plaketten in verschiedenen Farben geben Auskunft darüber, an welchen Tagen man selbst an der Reihe ist.

Irgend jemand hat das Alleinverkaufsrecht für Luft. Die Luftkühlung der Klimaanlage wird jetzt Luftreinigung genannt. Und sie kostet ein Vermögen.

Ein anderer Mogul hat das Wasser gekauft und damit unter seine Kontrolle gebracht. Ein langes, heißes Bad ist ein schier unerschwinglicher Luxus, für den man im Münzautomaten zahlen muß.

Oder aber:

Das Amerika der Konzerne, so wie wir es heute kennen, existiert nicht mehr.

Die Leute mit Durchblick haben die Großkonzerne verlassen, um eigene Betriebe aufzumachen, die der sozialen und ökologischen Verantwortung gerecht werden. Da die Verbraucher die Wahl haben, sind sie mehr als bereit, »richtig« zu kaufen.

Niemand muß dauernd mit dem Auto fahren. Das Leben ist auf ein kleineres Maß zurückgeschraubt – wir arbeiten zu Hause, sind mit der Welt und unseren Freunden durch elektronische Systeme verbunden, die Tag und Nacht Informationen hinein- und hinaussenden.

Indem wir unser Leben sparsam auf unsere Mittel und Ressourcen abstellen, lassen wir den Planeten langsam gesunden.

Wir schreiben das Jahr 2010.

Ein bewaffneter Wachmann holt die Kinder von der Schule ab und bringt sie in ihr geschütztes Wohngebiet. Die Straßen sind Schauplätze von Drogensucht und Kriminalität, beherrscht von den Habenichtsen, die nie dazu erzogen wurden, verantwortungsbewußt zu leben. Man geht nur selten nach draußen und auch nur dann, wenn die Sicherheit garantiert ist. In den öffentlichen Parks herrscht die reine Anarchie. Um die frische Luft genießen zu können, kauft man sich eine Eintrittskarte für einen bewachten Privatpark.

Oder aber:

Das Leben scheint jetzt wieder einen Sinn zu haben. In der neuen Nachbarschaft ist man von kleineren und größeren Wohneinheiten umgeben – ein lockeres Kollektiv. Güter und Dienstleistungen werden geteilt: ein Gemeinschaftsbüro mit den modernsten Geräten, Küchen auf dem neuesten Stand der Technik und Freizeitzonen, eine Tagesstätte, eine Klinik und Grünanlagen.

Es gibt immer noch Probleme mit Drogen, Kriminalität und Armut, aber es wurde viel getan, um die Lebensbedingungen zu verbessern: Jedes Unternehmen leistet einen größeren Beitrag zur Ausbildung, Beschäftigung und Betreuung der Benachteiligten. Und jeder, der ehrenamtlich Aufgaben übernimmt, die im Interesse der Allgemeinheit liegen, kommt in den Genuß eines höheren Steuerfreibetrags.

Wir schreiben das Jahr 2010.

Amerika ist jetzt eine drittrangige Macht. Wir haben den Anschluß verpaßt. Alles, was wir in den 1990er Jahren befürchtet haben, ist eingetroffen.

Oder aber:

Amerika hat seine volle Stärke wiedererlangt; es ist ideenreich, leistungsstark und hat gesunde Finanzen. Wir haben es geschafft. Nach dem Soziobeben ist das herkömmliche Management durch eine neue, partizipatorische Form der Geschäftsführung ersetzt worden. Die Kluft zwischen den Arbeitern und der Unternehmensleitung ist kleiner geworden; wir haben neuen Respekt vor dem Individuum. Wir sind endlich wieder zu einem Land geworden, das *Qualitäts*-Produkte machen und sich im internationalen Wettbewerb behaupten kann. Auch im Dienstleistungsbereich haben wir wieder Tritt gefaßt. Die Systeme werden dezentralisiert und humanisiert. Wir sind wieder führend bei den Innovationen.

Die Kultur befindet sich wieder in den Händen des Volkes. Die kreativen Talente gedeihen. Geschäft und Kultur schließen sich nicht mehr aus. Endlich verstehen wir, daß das, was wir ursprünglich vorgefunden haben – Erde, Luft, Wasser – die wahre Währung der Zukunft ist.

Die Werte haben sich radikal gewandelt.

Glück hat schon immer zu den amerikanischen Geburtsrechten gezählt. Als Thomas Jefferson in der amerikanischen Unabhängigkeitserklärung von den Grundrechten Leben, Freiheit und Glücksstreben sprach, meinte er damit, daß wir um so glücklicher würden, je mehr Möglichkeiten uns die Gesellschaft bieten würde. Das Wertesystem der Post-Pessimismus-Phase wird uns dieses Glück vieler Möglichkeiten bescheren.

Das zweite Szenario wird siegen – die bewahrende und rettende Vision. Das ist die Zukunft, die die Verbraucher wollen. Wenn wir eine gewisse Zeitlang unglücklich waren und nur Katastrophen gesehen haben, dann verspüren wir den Drang, unsere Sichtweise zu verändern.

Und dann verändern wir sie auch.

Wir tasten die Kultur ab

Eines der großen Probleme in Amerikas Wirtschaft besteht darin, daß zu viele Menschen mit zu viel Macht abgekapselt leben (in ihren Häusern) und jeden Tag die gleiche Strecke fahren, um sich wieder abzukapseln (in ihren Büros). Sie stellen selten den Fernseher an, weil sie in wahren Papierfluten versinken. Und selten überfliegen sie auch nur jede Seite ihrer Zeitung, weil sie zu sehr durch ihre In-Group in Anspruch genommen sind, in der sie sich abermals abkapseln.

Wenn ich einen Artikel aus *Vegetarian Times* erwähne, lächeln die meisten Manager so nachsichtig, als würde ich von irgendeinem abwegigen Kult-Magazin reden. Sie merken nicht, daß immer mehr Menschen *Vegetarian Times* wirklich *lesen*. Und sie verstehen nicht, daß es gefährlich ist, einen möglichen Schlüssel für die Zukunft nicht zu erkennen.

Diese Art der kulturellen Selbstisolation führt in den maßgeblichen wirtschaftlichen Kreisen zu einer gewissen Blindheit und Taubheit.

BrainReserves Gegenmittel besteht darin, in der Kultur jene Zeichen aufzuspüren, die auf die Zukunft hindeuten. Ich bezeichne das als ein »Abtasten« der Kultur, so wie Blinde sich bemühen, möglichst viele Teile ihrer Umgebung abzutasten – um dem Ganzen einen Sinn zu geben. Der Tunnel-Optik der Wirtschaftsbosse setzen wir eine andere Sensibilität entgegen, ein »Gespür« für das, was vor sich geht.

Mit dem Erahnen einer neuen Realität beginnt der Prozeß ihrer Erschaffung.

Das Aufspüren der Trends ist für uns eine Möglichkeit, neue Realitäten zu erahnen und unseren Kindern zu helfen, sie auszugestalten.

Wir von BrainReserve werten etwa dreihundert Zeitungen und Zeitschriften aus, verfolgen ständig die zwanzig beliebtesten Fernseh-Shows, die Filmpremieren, die Bestseller- und Hitlisten und durchkämmen alle Arten von Geschäften (in Amerika und im Ausland) auf der Suche nach neuen Produkten. Denn es ist die gegenwärtige Kultur, die in die Zukunft weist.

Wird eine neue Fernseh-Show gestartet? Welche Bedürfnisse der Zuschauer befriedigt sie? Die »Cosby-Show« etwa, ganz auf die Werte Familie und Häuslichkeit abgestellt, sprach jene Zuschauer an, die sich, der sexuellen Revolution überdrüssig, in ihre Kokons zurückzogen. Später signalisierte die deftige Show von Roseanne Barr den Abschied von der Glitzerwelt von »Dallas« und »Denver Clan«. Roseanne ist real, sie ist energisch: eine Ehefrau und Mutter, die zum Verbraucherverband gehört und kein Blatt vor den Mund nimmt, wenn sie den Ärger eines jeden Verbrauchers zum Ausdruck bringt.

Sehen Sie sich wenigstens einmal im Monat die Bestseller-Listen von Büchern, Filmen und Produkten an und fragen Sie sich: Warum gerade dies? Warum gerade jetzt? (Keine Diät-Bücher? Sind die Leute die Diäten leid? Oder hat jemand bewiesen, daß Diäten nicht funktionieren?) Hören Sie von Zeit zu Zeit Radio! Nehmen Sie einmal im Monat eine Zeitschrift in die Hand, die Sie noch nie gesehen haben! Lesen Sie eine Woche lang einmal nicht Ihre eigenen Fachzeitschriften (Sie werden ohnehin erfahren, was drin steht), sondern lesen Sie Berichte über andere Branchen.

Suchen Sie die Lücken. Ich versäume es nie, die Menschen, denen ich begegne – Taxifahrer, Leute auf Flughäfen, Kinobesucher in der Schlange – , zu fragen, was sie von bestimmten Autos, Keksen, Computern oder irgendeinem Produkt halten, an dem wir gerade arbeiten.

Die Zukunft liegt da draußen in der Welt, und Sie werden sie genau dort nicht finden, wo die meisten Menschen sie suchen: in ihrem Büro.

Wann immer ich mit Wirtschaftsleuten über die Trends spreche, denen wir auf der Spur sind, stellen sie hinterher meistens Fragen, die auch von Verbrauchern kommen könnten und nicht von Anbietern auf dem Markt: Sie wollen wissen, was geschehen wird, was sie mit ihrem eigenen Leben machen sollen, wie sie ihre eigene Zukunft planen sollen.

Und dann sage ich ihnen das gleiche wie in diesem Buch: daß Pessimismus etwas Kurzfristiges, Hoffnung dagegen etwas Langfristiges ist – und daß die Trends und Methoden, die in diesem Buch vorgestellt werden, die Brücke zur langfristigen Zukunft sind, ein sicherer Weg mit guten Gewinnchancen.

Wir erforschen die Trends

Die zehn Trends, die im folgenden beschrieben werden, sind Wegweiser ins nächste Jahrzehnt.

Zusammen genommen, lassen sie ein Profil jener Verbraucher entstehen, die Sie in den kommenden Jahren ansprechen sollten. Die Trends sagen Ihnen, wie sich diese Verbraucher fühlen werden, aus welchen Impulsen heraus sie einem Produkt gegenüber einem anderen den Vorzug geben und welche Strategien, Produkte und Dienstleistungen sie annehmen – oder ablehnen werden. (Sie werden in jedem dieser Trends auch etwas finden, das für Sie persönlich wichtig ist.)

Die Befindlichkeit der heutigen Verbraucher – ihre Bedürfnisse, ihre Ängste und der persönliche Gewinn, den sie suchen – sind dabei wichtiger als Alter, Wohnort oder Einkommen.

Ihre herkömmlichen Marktanalysen können Ihnen zum Beispiel sagen, daß junge Akademiker in den Städten, die ein durchschnittliches Jahreseinkommen von 75000 Dollar haben, Ihre »ideale« Zielgruppe sind. Schön – aber was dabei unter den Tisch fällt, ist die Tatsache, daß sich diese besondere Konsumentengruppe inzwischen unzufrieden, überlastet und bedrückt fühlt. Was diese Leute wirklich wollen, ist ein anderer Job, ein Leben auf dem Land, selbst wenn ihr Einkommen dann nur noch 15000 Dollar im Jahr beträgt. Für Sie also nicht gerade »ideal«.

Die Beschäftigung mit Stimmung und Gedanken des Verbrauchers ergibt ein richtigeres Bild als die Beschäftigung mit den Verbraucher-»Typen« – Psychologie statt Demographie. Wenn Sie die Trends benutzen, um auf die vorhandenen Stimmungen einzugehen, wird es Ihnen vielleicht doch noch gelingen, diese gutverdienenden Städter zu erreichen.

Marketing auf der Basis von Trenderforschung wird Sie ein Publikum entdecken lassen, das für alle Produkte empfänglich ist, welche die Belastung erträglicher machen, den Streß verringern.

Trends haben deswegen Aussagekraft für die Zukunft, weil sie als kleine Rinnsale beginnen und dann zu bedeutenden Strömen werden. Wenn Sie es schaffen, die Punkte zwischen dem Beginn eines Trends und seiner Auswirkung auf Ihr Geschäft miteinander zu verbinden, dann können Sie Ihr Produkt im einzelnen so gestalten, daß es in den Trend paßt. Da sich jeder Trend seinen Weg über den Markt bahnt, erhöht sich sein Einfluß auf den Verbraucher. Und da Trends im Durchschnitt zehn Jahre andauern, werden die heutigen Trends bis zur Jahrtausendwende oder sogar darüber hinaus zu einer entscheidenden Triebkraft für Ihr Geschäft, für jedes Geschäft.

Obwohl sich die Trends aufgrund äußerer Ereignisse verändern können – eine Benzinknappheit kann zum Beispiel dazu führen, daß der »mobile Kokon« (wie wir ihn nennen) zu Hause bleibt –, wird sich der Impuls, der hinter den Trends steht, nicht plötzlich verändern. Jeder dieser Trends ist mit genügend Energie, Vielfalt und Stabilität ausgestattet, um sich weiterhin am Markt durchzusetzen.

Sie sollten jedoch nicht vergessen, daß jeder Trend nur ein Teil des Ganzen ist. Verlassen Sie sich nicht zu sehr auf einzelne Trends. Damit Ihr Produkt oder Unternehmen im Trend liegen kann, müssen Sie zunächst verstehen, wie die verschiedenen Trends zusammenwirken, damit ein zuverlässiges Bild von der Zukunft entsteht.

Wenn sich die Trends anscheinend widersprechen, so ist das unvermeidlich. Trends spiegeln lediglich die Stimmung des zukünftigen Verbrauchers wider, und Verbraucher sind Menschen – mit all ihren Widersprüchen.

Wir von BrainReserve nennen diese widersprüchlichen Impulse Gegentrends oder »B-Seiten«. Ein Beispiel: Die ganze Woche hindurch achtet man sorgfältig auf seine Ernährung und hält strikt seine Gymnastik ein. Das ist der Fitneß-Trend. Dann, am Samstagabend, »schlägt man zu«, mit einer Pizza, Eis und Schokoladenkeksen. Man hat das von Trotz und schlechtem Gewissen begleitete Gefühl, daß man das nach einer harten Woche »verdient« hat. Das sind die »kleinen Genüsse«. Man muß verstehen, daß diese beiden Trends gleichzeitig als Trend und Gegentrend wirken (oder, wie wir es nennen, »fit bleiben / fett werden«).

Fassen Sie unsere Trends als eine Art Datenbank auf, die Auskunft über die *Stimmungen* der Konsumenten gibt, als eine reichhaltige Quelle, aus der Sie schöpfen können, um jedes Marketing-Problem zu lösen. Die zehn Trends, die im folgenden beschrieben werden, werden zusammen ein Bild der neuen Verbraucher der Jahrhundertwende ergeben.

Diese Trends können Ihren Horizont erweitern – damit Sie klarer sehen, *wie* sich die Menschen in Zukunft fühlen und wie sie aussehen werden. Und *wie* Ihr Geschäft von diesem einzigartigen Blick auf die Zukunft profitieren kann.

Das ist ein Marketing, das den Stimmungen nachspürt.

Das ist Trenderforschung.

1. TREND:

Kokon-Dasein in einem Neuen Jahrzehnt

*»Wir tauchen ab, wir vergraben uns,
wir verstecken uns unter den Decken... wir sind zu Hause.«*

1986

*»Heute spinnen wir uns in einen Kokon ein,
um zu überleben.«*

1991

Am Ende der achtziger Jahre hatten sich die Amerikaner in High-Tech-Höhlen zurückgezogen. Das Sich-Einspinnen in den eigenen vier Wänden, ein Trend, den wir als erste in den späten Siebzigern prognostiziert hatten, war in vollem Gang. Jeder sah in seinem Zuhause den sicheren Hafen – man ließ die Rolläden herunter, schüttelte die Kissen auf, betätigte die Fernbedienung. Sich verstecken. Es war ein totaler Rückzug in die letzte kontrollierbare (oder wenigstens annähernd kontrollierbare)

Umgebung – ins eigene Zimmer. Und jeder verschanzte sich dort. Das Wort ›Sich-Einspinnen‹ *(cocooning)* traf die amerikanische Psyche so gut, daß es ins nationale – und internationale – Vokabular einging. (In der Pariser Metro prangte 1991 ein Werbeplakat für Bettwäsche, das ein Höchstmaß an *cocooning* versprach.) Die Zeitschrift *Atlantic Monthly* setzt »cocooning« ganz oben auf die Liste der Wörter, die die Herausgeber des *American Heritage Dictionary* in die Neuausgabe des Lexikons aufnehmen wollen. Als wir diese Bezeichnung wählten, verstanden wir darunter das Bedürfnis, nach *innen* zu gehen, wenn *draußen* alles zu rauh und erschreckend wird. Sich mit einer Schutzhülle zu umgeben, damit man nicht einer schlechten, unberechenbaren Welt ausgesetzt ist – jenen Widrigkeiten und Angriffen, die von unhöflichen Kellnern, Lärmbelastung und Luftverschmutzung bis hin zu Drogenkriminalität, Wirtschaftsrezession und Aids reichen. Das Kokon-Dasein bedeutet Isolierung und Vermeidung, Friede und Schutz, Geborgenheit und Kontrolle – eine Art überdimensionaler Nestbau.

Wir sahen diesen Trend kommen, als die Party, die ihm vorausging, noch in vollem Gang war. An den fernen Küsten des Schickeria-Lebens (die jeder Verbraucher in seiner Phantasie erreichen kann) war die Welt ein einziges großes Nachtclub-Discorama: Tanzen gehen, Parties veranstalten, in neuen Restaurants essen – das war eine neue Religion. Aber wir entdeckten auch, daß die Zeichen auf Rückzug standen. Der Satz »Behüte mich!« (»Gimme Shelter!«) bekam eine neue Bedeutung. Die Menschen gingen zwar immer noch aus – schon aus lauter Gewohnheit –, träumten aber von den Freuden des Rückzugs ins eigene Heim. War es früher so, daß man am Montagmorgen ins Büro kam und viel zu erzählen hatte (wo man gewesen war, wen man getroffen hatte, was man gemacht hatte), dann drehte sich jetzt alles darum, daß man zu Hause geblieben war und nichts getan hatte. Das hatte nichts damit zu tun, daß man mit einem Mal gegen den Jet-Set war oder das andere Extrem schick fand – es war ein Rückzug aus der Realität.

Für diesen Trend gab es noch andere frühe Indikatoren: den rasant steigenden Verkauf von Videorecordern und Verleih von

40

Videokassetten; den steigenden Verbrauch von couchgerechten Knabbereien und Gerichten zum Mitnehmen; den Beginn eines neuen Baby-Booms. (1988 hatten 60 Prozent der amerikanischen Wohnungen ein Videogerät; der Verkauf von Popcorn zur Zubereitung im eigenen Mikrowellenherd war ein 300-Millionen-Dollar-Geschäft; die Restaurant-Umsätze erreichten einen traurigen Tiefstand, während die Verkäufe von Gerichten zum Mitnehmen erstaunliche 15 Prozent des gesamten Umsatzes an Nahrungsmitteln ausmachten. 1990 gab es 4,2 Millionen Geburten, die höchste Zahl seit dem großen Boom von 1960.)

Plötzlich propagierten die Zeitschriften die anheimelnde Idylle eines englischen Landhauses (Stoffe von Mario Buatta); bequeme Behaglichkeit sollte das kalte Glas und Chrom ersetzen. Die Menschen kauften Hunde und noch mehr Hunde! (1988 hatten 52,5 Millionen Amerikaner ein Haustier, ein absoluter Rekord.) Die Ausgestaltung des Kokons wurde zu einer wichtigen Beschäftigung, da zahllose Menschen darangingen, ihre Wohnungen und Häuser zu restaurieren, neu zu tapezieren und neu einzurichten, um sich dann bei der Fernsehserie »This Old House« zu entspannen.

Die Umsatzziffern der Versandhäuser kletterten 1990 auf 200 Milliarden Dollar, von 82,2 Milliarden zehn Jahre zuvor. Telefonleitungen zum Plaudern, Katzenverleih-Dienste, der »Video-Kamin«, neue, weitgeschnittene Jeans zum bequemen Sitzen – das alles waren die Indikatoren, die den Rückzug in die Häuslichkeit anzeigten. Der Pyjama-Hersteller Joe Boxer hatte eine 500prozentige Umsatzsteigerung. Alles deutete auf eine behagliche, gemütliche Art des Versteckens hin, auf einen Sinn fürs Häusliche wie in den fünfziger Jahren – auch wenn die arbeitenden Frauen jeden Tag aus dem Büro nach Hause eilen mußten, um das traute Heim vorzuführen.

1990 hatten wir bereits zehn Jahre des Kokon-Trends hinter uns. Da die meisten Trends zehn Jahre dauern, hätte man erwarten können, daß für das Ende der achtziger Jahre eine Trendwende angesagt war (wir würden unter einem kollektiven »Höhlenkoller« leiden, unsere Wohnungen nur noch mit größter Sparsamkeit einrichten und in die Außenwelt zurückkehren, die zum neuen zentralen Schauplatz unseres Lebens werden würde).

Aber es gab kaum Anzeichen dafür, daß wir bereit waren, unsere Festung zu verlassen. Statt dessen entwickelte sich das Verbraucherverhalten in eine ganz andere Richtung.

Unser Rückzug erstreckte sich nun auch auf die emotionale, nicht nur auf die physische Ebene. Unsere Telefonbeantworter fangen seither *alle* Anrufe ab. (Ich habe Freunde, die sich zum Telefonieren verabreden, anstatt sich zu treffen.) Manche Leute sind von dem alltäglichen Streß so beansprucht bzw. erschöpft, daß sie sich nicht die Mühe machen, überhaupt irgendwelche Anrufe zu beantworten, auch nicht die von Freunden, die ihnen wirklich wichtig sind.

Wenn uns die frühen neunziger Jahre überhaupt irgend etwas gebracht haben, dann Höchstleistungen im *Verschanzen*: Wir graben uns tiefer ein, bauen uns einen Bunker – der Kokon als Überlebenshilfe.

Die Verbrechen, Aids, die Wirtschaftsrezession, Bankenzusammenbrüche und Kriegsgefahr haben *zugenommen*. Kriegsnachrichten setzen sich tief in uns fest und prägen unsere Vorstellung von einem Zuhause. Wir sprechen von »gehärteten Schutzräumen« und »hermetisch abgeschlossenen Räumen«, die uns vor einem Angriff schützen sollen. Die Amerikaner kaufen sich Gasmasken. Aus Angst vor dem Terrorismus bleiben wir zu Hause. Unseren Kokon verlassen?

Nicht dran zu denken.

Statt dessen ist das Kokon-Dasein in eine dritte, noch intensivere Phase eingetreten – und spaltet sich in drei neue Trendentwicklungen auf: der bewehrte Kokon, der mobile Kokon und der gesellige Kokon. Das Leben im Kokon bezieht sich nicht mehr nur auf einen bestimmten Ort, auf das Zuhause, sondern drückt eine innere Verfassung aus – den Wunsch nach Selbsterhaltung.

Der bewehrte Kokon

Ein vielsagender Indikator: Der Waffenbesitz bei Frauen stieg zwischen 1983 und 1986 in den USA um 53 Prozent auf 12 Millionen. Die Zahl der Frauen, die daran dachten, sich eine Waffe zuzulegen, vervierfachte sich. Man schaue sich das Wachstum in den sogenannten »Paranoia«-Industrien an: private Sicherheitssysteme, Anti-Abhör-Vorrichtungen, computergesteuerte Überwachungssysteme in Verbindung mit privaten Wachleuten und Notfall-Diensten. Leibwächter, die wie Bürohilfen stundenweise zu mieten sind. Das Einlagern von Vorräten, die in gepanzerten Fahrzeugen geliefert werden, um den Kokon zu versorgen und zu erhalten.

Der bewehrte Kokon ist allerdings mehr als ein Ort. Er ist eine Selbstunterstützungsgruppe, ein privater Club, der mehr Menschen ausschließt als aufnimmt. Er besteht im Organisieren von Nachbarschaftshilfen zum gegenseitigen Schutz, im Austüfteln von sicheren Wohnungen und sicheren Wegen.

Wenn es für die Anbieter in diesem Jahrzehnt etwas ganz Wichtiges zu lernen gibt, dann sind es neue Wege, um an den perfekt abgeschirmten Verbraucher heranzukommen. Die Anbieter und Einzelhändler müssen von den traditionellen – emotionalen wie physischen – Methoden der Konsumentengewinnung wegkommen und Zugang zum Kokon finden. Erwarten Sie nicht, daß die Verbraucher in Zukunft noch zu Ihnen kommen. Sie werden sie in ihrem Kokon selbst erreichen müssen.

Der mobile Kokon

Das Kokon-Dasein zielt auf die Kontrolle unserer Umgebung ab – und wir können unsere Umgebung nicht auf unser Zuhause beschränken (obwohl eine enorme Zunahme der Heimarbeit von dem Erfolg dieses Versuchs zeugt; im Februar 1991 verdienten 18,3 Milliarden Menschen ihr Geld mit Heimarbeit; 65 Prozent davon sind Frauen). Wir wollen uns sicher fühlen, wo immer wir uns hinbegeben. Wir wünschen uns einen Kokon, der mit uns geht. Das Problem: Es dauert zu lange, zur Arbeit zu kommen, es liegt zu viel Zeit und damit erschreckende Unsicherheit zwischen dem Übergang von einem Kokon zum anderen. (Der Unternehmer merke sich: Je mehr Geborgenheit der

Arbeitsplatz vermittelt, desto zufriedener und produktiver sind die Arbeiter. Die Japaner experimentieren bereits mit Dufttherapien in Büros.) Die Lösung: Schon die Beförderung sollte in einer Art von mobilem Kokon stattfinden. Das zeigt sich daran, wie die Menschen schon heute ihre Autos benutzen; sie nehmen mehr »Mahlzeiten« im Auto ein, schauen in einen eingebauten Mini-Fernseher, wenn die Ampel auf Rot steht, erledigen geschäftliche und alltägliche Angelegenheiten über Auto-Telefon und Auto-Telefax. Beim neuen Lexus, Baujahr 1991, kann man ein Auto-Telefon wählen, bei dem sich das Radio automatisch leise stellt, wenn man jemanden anruft oder selbst angerufen wird. Auch die Japaner stellen sich auf diesen Trend zum mobilen Kokon ein, indem sie Autos mit einer angenehmeren und »wohnlicheren« Innenausstattung entwerfen – was bis zu einem Mikrowellenherd im Handschuhfach geht. Ganze Familien und andere Gruppen führen ein Mini-Leben in einem Mini-Transporter so wie in den neuesten Voyager- und Winnebago-Wohnmobilen. Gemütlichere Autos werden dazu führen, daß wir diesen zweiten Kokon nur ungern verlassen. Die Fahrzeit wird zu einem geschützten »Ausbruch«. (Hier ist ein früher Indikator für den Stil der neunziger Jahre: Luxus im Inneren und nach außen so unauffällig, daß bedrohliche »Außenseiter« ihn nicht sehen, Sie nicht danach beurteilen, nicht neidisch und nicht gewalttätig werden können.) Eine wahre Goldgrube wartet auf den Anbieter, der es versteht, diesen neuen kulturellen Trend zu nutzen, indem er die *Fahrzeit* zu einem Kokon-Erlebnis macht. (Man stelle sich die erstaunlichen Möglichkeiten vor, wenn das »persönliche Flugzeug in jeder Auffahrt« zur Realität wird. Dieses neue Zubringer-Flugzeug, das seit 1956 in der Entwicklung ist, wird bald einsatzfähig sein, und die Zeit war noch nie so reif dafür.) Und wie steht es mit dem privaten Transporter, dem Kleinbus, dem Bus-Dienst, dem Zug, dem Verkehrsflugzeug als Kokon?

Die Fluggesellschaften müssen auf dieses gesteigerte Sicherheitsbedürfnis eingehen, bevor es zu spät ist. Seitdem einige Fluggesellschaften den Besitzer gewechselt haben, wird unser Unbehagen am Fliegen immer größer. Gaben uns die früheren

Betreiber das Gefühl, daß sie ein starkes, ja sogar persönliches Interesse an jedem Flugzeug hatten, das ihnen gehörte, haben wir es jetzt mit Kapitalisten zu tun, für die Flugzeuge nur Eigentum auf dem Papier sind, das schnell viel Geld einbringen soll. »Gehen diese Jungs Risiken ein, die ein richtiger Pilot meiden würde? Bin ich in diesem Ding gut aufgehoben?«

Hier meine Empfehlung an die Fluggesellschaften:

Erkennen Sie die Verbindung zwischen dem Schutzbedürfnis und dem neuen Wunsch des Verbrauchers nach weniger Standardisierung und mehr »Gütestandards«.

Zeigen Sie dem Verbraucher, daß richtige Menschen mit echtem Stolz auf ihr handwerkliches Können für den Bau – und die Wartung – dieses fliegenden Kokons verantwortlich sind. Wie wäre es, wenn jedes Team, das an dem Flugzeug gebaut hat, seine Namen auf ihm anbringen würde, um so seinen Stolz und seine Verantwortung zum Ausdruck zu bringen? Wie wäre es mit Aufklebern an jedem Eingang, die den Kilometerstand, das Alter der einzelnen Teile, den letzten Überholungstermin anzeigen – persönlich unterschriebene Inspektionszertifikate?

Ein wenig Bewehrung kann nicht schaden – warum nicht ein Wachmann in jedem Flugzeug? Der Polizist an der Ecke im fliegenden Kokon.

Der gesellige Kokon

»Es ist einsam hier. Ich brauche jemanden, damit ich die Nacht besser überstehe.« So sehr der Kokon Rückzug bedeutet, so sehr – und immer mehr – stellt er auch eine neue Art dar, Kontakt mit anderen Menschen zu pflegen. Endlich also erfreuliche Nachrichten über den Kokon. Wir feiern dort eine neue Art von Party. Zwar nicht so, wie in London während des Blitzkriegs von 1941, aber fast.

Das sieht dann so aus: Wir laden sehr selektiv eine neue Art von Gästen zu uns nach Hause ein. Wir bewirten unsere Gäste im eigenen Heim, jawohl, aber nicht aus den üblichen Gründen. Es geht nicht um das soziale und berufliche Fortkommen und auch nicht um größere Familienereignisse. Das Ganze hat mehr damit zu tun, daß wir uns mit Gleichgesinnten umgeben, die eine wohltuende Wirkung auf uns haben. Sympathische Menschen, mit denen wir den Sturm gut überstehen können.

Dieses Phänomen nennen wir »das Knuddeln und Kuscheln«: Man lädt ein paar Engvertraute ein – die eine Schwester, die man wirklich mag, und einen alten Kameraden aus der Armee –, um mit ihnen einen gemütlichen Abend im Kokon zu verbringen. Aber *nicht* irgendwelche Kunden, den Chef oder die Lieferanten. Niemanden, den man nicht mag. Jeden, den man mag (nur wenige zur gleichen Zeit), selbst wenn einen die Unterschiede hinsichtlich Alter, Lebensstil oder sozialem Status früher davon abgehalten hätten, mit ihnen »gesellschaftlich zu verkehren«. Wir haben das bei Gruppen erlebt, die sich zur Fernseh-Kriegsberichterstattung getroffen haben, sowie bei neu gegründeten Zirkeln, die zusammen Bücher lesen, kochen, mit ihren Kindern spielen oder die alten Formen der Nachbarschaftshilfe wiederbeleben.

Die kühneren Gruppen bilden einen Menschen-Kokon und gehen in eng geschlossenen Reihen in nahegelegene Bars – daher haben wir dieser neu entstehenden sozialen Bewegung den Namen »Salon- und Bargeselligkeit« gegeben. Der gesellige Kokon ist noch im Entstehen begriffen – aber achten Sie gut auf die realen Marktchancen, die sich hier auftun. Wie wäre es mit der Wiedereinführung der »Cocktailstunde zu Hause«? Hier könnte ein großes Potential für Spirituosen- und andere Hersteller liegen, verbringen die Menschen ihre Zeit zwischen Arbeit und Heim doch damit, sich in anderen Kokons zu tummeln.

Das Kokon-Dasein entwickelt und differenziert sich immer weiter. Wann wird es zu Ende sein oder durch etwas anderes ersetzt werden? Wenn die Dinge drinnen genauso schlimm werden wie draußen. Oder wenn sie draußen besser werden.

2. TREND:

Fantasy-Abenteuer

»Entführt mich in ein anderes Leben.
Aber holt mich zum Abendessen zurück.«

»Holt mich hier raus!«, das scheint der kollektive psychische Aufschrei der neunziger Jahre zu sein. Um Entlastung vom Streß zu finden, setzen wir alle Hebel unserer Phantasie in Bewegung – *physisch* flüchten wir in unseren Kokon, in dem wir Behaglichkeit und Geborgenheit suchen, *emotional* flüchten wir in unsere Phantasien, in denen wir Entlastung suchen. Mag es auch so aussehen, als drückte das Fantasy-Abenteuer die kühnere Seite unseres Wesens aus, so dienen doch beide Bedürfnisse ein und derselben Suche nach Sicherheit. Worin bestehen Fantasy-Abenteuer nun genau? Sie sind eine Flucht aus zweiter Hand, eine Katharsis, die durch die Konsumwelt geboten wird. Ein vorübergehender Rückzug aus der Welt, ein Sprengen aller Fesseln und ein Eintauchen in eine exotische Atmosphäre, eine

»fremde« Erfahrung, in verwegene Taten, die unsere Phantasie beflügeln... eine eskapistische Identifikation mit einem Helden, der draufgängerischer ist als man selbst, der mit allen Schurken fertig wird, und trotzdem dafür sorgt, daß man sein Abendessen nicht verpaßt. Sie bestehen im Verleih von Videokassetten, in sehr fremdartigen Küchen, in Parfüms, die Safari heißen, in Mountain-Bikes, mit denen man zum Einkaufen fährt. Fantasy-Abenteuer – das ist das Erlebnis des ganz anderen, das man von seinem Lieblingssessel aus genießt. Es sind die aufregendsten Heldentaten, die auf die sicherste Art und Weise vollbracht werden. Denn der Schlüssel zum Trend Fantasy-Abenteuer liegt darin, daß das Risiko risikolos ist. Man läßt sich in eine exotische... oder gefährliche... oder böse... oder luxuriöse Welt entführen, in der Gewißheit, daß die sichere Rückkehr garantiert ist. Es ist das vorgestellte Abenteuer, das Erlebnis aus zweiter Hand. Und genau das brauchen unsere überstrapazierten Sinnesorgane. Draußen gibt es schon genug reale Gefahren.

Wir beobachten schon seit einer Weile, daß die Amerikaner bei ihren diversen Vergnügen Draufgängertum gegen Vorsicht eingetauscht haben. Vor noch nicht allzu langer Zeit waren die Motorradfahrer wütend, wenn sie durch neue Gesetze gezwungen wurden, Sicherheitshelme zu tragen. Wie konnte der Gesetzgeber es wagen, ihnen ihr Recht auf ein gebrochenes Genick zu beschneiden? Wenn ich heute aufs Land fahre, sehe ich bilderbuchartige kleine Gruppen von Männern, Frauen und Kindern, die langsam irgendwelche Feldwege hinunterradeln. Was für ein Abenteuer kann ein solcher Ausflug wohl sein? Und dennoch tragen immer mehr von diesen Radfahrern Helme – nicht weil das Gesetz das vorschreibt (das ist nämlich nicht der Fall), sondern weil heutzutage schon *kleine* Risiken große Sicherheitsvorkehrungen erfordern. Dies signalisiert einen Wandel in den Empfindungen des Verbrauchers. Zuerst wollte er das Risiko vermindern. Heute will er es ganz ausschalten.

Und so hat sich das Fantasy-Abenteuer auf dem Markt niedergeschlagen:

Ganz groß im Kommen ist das künstlich angelegte »Abenteuer«-Areal. Ein Hotel in Hawaii verführt die Gäste, die der Strände überdrüssig sind, mit Nachbildungen von venezianischen Kanälen. Eine Hotelkette im Mittleren Westen bietet eine Abenteuer-Nacht in »FantaSuites«, wobei man die Wahl zwischen einem Tropenparadies, einer Dschungelhütte oder einem Beduinen-Zelt hat. Anheuser-Busch baut einen 300-Millionen-Dollar-Park mit exotischen Orten (der Alte Westen, Polynesien, China) – in Madrid. Nicht daß Madrid für sich genommen nicht schon ein völlig zufriedenstellendes Abenteuer wäre – aber dieser Park wird besser kontrolliert. Das Hotelunternehmen Hyatt plant, in den nächsten Jahren etwa 25 Fantasy-Hotels zu eröffnen. Selbst Einkaufszentren (wie Century City in Los Angeles) ähneln immer mehr Vergnügungsparks für Erwachsene. (1987 gaben 235 Millionen Menschen fast 4 Milliarden Dollar für Vergnügungsparks aus.) Heute zieht Disneyland mehr Besucher an als die amerikanische Hauptstadt. Und dieser Trend ist weltweit zu beobachten. Nach seinem Erfolg in Japan eröffnet Disney einen vielsprachigen Park direkt vor den Toren von Paris.

Im aktiven Abenteuer-Bereich gibt es 3 Millionen Sporttaucher (allein in den Vereinigten Staaten). Im letzten Jahr erhielten 400 000 von ihnen (davon ein Drittel Frauen) einen Tauchschein und gaben mehrere Millionen Dollar für Taucherausrüstungen aus. Ein großes Geschäft. Aber ein noch größeres Geschäft könnte eine Kette von Tauch-Aquarien sein, in denen sich Korallenriffe sowie Pflanzen und Fische aus so unterschiedlichen Gegenden wie der Karibik, dem Roten Meer und dem Great Barrier Riff befinden. Eine schnelle Flucht ohne großen Aufwand.

Im Bereich des Essens (ein vielsagender Indikator) sind den Möglichkeiten des Fantasy-Abenteuers kaum noch Grenzen gesetzt. Konnten die amerikanischen Verbraucher vor zehn oder zwanzig Jahren zwischen 65 Arten von frischen Produkten wählen, so sind es heute bis zu 250 – mit einer starken Zunahme der exotischen Produkte: Im Supermarkt liegen heute Kiwanos, Coquitos und rote Kartoffeln neben Arugula, Bok Choy und fingergroßen Bananen. Die Speisen bestimmter ethnischer Gruppen gehören mittlerweile zum Alltag: Sushi, Dim Sum, Sate, Blini, Thailändische Küche und Büffel-Steak. Abenteuerlicher Salsa ist der Ketchup des neuen Zeitalters. Der Verbrauch von Fenchelsamen ist in zehn Jahren um 255 Prozent gestiegen. Und wie steht es mit Sex? In einem Bereich, in dem selbst die scheinbar unschuldigsten Attraktionen im Aids-Zeitalter tödliche Folgen haben können, haben wir die Pornographie als die Wachstumsindustrie des Unterhaltungssektors ausgemacht (20 Prozent der ausgeliehenen Videokassetten sind erotische Filme). Versandgeschäfte (wie die Sexuality Library) liefern nicht-jugendfreie Bücher und Filme ins Haus. Ein neues französisches Bier, La Bière Amoureuse, ist mit Kräutern und Gewürzen angereichert, die wegen ihrer aphrodisischen Wirkung gerühmt werden. Erotika aller Art (Unterwäsche und andere Artikel aus dem Versandhaus) haben erstaunliche Erfolge zu verzeichnen. Wie vieles davon benutzt wird, um die Sexualität zu steigern, und wie vieles dazu gedacht ist, sie zu ersetzen, kann natürlich nicht ohne weiteres festgestellt werden. Ich vermute, daß das ganze Sex-»Theater« – die Filme, die Bücher, die anregenden Getränke, der Telefon-Sex – tatsächlich weitgehend ein Ersatz für die riskanteren sexuellen Abenteuer ist, die wir früher feststellen konnten.

Auf dem Gebiet der Mode finden wir am äußersten Rand den türkischstämmigen Rifat Ozbek, der sowohl Madonna als auch Lady Di mit seinen exotischen, orientalisch inspirierten Entwürfen schmückt. Im täglichen Leben, im Kokon, stellt sich das Fantasy-Abenteuer allerdings sehr amerikanisch dar: Wenn wir den Rasen hinter unserem Haus sprengen, tragen wir rustikale Stiefel, Hemden im Holzfäller-Stil, Fischerjacken und ähnliche Dinge, die eigentlich eher für Wildwasserfahrten geeignet wären. Und schauen wir uns die Gesichter an, die die Mode verkaufen: Der Liebling der Photographen in den neunziger Jahren hat dunkle Augen, kräftige Augenbrauen, einen großen Mund und scheint fast immer einer ethnischen Minderheit anzugehören. Revlons »unvergeßliche Frauen« kommen aus Somalia und der Sowjetunion. Estée Lauders neuer Star, Paulina Porizkowa, stammt aus der Tschechoslowakei.

Sehr gefragt ist der Blockhütten-Schick. Ebenso Cowboys, Indianer und Wildwest-Einrichtungen. Viele der meistgekauften Einrichtungsratgeber propagieren einen Stil, der die Menschen an ganz andere Orte versetzt: Santa-Fe-Stil, französischer Stil, italienischer Stil, englischer Stil, Landleben. Der Kokon als Fantasy-Abenteuer. Oder die Flucht in die Nostalgie. Wer sich in die Vergangenheit zurückversetzen kann, braucht nicht der Zukunft ins Auge zu sehen.

Im Bereich der Musik erleben wir den Aufstieg der Gipsy Kings: Musik der südfranzösischen Zigeuner – feuriger Flamenco, maurische Melodien und ein stromlinienförmiger Disco-Beat. Ein Album, das 1991 einen riesigen Absatz hatte: Paul Simons *The Rhythm of the Saints*, in dem sich brasilianische Rhythmen mit afrikanischen Gitarren-Riffs mischen. Die Pop-Musik ist international geworden. Wir lieben exotische Importe: Reggae aus Jamaika, Heavy Metal aus Kambodscha, hypnotische Klänge aus Marokko, Mischungen aus jemenitischer und jüdischer Musik. Ofra Haza, in Tel Aviv von jemenitischen Eltern aufgezogen, hat schon über sechzehn Platten gemacht, von denen viele Platin-Status erreicht haben. Die französischen Antillen bescheren uns den mitreißenden »Zouk«, eine Tanzmusik, die schneller ist als Reggae und die französische, afrikanische und haitianische Klänge miteinander verbindet. Und Rap, die Folklore-Musik der neunziger Jahre.

Was bedeutet das für die zukünftigen Märkte? (Hier sind besonders die Reise-, Unterhaltungs-, Hotel- und Nahrungsmittelbranchen angesprochen.) Eine enorme Anziehungskraft werden Produkte haben, bei denen sich das Sichere und Vertraute mit einer abenteuerlichen oder exotischen Note verbindet. Wird die sinnliche Qualität eines Produktes gesteigert – durch Geschmack, Struktur, Klang, Duft oder Farbe –, so bekommt es etwas »Sensationelles«. Wie wäre es damit, wieder Scent-a-Rama-Filme einzuführen, also die Kinosäle mit diversen Düften zu erfüllen? Oder in besonders ausgestatteten Räumen Ton-Bild-Shows zu veranstalten, z. B. eine Reise nach Kenia oder Paris? Eine kalifornische Gesellschaft macht derzeit den Vorschlag, daß die zukünftigen Touristen direkt an den Eingängen zu den großen amerikanischen Nationalparks zu bauende Kinos besuchen sollen, um sich dort einen Film über den Park auf einer riesigen Rundum-Leinwand anzusehen – ohne auch nur einen Fuß in den Park selbst zu setzen. Die Vorteile: Kein ermüdendes Herumlaufen mehr, keine Busse mehr, die die Natur beschädigen.

Denken Sie darüber nach, welchen Hauch von Abenteuer Sie dem Produkt verleihen könnten, das Sie dem Verbraucher anbieten. Möchten Gartenfreunde vielleicht die Vorstellung haben, daß ihr Grundstück eigentlich ein kleiner Dschungel ist, daß es mit dem Planwagen erobert wurde und daß es einen perfekten englischen Garten darstellt (dies ist bereits ein Milliarden-Geschäft)? Möchten die Besitzer von elektronischen Geräten im Grunde ihres Herzens Captain Kirk vom Raumschiff *Enterprise* sein?

Die Herausforderung besteht darin, dem Sicheren und Vertrauten eine Aura zu geben, die den innersten Wünschen entgegenkommt.

Denn selbst bei den alltäglichsten Erlebnissen wollen wir – auf sichere Weise – entführt werden.

Aus unserem Leben.

3. TREND:

Kleine Genüsse

»Und wir haben sie, weiß Gott, verdient.«

Wenn man begreifen will, was »Kleine Genüsse« bedeutet, denke man an den Zweiten Weltkrieg. An Schokoladenriegel und Nylonstrümpfe. In einer kriegsgeschüttelten Welt voller Entbehrungen und schlechter Nachrichten konnte es von Schokolade und schönen Beinen abhängen, ob man die Woche – emotional – gut überstand oder nicht. Eine kleine materielle »Belohnung« – ein Hauch von Luxus – ist manchmal alles, was man braucht, um glücklich zu sein, wenn auch nur für einen Augenblick. Und manchmal ist es genau dieser Augenblick, den man braucht.

Warum bezeichne ich die Kleinen Genüsse aber als einen momentanen Trend, wenn es sich eigentlich um eine allgemeine Wahrheit, ein zeitloses Grundbedürfnis des Menschen handelt? Weil die Art und Weise, wie wir dieses Bedürfnis heute erleben –

und wie wir damit umgehen –, eine ganze neue Dimension angenommen hat. Heute hat das Sich-Verwöhnen-Wollen etwas *aggressiv Forderndes*, ist es mit dem starken Gefühl verbunden, daß man ein Recht darauf hat. Es ist nicht dieses »Oh, was gäbe ich für...« (lassen Sie hier Ihre Phantasie spielen), sondern »ich *will* es. Ich will es *haben*. Und ich *verdiene* es«. (In einer Konsumenten-Kultur, das heißt: in einer Kultur, die mehr bereitstellt als das Lebensnotwendige, ist die entscheidende Motivation nicht der Bedarf, sondern der Wunsch. Daß diese Motivation über das *Wünschen* hinausgegangen und sich in ein *Verdient-haben* verwandelt hat, hat unsere Kultur in der letzten Zeit stark verändert.)

Das Schlüsselwort ist natürlich »klein«. Was den Trend bei einem der *Kleinen* Genüsse hält und ihn nicht in ungezügelte Gier ausarten läßt, ist eine Art Ausbalancieren von Kompromissen, eine psychische Kosten-Nutzen-Analyse. Wir wollen uns emotional etwas Gutes tun – die Sinne verwöhnen, das Ego aufpäppeln –, ohne uns über die Kosten Sorgen zu machen, ohne damit bestraft zu werden, daß wir *wirklich* zu sehr zur Kasse gebeten werden (*etwas* zu hohe Ausgaben gehören allerdings zum richtigen Verwöhnen). Während sich die Verbraucher vor zehn Jahren finanziell übernommen haben, um einen gewissen Luxus zur Schau zu stellen, ist diese Art finanzieller Überanstrengung heute vorbei. Anstatt also ein kleines rotes Auto zu kaufen, kaufen wir einen kleinen roten Stuhl. Wir leisten uns weiterhin ein Landhaus, nehmen aber die einfachste Bettwäsche. Wir machen eine Mini-Rundreise anstatt eines zweiwöchigen Trips nach Europa (75 Prozent aller Vergnügungsreisen dauern heute nur drei Tage oder weniger). Eine Massage anstatt eines kurzen Kuraufenthalts. Ein neuer Swimming-pool anstatt eines neuen Hauses. (Oder ein Planschbecken anstatt einer großen, teuren Investition.) Ein toller Haarschnitt anstatt einer Jacke von Giorgio Armani. Hummer zu Hause anstatt in einem schicken Restaurant.

Aber es geht hier nicht nur um einen »Gratifikationsersatz« (»ich nehme dieses, weil ich jenes nicht bekommen kann«); es geht auch darum, einen kleinen Lebensbereich zu haben, in dem man sich nur das Beste gönnt: Man geht zum besten Metzger oder Delikatessenladen (Spezialitäten sind der am schnellsten wachsende Zweig der ansonsten etwas flügellahmen Nahrungsmittelbranche), man kauft Parfums von Dior anstatt von Astor, einen Kugelschreiber von Mont Blanc anstatt von Bic, Rosner anstatt Gil Bret.

Wer sich diesem Trend mit Körper und Seele überläßt, gibt sich selbst die Erlaubnis, die Vorsicht (dieses lästige Korsett) abzulegen. Man darf über die Stränge schlagen. Kleiner Genuß – kleines Risiko. Davon betroffen sind vor allem die Ernährungs- und Gesundheitserwägungen. Das Phänomen der äußerst populären (sehr fetthaltigen und aromatisierten) Extra-Eissorten ist der Inbegriff des Kleinen Genusses. (Ende der achtziger Jahre betrug der Umsatz dieser Sorten über eine Milliarde Dollar; die Geschäftsleute räumen preisgünstige Marken beiseite, um mehr Platz für die betuchten Kunden zu schaffen; Häagen-Daz experimentiert mit Eiscafés in Europa: die Trendanalyse zeigt, daß sie zu einem großen Renner werden können, wenn sie ansprechend, gemütlich und heimelig genug sind: Kleine Genüsse in einem Kokon besonderer Art.) 1988 bestellten 42 Prozent der Amerikaner mehr als einmal im Monat einen Nachtisch, während es noch ein Jahr zuvor nur 17 Prozent waren. Und hier mein persönliches Wer-hätte-das-gedacht-Lieblingsbeispiel: 1989 wurde von der Firma Hotel-Bar eine neue hochwertige Butter (namens Plugra) eingeführt, die *mehr* Butterfett verspricht, als es sonst in den USA üblich ist, mehr in der Art der »köstlich weichen Landbutter aus Europa«.

Ich kann diesen Trend auch in meiner Nachbarschaft in New York beobachten. Eine Boutique für Designer-Schuhe hat zugemacht, und an derselben Stelle wurde ein Laden eröffnet, der Accessoires verkauft – Hüte, Schals, Modeschmuck. In diesem Laden scheint alles dafür gedacht zu sein, den Kleidern vom letzten Jahr einen neuen Pfiff zu geben. Schicke neue Accessoires verschaffen uns eine schnelle Befriedigung, sind schnell erreichbare Kleine Genüsse.

Ein paar Häuserblocks weiter gibt es ein winziges Geschäft, das nur Rosen verkauft; es gibt ein Dutzend verschiedene Sorten, die billig aus Südamerika importiert werden. Wunderbar: was früher ein großer Luxus war, ist heute ein Kleiner Genuß. Nur befürchte ich, daß sich der normale Blumenladen in meiner Nachbarschaft nicht mehr lange halten kann. Die Hersteller von sehr teuren Sachen werden manchmal ganz blaß, wenn ich von diesem Trend berichte, und hoffen auf sein baldiges Ende. Aber es wird ihn wohl noch eine ganze Weile geben. Die gute Nachricht für diese Hersteller besteht darin, daß die Kleinen Genüsse etwas völlig Relatives sind. Was für die einen ein Großer Genuß ist, ist für die anderen noch immer ein Kleiner Genuß. Und wenn die Anbieter der Großen Genüsse dem Trend folgen, werden sie vielleicht umdenken, auf kleinere Artikel umsteigen und ihre Luxusgüter so einem ganz neuen Kundenkreis zugänglich machen. (Wie wäre es zum Beispiel mit einem Motorrad von Mercedes? Oder einem Mountain-Bike von Maserati? Oder einem Kugelschreiber von Rolls-Royce?) Hier liegen große Möglichkeiten: Noch befriedigender, als sich selbst zu verwöhnen, ist es, seine Kinder zu verwöhnen. Ich denke hier besonders an die neue Bevölkerungsgruppe, die wir MOBYS (»späte Mütter«: Mommy Older − Baby Younger) und DOBYS nennen (das gleiche, nur auf Väter bezogen, die sich häufig in ihrer zweiten − oder gar dritten − »Reproduktionsrunde« befinden); diese Hochleistungs-Konsumenten haben sowohl das Geld als auch den Wunsch, ihre kleinen Trophäen so richtig zu verwöhnen.

Man denke an die Top-Qualität der Marke William und Clarissa bei Toilettenartikeln für Kinder; an die Umsatzsteigerung bei Stofftieren von 255 Millionen Dollar 1982 und 839 Millionen Dollar 1987 (sie wurden wahrscheinlich nicht alle für Kinder gekauft); und an die Einführung von so charmanten Spitzenprodukten wie Bear Bath, einem besonderen Shampoo für schmutzige Teddybären.

Ausschlaggebend ist bei diesem Trend die Qualität. Man kann sich nicht mit billigem Zeug verwöhnen. Bloßer Plunder kann keine anhaltende psychische Befriedigung verschaffen. Die Verbraucher sind anspruchsvoll und qualitätsbewußt. Der Wert ersetzt das Image. Die Qualität ersetzt den Namen. Eine hochwertige Timex kann in diesem Jahrzehnt eine Rolex aus dem Feld schlagen.

Innerhalb dieses Trends entwickelt sich eine Variante, die ich aufmerksam beobachte – und auf die Sie auch achten sollten. Wir nennen sie »Sich zu Discount-Preisen verwöhnen«. Es handelt sich um eine direkte Weiterentwicklung der Unterströmung »Qualität um jeden Preis«, die für die Kleinen Genüsse kennzeichnend ist. Wir haben den Umfang unseres Genusses bereits so heruntergeschraubt, daß wir uns den Qualitätsstandard, den wir fordern, auch wirklich leisten können. Der Verbraucher scheint sich heute zu sagen: »Das habe ich gut gemacht – warum mache ich das nicht immer so?« So ist er also auf der Suche nach Qualität zum bestmöglichen Preis: sich zu Discount-Preisen verwöhnen. Diese Perspektive ist gar nicht so erschreckend, wenn man sich nicht auf die frühere klassische Weisheit versteift, daß beim Kauf eines Luxusartikels die Hälfte des Luxus im Kauferlebnis besteht: in der aufmerksamen Bedienung, im aufwendigen Ambiente des Geschäfts, in der ganzen »Einkaufs-Aura«. Es geht dann nicht so sehr darum, was die Konsumentin von der tatsächlichen Wirkung der Nachtcreme hält, sondern darum, daß sie 100 Dollar dafür bezahlt hat. Jetzt aber scheint sie sich zu sagen, wie toll es wäre, wenn sie etwas Ähnliches für 65 oder 25 oder 10 Dollar finden würde (z. B. die exotischen, aber erschwinglichen Naturprodukte der Body Shops). Wir beobachten, wie sich überall im Land der Discount-Verkauf von teuren Produkten ausbreitet. Der Genuß liegt in der Qualität und nicht im Auftrumpfen mit vielen Dollarscheinen. Der Beweis ist der Erfolg von Price Club und Cheap Sam's. Wir schrauben unsere Erwartungen so herunter, daß sie unserem Geldbeutel entsprechen.

Die Frage ist natürlich, ob uns diese gedämpfte Befriedigung auch weiterhin tragen, unserer Selbstachtung in den rauhen Zeiten dieses neuen Jahrzehnts genügend Nahrung geben wird. Wird uns eine post-moderne Schokoladenriegel-Mentalität psychisch über die Runden bringen? (Oder, einfacher ausgedrückt: Wird dieser Trend andauern?) Die gute Nachricht für die Hersteller: Je schlimmer alles wird, desto mehr brauchen wir diese kleinen Lebensverschönerer und Stimmungsaufheller. Die doppelt gute Nachricht: Ich sehe in unserer Zeit einen Aufschwung kommen – in unserer Gemütslage, unserer Kultur, unserer Wirtschaft. Einen neuen, optimistischen Glauben an die Zukunft.

Und in diesem Fall wird unser Verlangen nach Genuß, ob klein oder groß, nur noch größer.

4. TREND:

Ichbezogene Wirtschaft (Egonomics)

»Das finde ich toll. Es ist wie für mich geschaffen.«

Die Klischees einer Kultur enthalten oft die tiefsten Wahrheiten. Die Lieder, die wir singen, verraten uns. Wenn manche Leute sagen, daß man die Psyche einer Generation in den Songs analysieren kann, die durch sie populär werden, so gehe ich noch weiter. Manchmal kann man anhand der Musik einen psychographischen Wandel *voraussagen*. Es ist zum Beispiel unvorstellbar, daß frühere Generationen »I Did It My Way« (»Ich hab's so gemacht, wie ich wollte«) oder »I Gotta Be Me« (»Ich muß mehr ich selbst sein«) mit der gleichen ich-betonten Leidenschaft gesungen hätten, wie es in den siebziger und achtziger Jahren geschah.

Ich würde sogar sagen, daß es eine direkte Verbindung zwischen diesen Liedern und den Verhaltensweisen des »Ich-Jahrzehnts« gab.

Deshalb: Achten Sie auf die Unterhaltungskultur.

Dieses »Ich-Gefühl« ist auch der Kern der ichbezogenen Wirtschaft (Egonomics). Aber heute geht es um einen *angenehmeren* Narzißmus als in den achtziger Jahren. Es handelt sich nämlich nicht um den Herren-der-Welt-Größenwahn, wie er in den heißen Tagen an der Wall Street deutlich wurde, sondern darum, daß jeder ein bißchen Zuwendung, ein wenig Anerkennung für sein Niemand-ist-wie-ich-Gefühl haben möchte. Es geht um die Betonung der Individualität, um Differenzierung, um die persönliche Ansprache des Kunden. Dies ist eine starke Kraft, mit der der Markt heute rechnen muß. Egonomics bedeutet schlicht, daß es gewinnbringend ist, wenn man auf das Bedürfnis des Verbrauchers nach Anerkennung seiner Persönlichkeit eingeht – bei der Konzeption eines Produkts, beim Design oder beim individuellen Service.

Als die ersten Ford-Autos vom Band rollten – ebenmäßig, glänzend, und vor allem *alle gleich* –, fing die Welt an, in der Einheitlichkeit – in uniformen Massenprodukten – das Gütezeichen des modernen Zeitalters zu sehen. Im Vergleich dazu erschien alles Handgemachte unglaublich grob. Heute tritt genau das Gegenteil ein. Im Vergleich zum individuellen Charakter von handgearbeiteten Produkten wird ebenmäßig, glänzend und uniform häufig mit grob und billig gleichgesetzt.

Die ichbezogene Wirtschaft kann als Schwester der »Kleinen Genüsse« betrachtet werden – als die andere Hälfte des »Ich-habe-es-verdient«-Syndroms. Während bei den Kleinen Genüssen die Betonung auf »verdient« liegt, steht bei den Egonomics das »Ich« im Vordergrund: »Dies ist ein Produkt, eine Dienstleistung für *mich*, nur für mich und meine Selbstdarstellung geschaffen. Ich bin nicht bloß eine Nummer. Ich unterscheide mich von meinen Nachbarn.« Der Schwerpunkt verschiebt sich von den Prioritäten des Herstellers auf die des Verbrauchers. Bei der ichbezogenen Wirtschaft geht es um ein hochentwickeltes Nischen-Marketing. Man stelle sich vor, daß jeder Verbraucher seine eigene Nische hat. Der Anbieter, der jedem Kunden das Gefühl geben kann, etwas ganz Besonderes zu sein, wird Erfolg haben.

Wenn man diesen Trend untersucht, fängt man am besten bei Zeitungen und Zeitschriften an und achtet darauf, worin sie sich unterscheiden. Eine Zeitung ist gewissermaßen ein öffentlicher Gegenstand, ein unpersönliches, zum sofortigen Gebrauch bestimmtes Masseninformationsmittel. Wie unpersönlich eine Zeitung ist, läßt sich daran ermessen, daß wir bereit sind, sie in aller Öffentlichkeit zu lesen und daß wir sogar nichts dagegen haben, wenn uns ein Fremder in der überfüllten U-Bahn über die Schulter sieht und mitliest. Dagegen sind Zeitschriften etwas ganz Persönliches. Ein fremder Mitleser wird *nie* geduldet. Zeitschriften sind viel zu sehr ein Ausdruck unserer selbst, ihre Lektüre ist ein intimes Ereignis. Ich *bin* diese Zeitschrift, dieses Gefühl haben wir irgendwie, wenn wir am Zeitungsstand unsere Wahl treffen. Noch persönlicher ist das Geheim-Abo, das uns ins Haus geliefert wird. So ist es nicht verwunderlich, daß in der Ära der Egonomics unzählige Zeitschriften auf den Markt drängen, die kleine, kleinere und kleinste Nischen besetzen. Zeitschriften für ältere Leser im Ruhestand (sie sind ein interessanter Hinweis darauf, wie groß eine »Nische« sein kann: *Modern Maturity* hat mit 22,5 Millionen Lesern die größte Auflage von allen amerikanischen Zeitschriften); für Katzenfreunde; für Oberkörper-Bodybuilder; für Leute, die gerne Pflanzen in Kellergeschossen halten; für Kellnerinnen, die in der zweiten Nachtschicht arbeiten. Einige dieser ausgefallenen Publikationen haben eine erstaunlich große Leserschaft. Auch die beiden Großen, *Time* und *Newsweek*, haben schon im Bereich der Egonomics gewildert: Von seiner Ausgabe vom 26. November 1990, mit der Titelgeschichte über Postwurfsendungen, hat *Time* jedes der vier Millionen Abo-Exemplare persönlich gestaltet, indem der Name des Abonnenten schön sichtbar auf der Titelseite verewigt wurde; und *Newsweek*, für sein persönlich gestaltetes Layout bekannt, bringt unterschiedliche Werbeanzeigen für unterschiedliche

Abonnentengruppen, beispielsweise ältere Mitbürger oder Leute, die gerade umgezogen sind. Ein neues *Newsweek*-Programm macht es möglich, daß die Abonnenten namentlich angesprochen werden und daß man ihnen die Adressen von nahegelegenen Autohändlern und Einzelhandelsgeschäften für spezifische Produkte nennen oder bestimmten Verbrauchergruppen heiße Tips geben kann. *Time* kann ähnliche Leistungen vorweisen. Egonomics.

John B. Evans, ein Genie im Medienkonzern von Rupert Murdoch, meint, daß die Zukunft der Medien in einer »zielgenauen« Spezialisierung liegt. »Um im Informationszeitalter zu überleben«, sagt er, »muß man sich ganz kleine Ausschnitte suchen.« Erstaunlich ist nicht so sehr, daß man einen von achtundvierzig Fernsehkanälen einschalten und eine ausgefallene Show für Angler sehen kann, sondern daß man keine Show findet, die zeigt, wie man für das Angeln im Colorado River einen Angelhaken als Köder herrichtet, und zwar für die Monate mit »r« und für Männer, die die Farbe Blau lieben. Es ist nicht die Größe der Zuschauerbasis, sondern ihre *Loyalität*, die sie für die Fernsehanbieter wertvoll macht.

Die zahllosen Interessengruppen, die sich heute bilden, deuten darauf hin, daß wir uns in furchtbar viele Untergruppen einteilen lassen. Wir lehnen uns gemeinsam gegen die Isolation auf und schließen uns zu Gruppen zusammen, wobei die Motive vom persönlichen bis zum politischen Bereich reichen. Hochkonjunktur haben religiöse Sekten und diverse Randgruppen: Es gibt mindestens 40 Prozent mehr registrierte religiöse Gruppen als vor zehn Jahren, einschließlich der »Breatharians« in Kalifornien, die glauben, daß wir ohne Essen oder Trinken überleben können, und der »Sucher«, die jede Woche spiritistische Sitzungen abhalten. »Tänzer für Abrüstung«, »Der Wohltätige und Loyale Orden der Pessimisten« und die »Vereinigung Christlicher Klassischer Radfahrer« – so heißen anerkannte und aktive amerikanische Gruppen, die es wirklich gibt. Selbsthilfegruppen wie »Overeaters Anonymous« (Eßsüchtige), »Frauen, die zu sehr lieben« und »Erwachsene Kinder von Alkoholikern« sind so erfolgreich, daß es sie inzwischen überall gibt.

Die ichbezogene Wirtschaft ist auch dort am Werk, wo sich Produkte und Dienstleistungen an die speziellen Bedürfnisse von Gruppen mit einer bestimmten Identität richten: Gruppen, die auf neuen »Lebensphasen« basieren, wie die bereits erwähnten MOBYS (späte Mütter) und DOBYS (späte Väter); ehemalige Yuppies, die jetzt PUPPIES (Poor Urban Professionals; verarmte Freiberufler in den Städten) oder WOOFS (Well-Off Older Folks; wohlhabende ältere Leute) sind; Schlüsselkinder; Sandwichers (Erwachsene mit der Doppelbelastung von Kinderbetreuung und Pflege ihrer alten Eltern); SKIPPIES (School Kids with Income and Purchasing Power; Schulkinder, die über viel Geld verfügen); und Gruppen mit besonderen Interessen, wie Global Kids (Kinder, die stark auf die Umweltprobleme reagieren *und* einen großen Einfluß auf die Kaufentscheidungen in der Familie haben); New Health Age Adults (Verbraucher, für die ihre eigene Gesundheit und die des Planeten oberste Priorität haben).

Sehen wir uns einmal die Auswirkungen der Egonomics auf die Seventh Avenue, das Zentrum der amerikanischen Modebranche, an. In einer früheren Phase haben wir die ichbezogene Wirtschaft sogar »Couture für die breite Masse« genannt, weil es darum geht, dem Verbraucher das auf ihn zugeschnittene Design und die individuelle Beratung zu bieten, die lange mit der Haute Couture assoziiert waren – wo jedes Kleidungsstück individuell gearbeitet und angepaßt wird. Wobei das Entscheidende natürlich ist, daß das fertige Stück auch als die Arbeit eines bestimmten Designers erkennbar ist. Der Träger oder die Trägerin wird zu einem Mitglied einer elitären *petit monde*. In einer Zeit, die für die amerikanischen Modegeschäfte und Modehäuser alles andere als rosig ist, kann der verblüffende Erfolg der neuen DKNY-Produkte ganz eindeutig mit ihrem Egonomics-Quotienten erklärt werden. Während die Zahl derjenigen, die Kreationen von Donna Karan tragen, in der Tat sehr klein ist (die Liebhaberinnen ihrer ausgefallenen, sinnlichen Kreationen zahlen 1000 Dollar und mehr für ein Stück), macht ihre preisgünstigere DKNY-Branche ihre klassische Mode einer viel größeren Gruppe von Frauen zugänglich. Die Buchstaben DKNY (= Donna Karan, New York), die auffällig auf jedem Design prangen, signalisieren im Vergleich zum gängigen Null-Acht-Fünfzehn-Stil das bessere Material und den besseren Schnitt amerikanischer T-Shirts und Jeansjacken. Ein deutliches Beispiel für das Phänomen der Massen-Couture, die sich auf das Motto stützt: »Ich trage etwas, dem man es ansieht, daß ich jemand bin, der das Beste zu schätzen weiß.« Egonomics.

Man stelle sich vor, welche Möglichkeiten sich ergeben würden, wenn man Egonomics ganz konsequent auf die Mode anwenden würde. Man geht in eine Einkaufsstraße und sucht sich die Teile für ein Paar Jeans zusammen (aufgesetzte oder schlitzförmige Taschen, Gesäßteile mit oder ohne Taschen, eine enganliegende oder weitgeschnittene Form, jede Art von Stoff und Design). Der Compu-Schneider nimmt Maß (vielleicht mit Laserstrahlen), und nach einer Stunde kommt man wieder und hat zum ersten Mal im Leben Jeans, die in Design und Sitz genau den eigenen Wünschen entsprechen.

Dieses Konzept gibt es bereits, allerdings nicht für Jeans, sondern für Sofas. Meine Freunde Ayse und Bob Kenmore besitzen eine sehr gutgehende Kette von Sofa-Geschäften im Westen, die sich »Krause's Sofa Factory« nennt. Hier kann man »diese Armlehne«, »jene Rückenlehne«, »diesen Bezug«, »jenes Design« aussuchen: ein Sofa nach Ihrem Geschmack. Schnell, preisgünstig. Egonomisch. Die Kenmores verkaufen auch niedliche Minisofas für kleine Kinder und verwöhnte Haustiere.

Oder nehmen wir belgische Schuhe – eine obskure Sache, mit der sich meine Freundin Lys befaßt. Ich muß dabei oft an eine Satire aus den frühen Tagen des »Saturday Night Live« über ein Tesafilm-Geschäft denken (»Das ist etwas, was jeder braucht«), wenn ich die belgischen Schuh-Geschäfte in Manhattan sehe, deren Regale mit Schuhen vollgestopft sind, die fast alle gleich aussehen. Diese slipperähnlichen Schuhe gibt es in Dutzenden von unterschiedlichen Modellen (verschiedene Ledersorten, Farben, Formen, Innenfutter). Wichtig ist dabei, daß man diese mit weichen Sohlen versehenen Schuhe etwa eine Woche lang trägt, bis sie sich dem Fuß richtig angepaßt haben;

dann werden sie zurückgebracht und bekommen eine dauerhafte Gummisohle. Niemand kauft dann nur ein Paar. Das ist interaktives Marketing, bei dem der Verbraucher mithilft, die richtige Paßform zu erreichen. Belgische Schuhe im großen Stil – das wäre ein großes Geschäft. In der Schuh-Branche gibt es noch viel Raum für individuelle Gestaltungsmöglichkeiten.

Oder man denke an Egonomics in der Autoindustrie. Warum baut man nicht Sitze für Menschen mit Rückenschäden? Vorrichtungen für Menschen mit kürzeren Beinen oder Sehfehlern? Warum lassen sich zum Beispiel die Farbe und die Polster nicht persönlicher gestalten? Bezüge für den Sommer und den Winter? Autos für den Transport unterschiedlicher Güter – Kofferräume und Rücksitze, die einmal für Lebensmitteleinkäufe, einmal für Gartenartikel konzipiert sind? Ein Super-Sicherheits-Modell für Autofahrer, die in einer besonders unsicheren Gegend leben? Ein Komfort- und Sicherheits-Modell für junge Familien mit Kindern – mit einem radargesteuerten Notrufknopf, der (wo immer man ist) die örtliche Polizei alarmiert?

In Japan stellt eine Tochtergesellschaft des Elektronik-Riesen Matsushita körpergerechte Fahrräder unter dem Namen Panasonic her – Einzelstücke, bei denen die Massenproduktionstechniken durch flexible Herstellungsverfahren ersetzt werden. Dies ist ein System, das die Verbraucher und ihre Bedürfnisse an den Anfang und nicht ans Ende des Produktionsprozesses stellt. Die persönlichen Maße werden in einen Computer eingegeben, der den entsprechenden Entwurf erstellt und die High-Tech-Anweisungen liefert, die jeden Schritt des Fertigungsprozesses lenken: Das sind insgesamt drei Stunden gegenüber neunzig Minuten für ein Massenprodukt. Mit großen Gewinnspannen, stolzen Arbeitern und zufriedenen Kunden ist diese individuelle Herstellungsweise eine wirklich vielversprechende Marktstrategie. Warum gibt es davon nicht mehr? *Körpergerechte* Produkte werden großen Anklang finden.

Die Kosmetikindustrie macht die ersten Schritte in Richtung Egonomics, indem sie Kosmetik-Mischungen für die spezielle Haut einer jeden Verbraucherin, und in Workshops Parfums zum Selbermachen anbietet. Aber es gibt noch mehr Möglichkeiten: Kosmetika für verschiedene Altersstufen, Persönlichkeiten und Jahreszeiten. *Persönlichkeitsgerechte* Produkte werden großen Anklang finden. Niemand weiß das besser als Louis Licari von der Licari Color Group, der zwischen New York und Los Angeles hin und her pendelt. Er hat an der Kunsthochschule studiert und dann seine kreativen Talente für das Haarfärben eingesetzt (»Das muß man sich als eine Art *persönliche Kosmetik* vorstellen«, sagt Louis). Jede Person wird wie ein Originalgemälde behandelt – und sieht auch so aus. Er arbeitet mit über tausend Blondtönen, die er jeweils zu einem naturblonden Look zusammenstellt.

Und wie sieht es im Unterhaltungssektor aus? Heute macht es ein Unternehmen namens Personics möglich, Tonbänder auf individuelle Wünsche abzustimmen: Man braucht sich nur die Lieder auszusuchen, die man hören oder bei einer besonderen Gelegenheit verschenken möchte. Liebeslieder für den Valentinstag, Geburtstagslieder, Lieder über die Väter zum Vatertag.

Es gibt Kreuzfahrten und Urlaubsangebote, die auf ganz spezielle Gruppen zugeschnitten sind: Tennis-, Rock- und Baseball-Camps; Kreuzfahrten zu Bibliotheken; Geschichts- und Literaturreisen in fremde Länder; eintägige Kuraufenthalte. Es gibt einen Service, der darin besteht, Auszüge aus den Kabelfernsehprogrammen zusammenzustellen, die den vom Zuschauer angegebenen Wünschen entsprechen. Und einen Videorecorder, der so programmiert werden kann, daß er nur das aufnimmt, was den Zuschauer besonders interessiert: alle Science-Fiction-Filme aus der Zeit vor 1966 oder die Tennis-Endspiele. Aber im Unterhaltungssektor sind die Möglichkeiten für Egonomics noch längst nicht ausgeschöpft.

Die Industrie für Inneneinrichtungen bleibt ein Zweig, der hartnäckig an dem Glauben festhält, daß der Anbieter Vorrang vor dem Verbraucher hat. Warum sind Schränke und Herde alle gleich hoch, wenn doch Personen völlig unterschiedlicher Größe kochen? Warum kann man, abgesehen von exklusiven Marken, Kochgeschirr und Kühlschränke nicht individueller gestalten? Warum gibt es immer noch so wenige Produkte für Linkshänder? Warum? Weil diese Veränderungen anscheinend zu unbequem sind. Weil die Unternehmen immer noch nach ihren eigenen Prioritäten und nicht nach denen der Verbraucher arbeiten.

Die Menschen möchten heute sogar ihre eigenen Wetterbedingungen haben. In den Niederlanden hat ein Unternehmen eine Technologie entwickelt, die es dem Verbraucher ermöglicht, für sein Badezimmer den tropischen Sommer und für sein Wohnzimmer die frische Luft eines schönen Herbsttages zu wählen. Das verweist auf die Möglichkeit, daß auch Autos oder Züge unterschiedliche Temperaturen haben können oder daß Autos vorne kühler sein können (um den Fahrer wach zu halten) und hinten wärmer (optimal für die Kinder).

Während wir auf das Jahr 2000 zugehen, passen wir uns noch immer der Technik an.

Sollte die Technik nicht mittlerweile weit genug fortgeschritten sein, um sich uns anzupassen?

5. TREND:

Aussteigen

»Haltet die 90er an, ich will aussteigen.«

Wenn das Fantasy-Abenteuer Ihr Herz schneller schlagen läßt, dann ist das Aussteigen der Trend, der den rasenden Herzschlag beruhigt und der müden Seele wieder Auftrieb gibt. Es geht nicht um Aussteigen im Sinne von Alles-Hinschmeißen. Es geht darum, die Karriere-Chips einzulösen, die man all die Jahre angehäuft hat: sich irgendwo eine Arbeit zu suchen, die einem liegt, und sie so zu gestalten, wie man selbst möchte.

Wir alle kennen wahrscheinlich irgendeinen Erfolgsmenschen, der schnell Karriere gemacht und immer hart gearbeitet hat – aus der Wall Street oder der Leitung eines Unternehmens – und der plötzlich (so scheint es wenigstens) alles stehen und liegen läßt, verschwindet und irgendwann lächelnd wieder auf der Bildfläche erscheint. Er stellt dann Ziegenkäse in Vermont her. Oder gibt eine kleine Zeitung in New Hampshire heraus.

Oder hat eine Ferienfarm in Montana. Oder ist zehn Häuser-
blöcke von seinem alten Büro entfernt in einer Umwelt-Aktions-
gruppe aktiv. Oder gibt zehn Schritte von seinem Bett entfernt
einen Rundbrief für die Liebhaber der klassischen Gitarren-
musik heraus.

Nachdem die Menschen zehn Jahre lang Geld gescheffelt,
dem Konsum gefrönt und jahrelangen Pendelverkehr auf sich
genommen haben, träumen sie davon, alte Häuser zu renovie-
ren, kleine Geschäfte aufzumachen oder auch nur das zu tun,
was sie vorher getan haben – aber nach ihren eigenen Vorstellungen und ihrer eigenen Zeiteinteilung. Sie fragen sich, was
wahr und ehrlich ist, was Qualität ist, was Wert hat, was wirklich wichtig ist. Sie tauschen die Belohnungen des traditionellen
Erfolgs gegen ein geruhsameres Leben und mehr Lebensqualität
ein. (1983 wollte die Hälfte unserer Bevölkerung, daß in den
Vereinigten Staaten das Geld eine geringere Rolle spielt. *Research Alert* zufolge war das 1989 die Ansicht von 75 Prozent
der Bevölkerung. In einer 1989 durchgeführten Umfrage von
USA Today sagten 74 Prozent der Männer, daß sie lieber langsamer Karriere machen und mehr Zeit für ihre Familie haben
wollten.) In den Siebzigern haben wir gearbeitet, um zu leben.
In den Achtzigern haben wir gelebt, um zu arbeiten. Heute wollen wir nur leben – lange und gut. Die alternative Arbeitsweise
soll es möglich machen.

Warum gerade jetzt und nicht zu einem anderen Zeitpunkt in
unserer Geschichte? Die erste naheliegende Antwort ist die
psychische Kosten-Nutzen-Analyse. Der Lebensrhythmus ist
schneller geworden. Der Einsatz hat sich erhöht. Unterneh-
menserfolg im traditionellen Sinne erfordert außerordentliche,
kräftezehrende Anstrengungen. Wir scheinen uns zu fragen:
»Lohnt sich dieser ganze Streß denn wirklich? Wird mein Leben
durch diese Art zu leben nicht verkürzt?« Und, das ist die Lieb-
lingsfrage unserer Zeit: »Soll das alles sein?« Zu dieser ohnehin
schon starken Motivation zum Aussteigen kommt noch etwas
anderes hinzu: Wir sind nicht mehr davon überzeugt, daß es die
großen Institutionen gut mit uns meinen. Wir glauben nicht
mehr, daß unsere Regierung prinzipiell gut ist. Wir haben kein

Vertrauen mehr zu Unternehmen, die für uns sorgen wie
»Eltern«; warum sollten wir auch? Sie haben die Geschäftsgrund-
lage verletzt, die einem solchen Verhältnis normalerweise zugrunde liegt: Wir versprechen euch Sicherheit, wenn ihr treu
und brav euren Acht-Stunden-Tag ableistet. Aber wir werden
auf die Straße gesetzt, wenn Unternehmen wie im Monopoly-
Spiel gekauft und verkauft werden. Leistungen im Gesundheitswesen und in anderen Bereichen werden gekürzt. Das klassische
Mißtrauen der Arbeitnehmer gegen die Leitung ist bis zum
Management selbst »hochgesickert«. Aber anstatt einer Revolution erleben wir den Rückzug. Weg von dem kalten, sterilen,
entfremdenden Büro und zurück in die anheimelnde Wärme des
Kokons: Die Heimarbeit macht's möglich. Dank der heutigen
Technik.

Die Alternative im Kokon

Es waren ja die Fabriken, die die Menschen überhaupt gezwungen haben, außerhalb ihres Heims zu arbeiten; die Arbeiter
gingen in die Fabrikhallen wie die Sklaven zu den Maschinen.
Als dann an die Stelle der Industriellen Revolution das Informationszeitalter trat, übernahm das Büro die Rolle der Fabrik.
Die Menschen gingen dorthin zur Arbeit, wo die Informationen
verarbeitet wurden. Der Arbeitsplatz war der Ort, an dem die
Informationen aufbewahrt wurden. Im heraufziehenden Zeitalter des Mikrochips trifft dies jedoch nicht mehr zu: Die Informationen sind dezentralisiert worden. Der PC, das Modem, das
Telefax, das schnurlose Telefon haben dazu geführt, daß die
Informationen überall und sofort verfügbar sind. Man kann
einen großen Laser-Drucker zu Hause haben. Jedes Familienmitglied kann einen Anrufbeantworter haben. Warum also ins
Büro gehen?

Heute arbeiten etwa 16 Millionen Angestellte zu Hause
(halbtags oder ganztags). Die meiste Arbeit wird nach Feier-
abend oder auf der Basis von informellen Abmachungen ver-
richtet, aber 3,4 Millionen Personen haben mit ihren Arbeit-

gebern formelle Heimarbeit-Abkommen. (Flexible Arbeitszeiten und flexible Heimarbeit werden immer mehr zu Vergünstigungen, die Unternehmen geschätzten Mitarbeitern gewähren.) Rechnet man die etwa 10 Millionen selbständigen Amerikaner hinzu, die zu Hause arbeiten, kommt man auf die verblüffende Zahl von 26 Millionen Heimarbeitern – fast 25 Prozent aller amerikanischen Arbeitnehmer! (Wir beobachten diesen Trend schon seit vielen Jahren, wobei wir darin zuerst ein frauenspezifisches Phänomen sahen und es »Zurück ins Haus« nannten. 1988 entfielen 70 Prozent der Heimarbeit auf Frauen. Heute wird die Schar der Heimarbeiter durch immer mehr Männer vergrößert.)

Wie steht es nun mit denjenigen, die behaupten, daß die »Kollegen im Büro« für das Arbeiten außer Haus genauso wichtig sind wie das Geld? Daß Gruppenarbeit von großer Bedeutung für Fortschritt und Erfolg ist? Ich meine, daß sie die Dinge zu eng sehen. Wir sprechen nicht von einer einfachen Trennung des Menschen von seinem Büro, sondern von einer völligen Umgestaltung der Arbeitsstruktur im Laufe der nächsten Jahre. Zukünftige Arbeitsteams können sich immer noch zu Konferenzen und zum Essen treffen oder einen Kaffeeklatsch per Bildschirm veranstalten. Die Unternehmenszentralen werden zwar kleiner sein, aber immer noch bestehen und Büro- und Konferenzräume für Team-Projekte zur Verfügung stellen; in ihnen werden ein- oder zweimal im Jahr große Mitarbeitertreffen stattfinden, und es wird Freizeit- und Erholungszentren geben, in denen der Unternehmensgeist für neue Höhenflüge fit gemacht wird. Sekretärinnen, die zwischen den Kokons hin und her pendeln, sorgen für täglichen Kontakt.

In der Tat sollte jede Gemeinde ihr eigenes Bürozentrum eröffnen, das in einer clubähnlichen Umgebung Service-Leistungen und Geräte bereitstellt (die den betreffenden Unternehmen dann in Rechnung gestellt werden). Die Unternehmen werden ihre Angestellten auf die gleiche Art und Weise kontrollieren, wie sie es heute tun, nämlich durch die Kontrolle ihrer Produktivität. Was die Einzelunternehmer betrifft, so werden kleine, loyale Betriebe bestimmte Lücken ausfüllen. Die Nischen-

Betriebe werden näher an ihre Nischen-Märkte heranrücken. Das »Büro im Haus« wird der neueste Schrei auf dem Immobiliensektor sein: das Geschäft mit der alternativen Arbeitsweise.

Alternative auf dem Land

Das ist ein Traum, der so alt ist wie Amerika selbst: Gebt mir ein Stück Land, das ich mein eigen nennen kann, eine kleine Stadt, in der jeder meinen Namen kennt. Diesen Traum träumen wir heute mit einer neuen Inbrunst. Es geht nicht nur um die Romantik des Landlebens, sondern um Sicherheit, Bequemlichkeit und althergebrachte Werte. Weg von den vielen fremden Menschen in der Stadt und zurück zur Familie, zu Freunden, zu Geschäftsleuten, die einen erkennen, wenn man kommt; bei denen man nicht nur einkauft, sondern zu denen man ein persönliches Verhältnis hat.

Wenn man das nicht als reale Alternative haben kann, behilft man sich mit dem Nächstbesten. Das Campen in freier Natur ist »in« – gab es 1988 8,7 Millionen Camper, so waren es 1990 11,4 Millionen. Selbst im eigenen Gewächshaus im Garten kann man ein wenig Landleben schnuppern – und damit einem Geschäftszweig in den hochtechnisierten neunziger Jahren zu steigenden Umsätzen verhelfen. Über 80 Millionen Amerikaner beobachten regelmäßig Vögel! Aber die *reale* Tendenz bezieht sich auf das *reale* Landleben. Leitende Angestellte erlernen den Landbau. Ehepaare aus den Städten eröffnen Privatpensionen. (Trotz großer Anfangsinvestitionen und relativ kleiner Gewinne nimmt die Zahl der Landgasthäuser überall sprunghaft zu: 1989 gab es fast 12 000, während es zehn Jahre zuvor nur etwa 2000 waren.) Zwei Freunde von mir haben in New York alle Zelte abgebrochen und sind aufs Land gezogen, um dort exklusive Leinenstoffe von europäischer Qualität herzustellen. Einmal im Monat kommt ein riesiger Laster mit Material aus Europa auf ihren Hof; Näherinnen aus dem Ort zaubern daraus dann die Kreationen, die in der Stadt teuer verkauft werden.

Fast jeder hat die Geschichte von einem Freund parat, der

aufs Land gegangen ist. Oder vielleicht hat man es selbst getan. Oder davon geträumt. Es geht um die Lebensqualität, um gute Schulen und Sicherheit für die Kinder, um saubere Luft, mehr Freiräume. In den letzten zehn Jahren war Geld das einzige, was zählte. Heute werden die anderen Faktoren stärker gewichtet. Wenn wir nicht aufs Land ziehen können, so wollen wir wenigstens so leben, als wären wir dort.

Die Ersatz-Alternative

Wir wollen die Kleinstadt-Werte in das Leben einbringen, das uns in den großen Städten festhält. Wir tragen Flanellhemden und Wanderstiefel und sehen im Fernsehen Sendungen über das Leben im Grünen. Wir hören im Radio Country-Musik, pflegen im Gemeindezentrum Volkstänze, die es dort bisher noch nie gegeben hat, und kaufen Kochbücher über die »Küche auf dem Land«. Wir gehen wieder massenhaft in die Kirche. (Irgendwann in ihrem Leben hatten ungefähr zwei Drittel der Baby-Boom-Generation der organisierten Religion den Rücken gekehrt. In den letzten Jahren aber ist mehr als ein Drittel von ihnen zurückgekehrt. Heute besuchen fast 57 Prozent der Baby-Boom-Generation – 143 Millionen Menschen – regelmäßig eine Kirche oder Synagoge.) Wir schließen uns Gruppen wie der »Slow Food Foundation« an, die das langsame Essen und das Genießen des Augenblicks auf ihre Fahnen geschrieben hat. Für einen Mitgliedsbeitrag von 55 Dollar erhalten die Mitglieder aus sechsundzwanzig Ländern den Rundbrief und eine Silbernadel, die eine Schnecke, das Maskottchen der Gruppe, darstellt. Wir bestellen uns »Gartenkleidung« aus dem Katalog von Smith & Hawken (dieser Look wird in Amerika bald die Jogging-Anzüge von Platz eins verdrängen). Wir statten unsere Wohnungen in den Städten oder Vorstädten so aus, als lebten wir in einer Pioniersiedlung oder gehörten zum englischen Landadel.

Bei dem Trend »Ersatz-Alternative« sind wir auf ein auffallendes Phänomen gestoßen: Die dörfliche Lebensphilosophie hat einen neuen amerikanischen Heldentyp hervorgebracht;

Bodenständigkeit gilt nicht länger als hinterwäldlerisch, sondern wird kulturell allgemein akzeptiert. Das zeigte sich zuerst an einer neuen Art von Kommentaren: die kameradschaftliche Herzlichkeit von Garrison Keillor im öffentlichen Rundfunk und die schlicht-gestrickten Weisheiten von Calvon Trillin im privaten Rundfunk und in seinen Büchern. Bald wuchs sich dieses Phänomen zu einer breiten Bewegung aus, der wir den Namen gaben »Amerika entdeckt die Volkstümlichkeit«: Ein hohes Ethos wurde den einfachen Werten zugeschrieben, die wir mit Kleinstadtleben und unkomplizierten Lebenswahrheiten assoziieren.

Man denke an den enormen Erfolg der Auftritte und Bücher von Robert Fulghum, vor allem seines Bestsellers *All I Really Need to Know I Learned in Kindergarten* (»Alles, was ich wirklich wissen muß, habe ich im Kindergarten gelernt«), sowie an die fast kulthafte Verehrung des eindringlich-sanften John Bradshaw, der in seinem Bestseller *Homecoming* die der Welt überdrüssigen Erwachsenen einlädt, das Kind in sich wiederzuentdecken. Im Fernsehen haben es uns so nette volkstümliche Typen wie Willard Scott, Charles Osgood und Charles Kuralt angetan. Ein feiner literarischer Salon an der Park Avenue wählte einstimmig Mark Twain zum Autor der Saison. Wir wollen, daß das Leben volkstümlich und geradlinig, einfach und erklärbar ist. Das ist eine starke Motivation für alternative Lebensweisen.

Wer wird also in den Unternehmen traditionellen Stils die Stellung halten? Schwer zu sagen. Vielleicht die Unsicheren und die Mittelmäßigen. Über eine solche Bedrohung der amerikanischen Wirtschaft wird die Regierung nicht gerade glücklich sein. Sie wird sagen, daß Amerika auf diese Weise ruiniert wird, da keine große Nation eine Wirtschaft hat, die sich auf Kleinunternehmen stützt. Sie wird sich irren. Niemand arbeitet so hart, so produktiv oder so zufrieden wie Menschen, die für sich selbst arbeiten. Der Trend zur alternativen Lebens- und Arbeitsweise wird nichts weniger als die ökonomische Dezentralisierung Amerikas signalisieren – was diesem Land nur gut tun kann.

Andere Generationen haben die heimatliche Erde verlassen, um frei zu sein. Wir steigen, bildlich gesprochen, aus unserem Leben aus, um uns selbst zu bestimmen. Wir wollen dem Chaos und der Unsicherheit entrinnen und nicht länger Marionetten der amerikanischen Unternehmen sein. Bei der Verwirklichung des alternativen Lebens wartet wenig *reale* Freiheit und Freizeit auf die Menschen. Das Unternehmer-Dasein bedeutet mehr Arbeit und eine andere Art von Unsicherheit. Aber die – hart verdiente – Belohnung ist das große Emerson-Ideal der Unabhängigkeit.

6. TREND:

Länger jung bleiben

»Grau ist o.k.«

(New York Times, 1980)

*» Wir stellen die biologischen Grenzen zwischen den
Altersstufen in Frage und ziehen die Linie neu,
die die Jugend vom reifen Alter trennt.«*

(1986)

*»Eine ganze Generation wird wieder zu einem großen,
übermütigen Kind.«*

(1991)

Es traf uns wie ein Blitz aus heiterem Himmel: 1986 wurden die
ersten Mitglieder der Baby-Boom-Generation 40 Jahre alt.
Dann machte *USA Today* den 20. Juli 1988 als den Tag aus, an
dem die Zahl der Menschen zwischen 35 und 59 zum ersten
Mal seit den fünfziger Jahren die der 18- bis 34jährigen über-
runden würde. 1989 feierte Jacki O. ihren sechzigsten Geburts-
tag. Natürlich war keines dieser Ereignisse unvorhersehbar

oder eine große statistische Überraschung; aber daß eine Generation ins mittlere Alter kam, die sich einst geschworen hatte, jung zu sterben (ihr Vorbild war James Dean), mußte doch einiges Aufsehen erregen. Das war (und ist) eine kulturelle Veränderung, die uns bereits seit einiger Zeit aufgefallen ist. Nicht so sehr unter demographischem Aspekt – obwohl allein die Zahlen beunruhigend sind. (1988 waren 76 Millionen Menschen älter als 45 – sage und schreibe 31 Prozent der Bevölkerung, und dieser Prozentsatz steigt rapide. Die Zahl der Amerikaner, die über 60 Jahre alt sind, ist größer als die gesamte Bevölkerung Kanadas. In diesem Augenblick machen die Ruheständler ein volles Fünftel der amerikanischen Wähler aus.) Wie immer, untersuchten wir diesen Wandel unter dem Gesichtspunkt der Psychologie und der Verhaltensweisen.

Was wir vorausgesagt haben (und jetzt beobachten können), ist eine Neuinterpretation des Alterns. Cher wurde 1991 45 Jahre alt. Die Rolling Stones und die Grateful Dead, alle über 40, heizen ihren Zuhörern noch nach allen Regeln der Kunst ein. Die Zeitschrift *People* nannte Sean Connery den »Mann mit dem größten Sex-Appeal«. Joan Collins, Mitte bis Ende 50, und Paul Newman, über 65, werden als Super-Sex-Symbole gehandelt. Niemand bezweifelt, daß Elizabeth Taylor immer noch eine aufregende Frau ist. Mehr als 10 000 Läufer (42 Prozent), die den New Yorker Marathon bis zum Ende mitmachten, waren über 40, 56 von ihnen über 70, und der älteste 91 Jahre alt.

Wir erleben, daß immer mehr Frauen über 30 und sogar über 40 zum ersten Mal heiraten (was die düstere Prognose von *Newsweek* widerlegt, daß eine vierzigjährige Frau eine größere Chance hat, von einem Terroristen getötet zu werden, als einen Ehemann zu finden). Noch eindrucksvoller ist, daß die Zahl der Frauen steigt, die älter als vierzig sind und ihr erstes Kind bekommen. Connie Chungs mütterliche Ambitionen im Alter von 44 sorgten für Schlagzeilen in der Zeitschrift *People*: »Ich möchte ein Baby.«

Diese Weigerung, sich an die traditionellen Altersgrenzen gebunden zu fühlen, nennen wir den Trend »Länger jung bleiben«; das dem Alter angemessene Verhalten wird nach unten korrigiert. Wir haben es hier mit einem tiefgehenden kulturellen Phänomen zu tun, das tiefere Gründe hat als eine noch nie dagewesene Sorge um Gesundheit und Langlebigkeit – selbst als den Mut der großen Zahl (älter werdende Mitglieder der Baby-Boom-Generation machen ein Drittel der Bevölkerung aus). Wir sehen darin eine wirklich kollektive psychisch-emotionale Reaktion, die sich teilweise aus einer gewissen New-Age-Arroganz speist.

Die gleichen Leute, die einmal sagten: »Trau keinem über Dreißig«, sagen heute mit der gleichen Militanz: »Das Leben beginnt erst mit Vierzig.« Wie alt diese Generation auch sein mag, genau *ihr* Alter ist das einzig richtige. Das Älterwerden wird aufgewertet. Trotz der unvermeidlichen Veränderungen wollen wir toll aussehen und uns toll fühlen. Die Amerikaner geben pro Jahr 2 Milliarden Dollar für Produkte aus, mit denen sie das Altern stoppen wollen. 40 Prozent der Frauen zwischen 25 und 43 färben regelmäßig ihre Haare, gewöhnlich, um das Grau zu verstecken. Die Verkaufszahlen von Vitamin A stiegen 1990 angeblich von 20 auf 60 Millionen Dollar. Über eine Million Amerikaner unterzogen sich 1988 Schönheitsoperationen – eine Steigerung von 17 Prozent in zwei Jahren.

Einige altersbedingte Veränderungen gelten allmählich als Gütezeichen. Früher wurden die grauen Haare eines *Mannes* »distinguiert« genannt, während die einer *Frau* »langweilig«, »trist« oder »alt« wirkten. Heute wirkt Barbara Bush mit ihren gut zurechtgemachten weißen Haaren sehr distinguiert. Berühmte Schönheiten verschweigen ihr Alter nicht, sondern prahlen damit. Meine Prognose lautet, daß sich die durchschnittliche Frau der neunziger Jahre viel weniger Sorgen um das Älterwerden macht und eine größere Bereitschaft hat, sich zu ihrem Alter zu bekennen. Es kommt auf den Charakter an. Sollten Sie insgeheim vorhaben, mit fünfzig Jahren ein Gesichtslifting machen zu lassen, sollten Sie vielleicht darauf achten, daß der Arzt einige Falten übrig läßt. Charakterfalten deuten auf Erfahrung hin und werden in den nächsten Jahren hoch im Kurs stehen.

Bedenkt man, daß es bei dieser Generation neben der New-Age-Arroganz ein ausgeprägtes Anspruchsdenken gibt (die reifen Mitglieder der Baby-Boom-Generation sind in relativem Frieden und Wohlstand aufgewachsen und daran gewöhnt, als Verbraucher umworben zu werden), ist die Entwicklung enormer Marktmöglichkeiten vorauszusehen.

Dieser neue Verbraucher wird die altersbedingten Veränderungen nicht ohne weiteres hinnehmen und ihnen Widerstand entgegensetzen. Ein starkes Wachstum winkt bei den Produkten, mit deren Hilfe sich das Hören und Sehen korrigieren läßt. Es wird einen neuen Markt für die Zahnpflege zu Hause geben, der Bleich- und Haftmittel sowie vorbeugende Präparate gegen Zahnfleischerkrankungen anbietet. Und für neue Produkte, die Beweglichkeit und manuelle Geschicklichkeit steigern.

Der Markt für Hautpflegemittel – die Unternehmen forschen verstärkt, um Produkte gegen das Altern zu entwickeln – wird einen neuen Aufschwung erleben. Gearbeitet wird an: Cremes, die den neuen Sonnenschutz Photoplex enthalten, eine hochwertige Sorte, die fast alle UV-B-Strahlen abhält (das sind diejenigen, die hauptsächlich für Sonnenbrand, Runzeln und Hautkrebs verantwortlich sind) und ebenso 70 Prozent der UV-A-Strahlen (die u. a. zum Erschlaffen der Haut beitragen). Und an einem Hefe-Präparat zur Anregung des Immunsystems der Haut, damit Sonnenschäden, Faltenbildung und Erschlaffung verhindert werden. Shiseido hat für 29 Millionen Dollar in Tokio ein neues Institut für Fortgeschrittene Hautforschung eingerichtet, wobei das erklärte Ziel darin besteht, innerhalb von sieben Jahren ein wirklich wirksames Mittel gegen das Altern der Haut zu entwickeln. Oder wie steht es mit Mitteln, die das Gehirn anregen? Nimodopine, das früher benutzt wurde, um die Blutzirkulation bei Schlaganfall-Patienten zu verbessern, könnte die Gedächtnisleistung bei älteren Menschen steigern. Oder Deprenyl, ein hochwirksames Antidepressivum, das eine erfolgreiche Behandlung der Alzheimerschen Krankheit verspricht. Es wird als ein »Psychoenergikum« bezeichnet (und ist in Europa als Aphrodisiakum beliebt). Erste Ergebnisse zeigen, daß Deprenyl die normale Lebensdauer um 15 bis 20 Jahre verlängern könnte! Aber warum können Pharmaunternehmen nicht etwas so Einfaches wie neue Tabletten-Behälter herstellen, die leichter zu öffnen und besser beschriftet sind?

Der erste Aspekt des längeren Jungbleibens besteht darin, daß die Altersvorstellung nach unten korrigiert wird: 40 ist heute, was früher 30 war, 50 ist heute, was früher 40 war, 65 ist heute der Beginn der zweiten Lebenshälfte und nicht der Anfang vom Ende. Aber am äußersten Rand des Trends – und das ist der wirklich *lustvolle* Teil – geht es nicht so sehr um das Neudefinieren als um das Aufheben von Grenzen – so etwas wie »mal sehen, wie weit man gehen kann«. Welches Alter ist das lustvollste? Wie wäre es, wenn man noch mal sechs wäre! Das ist das »Noch-einmal-Kind-sein-Wollen«, das in uns allen steckt – ein teilweises Leugnen der Last des Älterwerdens und ein Zurückholen der unbeschwerteren Zeit, in der alles noch Spaß und Spiel war. So lassen sich Dr. Seuss auf der Bestseller-Liste und der Erfolg von *drei* Filmen in einer Saison erklären, in denen ein Kind und ein Erwachsener ihre Gestalt tauschen (darunter *Big* mit Tom Hanks als einem Jungen im vorpubertären Alter) sowie die ganze Werbung, die dem Verbraucher verspricht, daß Snickers und Cornflakes und Crispies wieder das Kind in ihm wachrufen. Altersarroganz und schon allein die Zahl der Gleichaltrigen geben uns den Mut, uns jünger zu geben – und ein tiefempfundenes Bedürfnis zu lachen. So oft es geht, werden wir zu großen, übermütigen Kindern. Und welche Erleichterung uns das bringt!

Zu meinem Geburtstagsessen im Mai dieses Jahres brachte meine Schwester Mechele lustige kleine Gesichter aus Gummi mit, die man mit Wasser füllen konnte. Da saßen wir nun feingemacht in einem gediegenen Restaurant, und in unseren Gläsern schwammen die kleinen Gummigesichter. Irgendwann füllte ein Freund seine Gummifigur mit Mineralwasser und bespritzte seinen Nebenmann damit – der wiederum jemand anders bespritzte, bis es für uns alle kein Halten mehr gab. Dann traf ein längerer Spritzer den Nachbartisch. Zuerst starrten wir stumm vor Entsetzen hinüber – dann fingen wir an zu lachen und konnten nicht mehr aufhören. Und das Erstaunliche war, daß die Opfer unserer »Wasserpistolen« und der Kellner mitlachten. Es war, als hätten wir schon lange nicht mehr so gelacht. Wir verhielten uns wie große, übermütige Kinder.

Wir sind so sehr an Streß und Sorgen gewöhnt, daß das Lachen viel zu kurz kommt. Um dem entgegenzuwirken, haben wir gerade eines unserer erfolgreichsten Trend-Pakete (ein Produkt von BrainReserve) zusammengestellt. Es ist dem Thema »Humor« gewidmet und enthält einige harmlose Gags, mit denen man Leute zum Lachen bringen kann: einen kleinen Kasten, der »fluchen« kann; ein Schwein, das quiekt, wenn man den Kühlschrank öffnet; ein Buch mit den Witzen von Jackie Mason und die *Enzyklopädie des schlechten Geschmacks*.

Unser Land befindet sich auf der Suche nach einem positiven Lebensgefühl. Unsere Verjüngung ist die Brücke, durch die wir – die Erwachsenen aller Altersstufen – die sorgenfreie Kindheit, an die wir uns erinnern (oder zumindest die sorgenfreie Baby-Boom-Kindheit, an die wir uns den Medien zufolge erinnern *sollten*) mit der nicht immer sorgenfreien Existenz verbinden, die wir jetzt führen. Wir nehmen unsere Teddybären mit ins Bett; wir kaufen die Spiele, die wir als Kinder gespielt haben (Mensch ärgere dich nicht, Monopoly), für unsere Kinder; und wir mögen die Nintendo-Computerspiele ebenso gerne wie sie (34 Prozent der Käufer von Nintendo-Spielen und 95 Prozent der Zuschauer von »The Simpsons« sind Erwachsene). Die Hälfte aller Kostüme für den Schabernack zu Allerheiligen (Halloween) wird heute für Erwachsene hergestellt, während es vor zehn Jahren nur 10 Prozent waren. Die größten Renner im Radio sind die »Golden Oldies« – die Zahl der Rundfunkstationen, die vor allem Elvis, die Supremes, die Platters und Lesley Gore bringen, ist in einem Jahr um 20 Prozent gestiegen. In all diesen Dingen steckt ein direkter Nostalgie-Wert; aber das Sich-Verjüngen ist mehr als Nostalgie. Wir jagen den Verheißungen und Hoffnungen der Kindheit nach. Frühere Generationen zogen eine klare Grenze zwischen den Vergnügungen, Beschäftigungen und Dingen, die für Kinder geeignet waren, und denjenigen, die für Erwachsene angemessen waren. Konnte man sich früher einen »Fernseh-Vater« vorstellen, der Eis am Stiel aß? Heute wird diese Linie von den Erwachsenen neu gezogen. Wir essen Eis aus der Tüte, wenn uns danach ist, oder wir genehmigen uns wenigstens die edlere Variante, den Dove Bar.

Die Erwachsenen gehen in ihre eigene Disney-Welt oder in ihre eigenen Spielwarengeschäfte. Wir legen großen Wert auf Entspannung: Wir gehen häufiger ins Kino (die Zahl der Zuschauer über 40 hat sich 1989 um 14 Prozent erhöht) und amüsieren uns in besonderen Camps: ein Jazz-Camp in Vermont, ein Camp für »simulierte Raumflüge« in Alabama. Wir geben heute mehr Geld für unsere Freizeit als für Kleider aus (247 Milliarden Dollar im Jahre 1988). Sehr auf die persönlichen Bedürfnisse zugeschnitten ist ein Buch mit dem Titel *Cool Tricks! A Grown-Up's Guide to All the Neat Things You Never Learned to Do as a Kid* von John Javna (»Tolle Tricks: Ein Ratgeber für Erwachsene mit netten Kniffen, die sie als Kinder nie gelernt haben«). Darin bringt er den Lesern bei, wie sie mit ihrem Hund spazierengehen und dabei Yo-Yo spielen können, wie sie ein Papierflugzeug falten können, und andere wirklich nette Kunststückchen.

Wie andere eskapistische Trends hat auch dieser eine dunklere Seite: die Verbraucher fürchten sich vor den sehr realen Bedrohungen einer sicheren und gedeihlichen Zukunft. Das ängstliche Kind in uns kann den eigenen Kindern nicht versprechen, daß die Welt, in der sie aufwachsen, auch weiterhin voller Hoffnung und Wohlstand sein wird, daß für die nächste Generation auch nur der Status quo aufrechterhalten werden kann. Das ängstliche Kind in uns kann seinen Eltern nicht versprechen, daß es gesund, wohlhabend und klug genug sein wird, sich liebevoll um sie zu kümmern, wenn sie älter und gebrechlicher werden. Und das ängstliche Kind in uns macht sich um seine eigene Zukunft Sorgen. Eine ausreichende Altersversorgung – das ist das Problem Nummer eins für die Menschen zwischen 35 und 49. Unter den Angehörigen der Baby-Boom-Generation grassiert die – völlig berechtigte – Angst, daß die Kassen der Sozialversicherung leer sind, wenn sie ins Rentenalter kommen. Daß ihre Ersparnisse auf der Bank nicht wirklich sicher sind. Daß die Probleme der Welt überhand nehmen, und daß wir mit ihnen letztlich doch nicht fertig werden. (Es gibt auch den Trend, den Problemen ins Auge zu sehen und daraus positives Handeln zu entwickeln. Darüber später mehr.)

Daß wir uns jünger fühlen und geben, bedeutet, daß wir uns – und seien es auch nur zehn, zwanzig oder sechzig Minuten am Tag – sagen: »Wenn ich mich weigere, richtig erwachsen zu werden, dann wird jemand anderes der Erwachsene sein müssen. Jemand anderes wird die Dinge in die Hand nehmen müssen. *Richtige* Erwachsene haben alles unter Kontrolle, und da ich dieses Gefühl nicht habe, kann ich auch kein richtiger Erwachsener sein. Ich bin ein Kind!« Aus diesem Lebensgefühl heraus setzt man sich selbstgebastelte Papierhüte auf, ahmt Tierlaute nach und verschließt die Augen vor den Widrigkeiten des Lebens...

Was bedeutet das für die Hersteller? Es bedeutet, daß sie bei den neuen Verbrauchern an das Kind denken müssen, das jeden Erwachsenen bei jedem Einkaufsbummel begleitet: Bedürfnisse von Erwachsenen, aber ein kindlicher Mangel an Triebkontrolle. Wünsche von Erwachsenen, aber ein kindliches Bedürfnis nach Unbeschwertheit und Sorglosigkeit. Wahrnehmung der Welt durch einen Erwachsenen, aber darunter Nostalgie und Sehnsucht nach der Gewißheit, daß die Welt immer noch etwas Wunderbares ist. Man greift dankbar nach allem, was das Wohlbefinden steigert, einen zum Lachen bringt, Spaß macht, das Gefühl vermittelt, noch einmal ein Kind zu sein. Eines ist *sicher*: Diese Generation wird stilvolle Rache am Älterwerden nehmen, sich mit mehr Energie gegen das Alter und das mit dem Altern verbundene Lebensgefühl wehren als jede Generation zuvor.

Und dafür mehr Geld ausgeben als jemals zuvor.

7. TREND:

Möglichst lange leben

»Tu das Richtige und du wirst niemals sterben müssen.«

Wenn wir von dem Wunsch nach einem möglichst langen Leben sprechen – dieser Trend kommt in unserer unentwegten Sorge um unsere Gesundheit zum Ausdruck –, dann sprechen wir von nichts Geringerem als von dem neuen amerikanischen Traum. Früher waren wir auf der Suche nach Glück – diese Suche brachte Massen von Menschen aus aller Welt in unser Land, die an neuen Ufern Glück, ewigen Sonnenschein und Gold finden wollten. Die Triebfeder all dessen war der inbrünstige Glaube, daß man irgendwie und irgendwo die Chance zu einem besseren Leben habe.

Welchem Leuchtfeuer folgen wir heute? Heute suchen wir nicht nur ein besseres Leben, sondern ein besseres, glücklicheres und *längeres* Leben. Wir glauben, daß irgendwo und irgendwie jemand die Antwort hat, die uns vor Krankheit, Alter und sogar dem Tod zu schützen vermag – wenn wir uns nur schön unterordnen, den richtigen Experten finden und das Richtige tun.

Diesem Super-Positivismus liegt ein Negativismus zugrunde, den es so noch nie gegeben hat. Wir haben zum Beispiel ein unbändiges Vertrauen in die Kompetenz der Experten – aber auf welchen sollen wir hören? Eigentlich glauben wir, daß wir *keinem* Experten wirklich trauen können. Jeden Tag füttern wir uns begierig mit neuen Informationen über Nahrungsmittel – öffnen unseren Geist (ganz zu schweigen von unserem Mund) für den quasi-religiösen Glauben an die heilsamen Kräfte der richtigen Ernährung, der Diät. Aber gleichzeitig sind wir überzeugt, daß die Lebensmittel, die wir zu uns nehmen, uns umbringen.

Unsere Äpfel sind vergiftet! Das schön magere Hühnchen hat Salmonellen! Der Fisch, den wir anstelle eines Steaks essen, hat sein kurzes Leben inmitten von Schadstoffen verbracht – PCB, DDT und wie die neuen Giftstoffe alle heißen, über die wir uns informieren und vor denen wir uns fürchten müssen, weil sie uns Schaden zufügen. 1990 zeigte eine nationale Umfrage, daß 87 Prozent der Amerikaner befürchten, daß das verschmutzte Wasser sie krank macht. Unser *Wasser*! Viele von uns leben mit dem Alptraum, daß unsere lebenslange Ernährung, angefangen mit dem, was unsere Mütter uns zu essen gaben, eine lange und heimtückische Form der Vergiftung ist.

Und während wir für unseren Körper mehr tun als je zuvor, sind die sportlichen Betätigungen selbst ein Gegenstand sorgfältigster Beobachtung geworden. Zu schnelles, zu langes und zu anstrengendes Laufen schädigt die Knie und Schienbeine; außerdem werden große körperliche Anstrengungen mittlerweile als etwas betrachtet, von dem man so abhängig werden kann wie von Zigaretten oder Drogen oder übermäßiger Liebe. Ich habe gerade eine Ausgabe der Zeitschrift *Self* vor mir liegen, die vor den Konsequenzen der »Sportsucht« warnt und fragt, ob es sich dabei um eine gesunde Beschäftigung oder eine ungesunde Obsession handele.

Die Angst vor Krankheit ist in unserer Kultur eine kollektive Phobie – und wir werden mit Informationen überschüttet, die uns darin nur bestärken. Wir haben unsere moderne Pest in Form von Aids mit all seinen Schrecken und Tragödien. Und während wir lange leben wollen, sind wir uns durchaus bewußt, daß wir, je länger wir leben, eine gute Chance haben, einer der heutigen tödlichen Geißeln zum Opfer zu fallen. »Welches schreckliche Unheil wird mich heimsuchen?« fragen wir uns. Krebs, Herzversagen, ein Lungenemphysem? Und wir haben immer mehr das Gefühl, daß wir selbst für unsere Krankheiten verantwortlich sind.

Im Grunde unseres Herzens glauben wir, daß Krankheit nicht nur das Resultat einer unseligen Laune der Natur oder der Genetik, sondern auch und vor allem unserer eigenen Lebensführung ist. Alles hängt davon ab, wie wir essen, Sport treiben, den Streß kontrollieren... wo wir wohnen, was wir tun... ob wir die Charakterstärke haben oder nicht, uns am eigenen Schopf aus dem Sumpf zu ziehen und positives Denken zu praktizieren. Viele Krebspatienten stellen sich als erstes die Frage: »Was habe ich falsch gemacht?« »Wie habe ich mir das zugezogen?«

Berücksichtigt man außerdem das rapide schwindende Vertrauen in das traditionelle amerikanische Gesundheitswesen (oder das, was aus ihm geworden ist), kann man sich leicht vorstellen, daß sich die Menschen alleingelassen fühlen, verloren in einer Welt von Expertenmeinungen, Forschungen und widerstreitenden Ratschlägen. Neue reale Bedrohungen und keine richtige Hilfe. Es ist mittlerweile schon zu einem Klischee geworden, den amerikanischen Arzt zu kritisieren, der nicht mehr ans Krankenbett kommt. Aber womit hat der Arzt in Amerika nicht alles zu kämpfen! Astronomische Entschädigungssummen für Kunstfehler und eine prozeßsüchtige Umgebung, die ihn zu defensiven Behandlungsformen zwingt. Behörden und Versicherungsgesellschaften, die jede seiner Entscheidungen in Frage stellen – sie bestimmen nicht nur, wie ein Patient behandelt werden soll, sondern auch, welche Patienten überhaupt behandelt werden (und sogar, wer das Krankenhaus in Anspruch nehmen darf, und wie lange).

Die Empfänger von medizinischen Leistungen sind mittlerweile gar nicht mehr gut auf die Krankenversicherungsgesellschaften zu sprechen – sie zahlen Jahr für Jahr ihre Beiträge, ohne die Gewißheit, daß die Gesellschaft auch wirklich zahlt, wenn Not am Mann ist, wenn es um Leben und Tod geht. (An dieser Front wird eine regelrechte Revolte stattfinden: Die Versicherungsgesellschaften laufen Gefahr, als die modernen »Raubritter« angesehen zu werden. Hier liegen große Möglichkeiten für Gesellschaften, die es mit ihren Kunden »gut meinen«.) Die Wissenschaft wird von ihrem hohen Sockel heruntergeholt. Unsere medizinische Forschung ist die fortschrittlichste der Welt, aber wie viele von uns können sich die fortschrittlichsten Behandlungen leisten oder haben überhaupt Zugang zu ihnen? Und wie steht es mit der *Natur*? Hat die Wissenschaft uns nicht zu sehr von unserem »natürlichen« Selbst getrennt? Gibt es eine Möglichkeit, beides wieder zusammenzubringen?

All dies ergibt eine neue Einstellung zu unserer Gesundheit, unserer Lebensführung und unserem Tod. Die treibende Kraft hinter dem Wunsch nach einem langen Leben ist die kollektive, etwas widerwillig akzeptierte Erkenntnis, daß wir uns letztlich selbst um unser Wohlbefinden kümmern müssen. Niemand wird uns das abnehmen. Jeder ist mit seinem Körper allein, und die letzte Verantwortung liegt bei ihm selbst.

Die Zukunft gehört der Eigenverantwortung für die Gesundheit.

Das Gute daran ist: die Dinge wieder selbst in die Hand zu nehmen, bedeutet, daß wir uns nicht mit einer einzigen Expertenmeinung, einer einzigen Denkrichtung zufriedengeben. Wir haben ein Stück Kontrolle zurückgewonnen. Wir stellen eigene Nachforschungen an, treffen eigene Entscheidungen, machen uns selbst sachkundig. Wir vergleichen den Rat des Hausarztes mit dem des Homöopathen, des Experten für Reflexzonenmassage, des Ernährungsberaters. Wir schließen Kompromisse auf der Basis der neuesten Forschungen und Ratschläge: Eine Untersuchung besagt, daß Frauen, die in Maßen Alkohol trinken (drei bis neun Gläser pro Woche), weniger Herzinfarkte und Schlaganfälle haben; eine andere besagt, daß gemäßigtes Trinken das Risiko von Brustkrebs erhöht. Man scheint also immer die Wahl zwischen zwei Übeln zu haben. Zumindest haben wir, das ist unsere Überzeugung, eine gewisse Kontrolle und damit eine gewisse Fähigkeit gewonnen, unsere Todesart selbst zu wählen.

Wir revidieren unsere Ansichten über unsere Nahrungsmittel. Aufgrund des verschmutzten Wassers und des mit Pestiziden verseuchten Bodens – ganz zu schweigen von den verseuchten Pflanzen selbst – sind frische Produkte heute genauso fragwürdig wie es früher nur die behandelten waren. Biologisch angebaute Lebensmittel fristen kein Schattendasein mehr, sondern haben bereits ein großes Terrain erobert. 1990 fand Harris in einer Umfrage heraus, daß 19 Prozent der Befragten zum ersten Mal Bioprodukte kauften, und daß 30 Prozent *allein im letzten Jahr* aus Angst vor Pestiziden ihre Eßgewohnheiten geändert hatten. Eine andere Umfrage erbrachte, daß 84 Prozent der Amerikaner biologisch angebauten Lebensmitteln den Vorzug vor konventionellen Produkten geben. (Aber weniger als 1 Prozent der landwirtschaftlich genutzten Fläche in Amerika ist dem biologischen Landbau gewidmet.)

Bald wird nicht mehr die Landwirtschaft, sondern das Labor die Standards produzieren, die der Gesundheit zuträglich sind und denen wir vertrauen. Produkte aus »klinisch sauberen« Hydrokulturen. (In Webster, Texas, gibt es bereits einen Supermarkt mit einem 10 000 Quadratmeter großen Hydrokultur-Garten.) Andere Fütterungsmethoden – und genetische Manipulationen – sorgen schon jetzt dafür, daß sich bei den Rindern das Verhältnis von fetten und mageren Teilen verändert. Wird die Entwicklung neuer Tierrassen durch die Gentechnologie noch lange auf sich warten lassen? Vielleicht beziehen wir bald den größten Teil unserer eßbaren Meerestiere – Krabben, Hummer, Flußkrebse – aus Fischfarmen mit kontrollierter Wasserqualität, aus denen heute schon die meisten Langusten kommen. Freuen wir uns auf Fleisch, Fisch und Geflügel mit kleinen Etiketten, die Auskunft über ihre Geschichte geben: wo sie großgezogen wurden (einschließlich Boden- und Wasserqualität), was sie gefressen haben, wie sie behandelt wurden. Labors sind vielleicht bald die einzigen garantiert sauberen Quellen.

Die Zukunft gehört den funktionalen Lebensmitteln. Schon

sind wir Zeugen erstaunlicher Veränderungen: Die Lebens-
mittelindustrie bringt nicht nur immer mehr kalorienreduzierte
Produkte auf den Markt (der Umsatz von »Light«-Artikeln soll
1994 49,6 Milliarden Dollar erreichen), sondern es gibt auch
neue Kombinationen, wie z. B. mit Fluor angereicherte Schoko-
ladenmilch, die Karies bei Kindern verringert, und Käse ohne
Cholesterin. Man denke auch an die *völlig synthetischen* Produkte – wie fettloses Fett (Olestra von Procter & Gamble, Sim-
plesse von NutraSweet). In Arbeit sind: Eier ohne Cholesterin,
biotechnisch behandeltes Gemüse, das den gleichen Protein-
gehalt wie Fleisch hat (aber ohne Fett), koffeinfreie Kaffee-
bohnen.

Die gesamte Ernährungsindustrie wird sich radikal verändern. Nahrungsmittel, in vorgeschriebenen Dosierungen ver-
zehrt, werden vorbeugende Medizin sein. »Pharmalebensmittel« werden die Grenzen zwischen Medikamententherapie und
Ernährung verwischen; täglich verabreichte Suppen oder Getränke werden die vorgeschriebene Dosis an Vitamin A enthalten oder eine therapeutische Dosis an krankheitsvorbeugenden
Nährstoffen oder sogar Stimmungsaufheller. Es wird Nahrungsmittel geben, die beleben, beruhigen, ermutigen, die gute
Laune wiederherstellen. Wie wäre es mit Kräuterkeksen zur
Linderung von Asthma, Desserts mit bio-aktiven Extrakten zur
Heilung von Migräne oder Depression? In Japan steigt der Ver-
kauf von »Vitamin-Tonics«. Es gibt 100 verschiedene Tonic-
Sorten in 50-ml-Fläschchen, die für den Typ A, den Vielarbei-
ter, gedacht sind, der sich nicht die Zeit nimmt, richtig zu essen
oder Sport zu treiben. Außerdem Getränke mit so sinnigen
Namen wie »Harte Arbeit« und »Tägliche Arbeit«, die Austern-
Essenz, Vitamin C, Glykogen und Ginkgo-Extrakt enthalten.

Wir werden eine Individualisierung unserer Ernährung erleben – für den Tag, für die Woche, entsprechend unseren
emotionalen Bedürfnissen, entsprechend unseren Symptomen.
Ist das gemeinsame Abendessen in der Familie unter ernäh-
rungswissenschaftlichen Gesichtspunkten überhaupt noch sinn-
voll, wenn jeder etwas anderes zu Mittag gegessen hat? Der persönliche Ernährungsberater stellt einen großen Wachstumsbe-

reich im Dienstleistungssektor dar. (»Essen Sie einen Teller grüne Bohnen und zwei Eßlöffel Gerste, schlafen Sie gut und rufen Sie mich morgen wieder an.«) Und die Lebensmittelkonzerne werden sich in diesen Trend einklinken müssen, indem sie Gerichte zum vielfältigen Kombinieren und einen Speiseplan-Beratungsdienst anbieten, der jederzeit unter einer 900er-Nummer telefonisch zu erreichen ist: »Wenn Sie dieses oder jenes zum Frühstück hatten, können wir Ihnen je nach Ihren besonderen gesundheitlichen oder stimmungsmäßigen Bedürfnissen eine dazu passende Produktpalette anbieten. Wir können Sie innerhalb einer Stunde beliefern.« Eine persönliche Ernährungsberatung für die Massen. Produkte als Dienstleistungen verkauft.

Die Spirituosenindustrie wird wieder »geistige« Getränke produzieren: ein Schuß Rum bei prämenstruellen Beschwerden, ein Scotch bei einem verstauchten Knöchel, ein Weinbrand bei Erkältung. Alte Hausrezepte werden sich wieder einen Platz in der postmodernen Mythologie erobern. Harte Sachen mit einem geringen Alkoholgehalt werden sehr gefragt sein, und schließlich wird es Getränke geben, die keinen Kater erzeugen, nicht süchtig machen und nicht die Leistung beeinträchtigen. Ideal für ein Amerika, in dem die mittlere Generation so zahlreich vertreten ist. Ronald K. Siegel, ein Experte für Psychopharmaka, schlägt in seinem Buch *Intoxication: Life in Pursuit of Artificial Paradise* (»Rauschzustände: Leben auf der Suche nach dem künstlichen Paradies«) vor, umfassende Anstrengungen zu unternehmen, um den Menschen den Genuß einer sicheren, aber himmlischen Hochstimmung zu verschaffen.

Im Bereich der medizinischen Versorgung werden sich erstaunliche Veränderungen vollziehen: vor allem natürlich die, daß der Patient selbst für sich verantwortlich ist. (Man erwartet, daß der Umsatz von Tests für die Selbstdiagnose und von pharmazeutischen Produkten für vorbeugende Zwecke 1995 2,2 Milliarden Dollar erreichen wird.) Die gesundheitliche Eigenverantwortung wird nicht nur eine Realität, sondern ein von der Regierung garantiertes Recht und Teil des neuen amerikanischen Nationalcharakters sein. Die Unternehmen erkennen immer mehr, daß Programme, die für das Wohlbefinden ihrer

Mitarbeiter sorgen, von entscheidender Bedeutung für ihre Zukunft sind; nicht nur wegen der rasanten Kostensteigerung im Gesundheitswesen, sondern auch, weil die Angestellten ein »Recht darauf haben«. Quaker Oats belohnt die Angestellten, die gesund bleiben, finanziell; Sunbeam richtete obligatorische Kurse für Schwangere ein, wodurch die durchschnittlichen Mutterschaftskosten drastisch gesenkt werden konnten.

Medizinische Kenntnisse und alternative Heilungsmethoden werden sich in einer Weise ausbreiten, wie wir es noch nie erlebt haben. Homöopathie (das Gebrechen wird ein wenig mit seiner »Ursache« geheilt); Reflexzonenmassage, Akupressur und Akupunktur (die Krankheit wird durch gezieltes Einwirken auf Reflexpunkte, Druckpunkte und die »Meridiane« der Körperenergie geheilt); Bio-Feedback und ganzheitliche Medizin werden nicht mehr als Randerscheinungen existieren, sondern in die Schulmedizin Eingang finden. Sogar noch neuere Methoden wie Duft- und Kräutertherapie und die altindisch-vedische Medizin (in der das *prakriti* des Menschen oder sein körperlicher Grundtyp den richtigen ganzheitlichen Zugang zu seiner Gesundheit bestimmt) werden in die traditionelle Medizin integriert werden oder sich als eigenständige Behandlungsformen mit großem Zulauf etablieren.

Neue Gesundheitsgeräte (z. B. der Stressman, der so groß ist wie ein Walkman von Sony und sanfte elektrische Impulse aussendet, um das Gehirn zu beruhigen) werden ebenso populär werden wie Unterhaltungsgeräte: ein Stressman auf jedem Kopf, eine Licht-Therapie-Maschine in jedem Wohnzimmer. Jeden Morgen werden wir eine besondere »Schleuse« passieren, die unser Gewicht, unseren Pulsschlag, unsere Körpertemperatur, unseren Blutdruck und andere wichtige Indikatoren kontrolliert. Ein Alarmsignal wird ertönen, wenn irgend etwas nicht stimmt, und ein Bildschirm wird die beste Korrekturmethode anzeigen.

Mit der neuen Erforschung der Auswirkungen von Licht und Sonne werden ganz neue Industriezweige entstehen, die uns vor den Gefahren der Sonnenstrahlung schützen oder uns die Wohltaten des Lichtspektrums ins Haus bringen. Man stelle sich

Berater vor, die bestimmte Lichteffekte im Wohnbereich empfehlen oder jedem Familienmitglied eine bestimmte Licht-Dosis verordnen – so bemessen, daß Energie, Stimmung und Gesundheit einer jeden Person optimiert werden. Kosmetika als Medizin – »Pharmakosmetika« –, darin wird die Zukunft des Geschäfts mit der Schönheit liegen, und das wird weit über die heutigen Anti-Falten- und Verjüngungscremes hinausgehen.

Unterhaltung und Reisen werden immer mehr von dem Wunsch nach Gesundheit und einem langen Leben beherrscht werden. Es werden Kuren angeboten werden, die heilsam nicht nur für den Körper, sondern auch für das Gemüt sind; es wird Aktiv-Urlaube für die umfassende körperliche Ertüchtigung geben; es werden Veranstaltungen für die Erholung von Geist und Seele stattfinden, einschließlich therapeutischer Kreuzfahrten, die die Menschen langsam von einem gesunden Ort zum anderen bringen, damit sie sich körperlich und seelisch regenerieren... und dann doppelt genesen nach Hause zurückkehren.

Immer mehr sehen wir den Sinn des Lebens darin, die Qualität dieses Lebens zu verbessern – und das Leben beginnt natürlich mit unserem eigenen Körper. Vielleicht sind wir noch nicht bereit, laut zuzugeben, daß unser Ziel in Wirklichkeit darin besteht, ewig zu leben. Aber wir werden kein Opfer scheuen, um so lange wie möglich zu leben.

8. TREND:

Der Wehrhafte Verbraucher

»Wir sind total sauer
und werden das Zeug nicht mehr kaufen!«

Es ist eine abenteuerliche Geschichte, die den Unternehmen überall das blanke Entsetzen einjagt (oder wenigstens einjagen sollte). Unser Held, der einst so schüchterne und vertrauensselige Otto Normalverbraucher, wird zu einem gefürchteten Attila, der angetreten ist, die Mißstände in den Supermärkten und im ganzen Wirtschaftsleben auf das schärfste zu bekämpfen: Er greift Tricks, Betrügereien und Täuschungen mit allen Waffen an, die ihm zu Gebote stehen: Telefon, Schreibmaschine, die immer mächtigere Brieftasche. Versuchen Sie einmal, sich zu erinnern, wann Sie dieses Szenario komisch fanden. Es ist nicht mehr komisch. Der Verbraucher schlägt zurück. Dieser Verbraucher, das sind wir − Sie und ich.

Wir sahen diesen Trend schon lange kommen. Er war unvermeidlich: Die Protestgeneration ist zur Generation der Super-Konsumenten geworden. Tagtäglich mit schlechter Qualität, Unverantwortlichkeit und falschen Versprechungen konfrontiert, richten diese Konsumenten ihren Protest gegen die »Unmoral des Marktes«. Das ist hautnahe soziale Ungerechtigkeit, und sie bringt die nächste Protestgeneration hervor: den Wehrhaften Verbraucher.

Die Bewegung hat ihren eigenen Filmstar, der sich öffentlich für ihre Belange einsetzt: Meryl Streep hält Pressekonferenzen ab, in denen sie die Mütter vor den Gefahren von chemisch behandelten Äpfeln warnt. (Schon nach wenigen Wochen bringt *Newsweek* eine Titelgeschichte mit der Frage »Wie sicher sind unsere Lebensmittel?« und zitiert die erschreckende Voraussage des National Resources Defense Council, daß etwa 6000 amerikanische Kinder im Vorschulalter Krebs von den chemischen Rückständen bekommen könnten, die sich auf amerikanischen Produkten und insbesondere auf Äpfeln befinden, die mit Alar behandelt wurden. Der Druck der Verbraucher erzwingt das Verbot von Alar.)

Sie hat auch ihre moderne Mythologie, z. B. die Geschichte von David und Goliath in der Gestalt von Einzelkämpfern wie Terry Rakolta: Diese »normale Hausfrau« startete ihren eigenen Kreuzzug und schaffte es im Alleingang (mit einem einzigen Brief!), vier Großunternehmen dazu zu bringen, der Fernsehserie »Verheiratet... mit Kindern« ihre Werbung zu entziehen. Ihr Vorwurf: die amerikanischen Unternehmen profitierten von den Geschmacklosigkeiten in dieser Komödie (und förderten sie), indem sie etwas unterstützten, was ihrer (und vermutlich auch anderer Leute) Ansicht nach nicht in die Familienprogramme gehörte.

Ein anderer Kämpfer ist Phil Sokoloff, der den Protest gegen tropische Öle in Corn Flakes und Keksen anführte. (Tropische Öle sind zwar Pflanzenöle, enthalten aber gesättigte Fette und sind, so glauben viele, ebenso cholesterinsteigernd wie tierische Produkte.) Etliche Großunternehmen haben, ob als direkte Reaktion oder nicht, praktisch ausnahmslos auf die Verwendung von tropischen Ölen verzichtet. Heute können die amerikanischen Verbraucher ihre Lieblingskekse in einer etwas gesünderen Version bei Keebler, General Mills, Ralston Purina, Borden, Pillsbury, Quaker Oats, Pepperidge Farm, Kellogg und Sunshine Biscuits kaufen – sehr zur Zufriedenheit der Hersteller (und der Verbraucher).

Und die Bewegung hat auch verblüffende Come-back-Geschichten: Nachdem es um Ralph Nader etwas stiller geworden war (obwohl er den Kampf nie aufgegeben hatte), erscheint er, mit neuer Energie geladen, wieder in der Arena, um die hohen Kosten für Eigenheim- und Autoversicherungen anzuprangern. Auch der Sierra Club hat eine neue Blüte erlebt: Er greift lautstark Umweltverstöße an, und seine Mitgliederzahl steigt rasant.

Der Trend zum Wehrhaften Verbraucher hat bereits seine eigenen Fernsehprogramme hervorgebracht. Eine Sendung mit dem Titel »Zurückschlagen!« nahm die Versprechungen der Werbung aufs Korn. Der Moderator und Verbraucheranwalt David Horowitz machte mit den Produkten genau das, was in den Werbespots mit ihnen gemacht wird. Horowitz und sein Team ließen Gepäckstücke aus großer Höhe herunterfallen; ließen einen Bauarbeiter an einem Tropfen Klebstoff vom Dachbalken eines Gebäudes herunterhängen; reinigten Öfen, um zu sehen, ob ein einmaliges Auswischen mit einem Schwamm wirklich ausreichte; testeten die Festigkeit von Müllsäcken und nassen Papierhandtüchern – und das alles zum großen Entsetzen der Werbeagenturen und ihrer Kunden im ganzen Land. Horowitz lobte die Unternehmen, die hielten, was sie versprachen, und ging mit denjenigen hart ins Gericht, die ihre Versprechungen nicht hielten.

In New York strahlt CBS eine neue Nachrichtensendung mit dem Titel »Schäm dich« aus, die der Rache des Verbrauchers gewidmet ist. Der verantwortliche Redakteur Arnold Diaz sagt dazu (zitiert im *Wall Street Journal*): »Ich will die Leute öffentlich demütigen, die vor keiner Schandtat zurückschrecken.« Im Fadenkreuz seiner Kritik (ausgewählte Fälle aus den täglich 200 Anrufen): alles, von Supermärkten, die Fleisch über das Verfallsdatum hinaus verkaufen, bis hin zu Immobilienbetrügereien, die ältere Leute um ihre lebenslangen Ersparnisse bringen. Während der strafende Refrain der Sendung »Schäm schäm schäm schäm schäm dich« ertönt, heben die Opfer anklagend die Finger in die Luft. Diese äußerst erfolgreiche Sendung findet Nachahmer im ganzen Land: »Herbs Kummerkasten« in Seattle, »Schäm dich« in Miami. Der Time-Warner-Konzern plant eine tägliche Sendung mit dem Titel »Die Abrechnung«. Phil Donahue und Oprah Winfrey bringen Geschichten von Verbraucheranwälten am laufenden Band. Das alles vereinigt sich zu einem lautstarken Chor, der nur noch schwach an die Tage erinnert, als die Verbraucheranwältin Betty Furness eine einsame Ruferin in der Fernseh-Wüste war.

Uns fiel dieses neue Verbraucherverhalten zuerst in den späten siebziger und frühen achtziger Jahren auf – bevor es wirklich militant wurde. Damals ging es hauptsächlich um die Produktqualität. Wir beobachteten eine Veränderung des Kaufverhaltens: Man kaufte weniger, aber besser, häufig angeleitet von »Bibeln« wie *Consumer Reports*. Wir fingen an, etwas »defensiver« einzukaufen – wir tauschten den »letzten Schrei« gegen dauerhaftere Werte ein. Die Schlagworte waren: solide, haltbar, pflegeleicht, praktisch.

Die Verbraucher eigneten sich selbst Produktkenntnisse an, prüften die Qualität des Produkts, bevor sie es kauften. (Das waren die Tage, in denen wir ständig Etiketten entzifferten.) Nach ein paar Jahren rief dieser arbeitsintensive Konsum Verärgerung hervor: »Warum kann nicht *jedes* Produkt, das ich kaufe, so gut sein, wie behauptet wird? Warum muß ich als Verbraucher ständig auf der Hut sein?« Zu dieser wachsenden Verärgerung gesellten sich einige aufsehenerregende Enthüllungen: Nestlé geriet in die Schußlinie, weil seine Lieferungen von Milchpulver für Kleinkinder in Länder der Dritten Welt, die kein sauberes Wasser haben, dazu führten, daß die Kinder unterernährt waren (oder sogar starben). Auf Weintrauben wurden tödliche Pestizide entdeckt. Kinderspielzeug verursachte gefährliche Verletzungen. Ein Färbemittel führte bei Ratten zu Krebs. Die Verbraucher gingen – zu Recht – zum Angriff über. (»He, sie sind wirklich hinter mir her!«) Sie schauten auf die Qualität der Produkte und enthüllten alles, was nach Täuschung aussah. Nach der Qualität kam die Moral; den amerikanischen Unternehmen schallte von den Verbrauchern entgegen: »He, ihr da! Lügt nicht! Betrügt nicht! Stehlt nicht!« Unsere Geduld war am Ende. Unser Zorn wurde kämpferisch. »Wir sind keine Dummköpfe!« sagten wir massenhaft. »Ihr kommt damit nicht mehr durch!«

Da es so eindrucksvoll ist, ist mein Lieblingsbeispiel für diesen Impuls des Wehrhaften Verbrauchers der Tumult, der heute in Kinos ausbricht, wenn die Werbung anfängt. Von Freunden weiß ich, daß das überall im Land so ist. In den Vororten von New York. In Durham, North Carolina. In Independence, Missouri. In Seattle, Washington. In Houston, Texas. »Wir sitzen nicht länger still, um uns das anzusehen!« scheinen wir zu sagen. Und man sehe sich an, welche Auswirkungen diese Militanz, die sich immer mehr Zielscheiben sucht, auf den amerikanischen Markt hat.

Über 200 Verbraucherboykotts. Man kann alles über sie in den *National Boycott News* lesen, »einer unabhängigen nationalen Zeitschrift für gesellschaftlich engagierte Verbraucher«, herausgegeben vom Institute for Consumer Responsibility. Der Herausgeber Todd Putnam informiert über laufende Verbraucherboykotts und bietet den Herstellern ein Forum für ihre Gegenargumente. Trauben, Jeans, Benzin, Fisch, Fluglinien – kaum irgendeine Produkt- oder Dienstleistungskategorie ist gegen Protestaktionen der Verbraucher gefeit. Der kollektive Zorn der Verbraucher auf Exxon (in Deutschland: Esso) wegen seiner unverantwortlichen Reaktion auf die Ölpest in Alaska ist so groß, daß dieses Unternehmen nicht nur eine Hauptzielscheibe des Verbraucherboykotts ist, sondern daß schon der Name ein Synonym für verantwortungslose Zerstörung geworden ist. »Exxoning« ist im Vokabular der Amerikaner zu einem Kürzel für »Schadensverursachung in großem Maßstab« geworden.

Umweltgruppen protestieren gegen Sprays; Gruppen wie »Mütter gegen Trunkenheit am Steuer« kämpfen für den verantwortungsbewußten Verkauf von alkoholischen Getränken, um betrunkene Fahrer von den Straßen fernzuhalten; Basisgruppen zum Schutz der lokalen Ressourcen schießen wie Pilze aus dem Boden; Nachbarschaftsgruppen organisieren sich, um Nachbarschaftsinteressen zu vertreten (ihr Schlachtruf: Nicht vor meiner Haustür!). In Greenwich Village protestierten Bürger gegen ein »schwimmendes Gefängnis«, das im Hudson, nur wenige Schritte von einer Grundschule entfernt, verankert werden sollte. Boykotts werden auch gezielt für politische Anliegen eingesetzt. So wurde ebenso treffsicher wie schnell eine Protestkampagne entfacht, als in ganz Amerika Gruppen, die sich für die Freigabe der Abtreibung einsetzten, damit drohten, keine Kartoffeln aus Idaho mehr zu kaufen, falls der Gouverneur dieses Staates ein rigides Anti-Abtreibungsgesetz unterzeichnen würde. (Er legte sein Veto ein.)

Es gibt sogar Proteste gegen Proteste. Als die Country-Sängerin K.D. Lang – Gewinnerin des Grammy und aktive Tierschützerin – in einer Anzeigenkampagne auftauchte, die unter dem Motto »Fleisch stinkt« lief und von den »Befürwortern des ethischen Umgangs mit Tieren« getragen wurde, sah sie sich selbst einem Boykott ausgesetzt: Bestimmte Rundfunkstationen in den Viehzucht-Regionen weigerten sich, ihre Platten zu spielen. Eine Station in Sioux Falls in South Dakota verschenkte jedesmal ein Filet Mignon, wenn sie ein Lied von ihr brachte.

Die Verbraucher melden sich lautstark zu Wort. Die cleveren Hersteller hören zu. Erfolgsgeschichten machen Verbraucher und Unternehmen gleichermaßen zu Helden. Und die entscheidende Lehre dieses Trends ist die: Es ist nicht der *Fehler* eines Unternehmens, den die Verbraucher unverzeihlich finden (zumindest größtenteils), sondern die Art und Weise, wie das Unternehmen auf die Entdeckung des Fehlers reagiert. (Am besten ist es natürlich, wenn das Unternehmen den Fehler selbst entdeckt.)

In seinem tiefsten Inneren wünscht sich der Wehrhafte Verbraucher, daß die Unternehmen *menschlicher* wären. Die Verbraucher sind jederzeit bereit, zu sagen: »Jeder kann einen Fehler machen... schließlich seid ihr nur Menschen« – wenn das Unternehmen auch wirklich menschlich reagiert. Es geht nicht so sehr darum, »was passiert ist«, sondern ob man bereit ist, die Sache in Ordnung zu bringen – schnell, verantwortungsbewußt und ehrlich.

Nehmen wir zwei Fallbeispiele, die in ihrer Art sehr unterschiedlich sind. Tylenol kam sehr in Bedrängnis (wenn auch nicht aus eigener Schuld), als kriminelle Manipulationen zu tragischen Todesfällen durch Vergiftung führten. Das Unternehmen reagierte so schnell, ehrlich und engagiert, daß es schon fast an Selbstaufopferung grenzte. Der Unternehmenssprecher redete ganz offen und versuchte nicht, die Sache zu vertuschen; statt dessen wurde das betreffende Produkt aus den Regalen entfernt. Man half dem FBI. Man ließ es sich eine Stange Geld kosten, um die Verpackung völlig sicher zu machen. Die Belohnung war nicht nur die Wiederherstellung des guten Rufs, sondern Tylenol konnte große Gewinne in der Verbrauchergunst – und bei den Umsätzen – verbuchen.

Ganz anders der Skandal bei Perrier. Als durchsickerte, daß das perlende Mineralwasser benzolverseucht war (wenn auch nur in sehr geringem Maße), spekulierte die Presse wild drauflos und brachte widersprüchliche Berichte über die Art – und den Umfang – des Problems. Das Unternehmen gab nicht sofort eine Erklärung ab. Statt dessen wuchs sich das kleine Problem immer mehr aus. Dann kam die Nachricht, daß Perriers berühmte Bläschen nicht etwa ein natürliches Perlen darstellten, das der berühmten Quelle zu verdanken war, sondern nur durch hinzugesetzte Kohlensäure hervorgerufen wurden. Dritter Schlag: Barbara Walters enthüllte im landesweiten Fernsehen, daß die Quelle des Mineralwassers »Great Bear« (eine Tochter von Perrier) in Wirklichkeit ein sumpfiges Gelände irgendwo in New Jersey war. Drei Schläge – das ist das Aus. Wo Tylenol geradezu in neuem Glanz erstrahlte – hatte man sich doch ehrlich besorgt um den Verbraucher gezeigt – , verlor Perrier das Vertrauen der Verbraucher völlig und damit einen großen Marktanteil.

Die Geschichte des Wehrhaften Verbrauchers ist eine Geschichte von großen Gewinnern und großen Verlierern. Wie reagieren die Unternehmen auf diese Herausforderung? Coca-

Cola setzte sich über die Grundregel hinweg, die das Verhältnis zum Verbraucher bestimmen sollte, indem es ihn nie fragte, was er wollte. Das Ergebnis? Das Fiasko der neuen Coke. Vernünftigerweise brachte das Unternehmen wieder die klassische Cola auf den Markt – der Verbraucher hatte gesiegt, das Kriegsbeil wurde begraben.

Die Unternehmen Star-Kist und Chicken of the Sea reagierten auf die Proteste von Kindern und Erwachsenen, die Thunfischkonserven boykottierten, um die Delphine zu retten, die beim Thunfischfang zufällig in die Treibnetze gerieten. Heute kann man Thunfischkonserven kaufen, die »das Delphinleben garantieren« (die Verbraucher waren bereit, ein wenig mehr zu zahlen, da die Schonung der Delphine mehr Kosten verursacht). Ein schönes Ergebnis für die Kinder, die Erwachsenen, die Delphine und die Unternehmen.

McDonald's reagierte auf die Beschwerden der Verbraucher über Fluorkohlenstoffe in der Verpackung – darunter eine sehr lautstarke Kampagne der Umweltgruppe »Freunde der Erde« gegen Styropor. Das Unternehmen erklärte sich bereit, die Schalen und Becher aus Hartschaum, in denen die Big Macs warm und die Getränke kalt gehalten werden, auszusortieren, zu recyceln und allmählich aus dem Verkehr zu ziehen. Auch Kodak hat einen Recycling-Dienst für seine Wegwerf-Kameras eingerichtet.

Die Firma Reebok hat sogar einen Fernseh-Werbespot zurückgezogen, der tollkühne Bungee-Springer zeigte, die von einer Brücke sprangen, als Zuschauer anriefen und gegen die erschreckende Szene protestierten. Ein Sprecher von Reebok sagte, daß der Spot gestrichen würde, weil man »auf die Verbraucher eingehen wollte«. Und R. J. Reynolds gab seinen Plan auf, eine Zigarettenmarke »Uptown« zu nennen, nachdem Aktivisten enthüllt hatten, daß die Zielgruppe dieser Marke Schwarze waren. Die Verbraucher lernten, die Unternehmen hörten auf sie.

Niemand läßt sich gerne lächerlich machen: Das sonst so seriöse Volvo-Unternehmen büßte Vertrauen bei den Verbrauchern ein, als einer seiner Fernseh-Spots einen verbesserten

Volvo zeigte, der andere Automarken dadurch aus dem Feld schlug, daß diese von einem riesigen Laster plattgewalzt wurden. Und das vor einer großen Menschenmenge. Unverzeihlich für den Wehrhaften Verbraucher.

Und niemand läßt sich gerne ignorieren: Das abschreckendste Beispiel war Audi. Das Unternehmen reagierte überhaupt nicht auf die vielen Klagen von Autofahrern über eine plötzliche, ungewollte Beschleunigung und nahm nicht öffentlich Stellung zu der angeblich lebensbedrohenden Störung. Bis das Problem allzu öffentlich wurde. Daß die Verbraucher wirklich litten (aus welchem Grund auch immer), brachte Audi um seinen Ruf und seine Verkaufsziffern.

Was lernen wir daraus? Daß die Beziehung zwischen dem Unternehmen und dem Verbraucher eine Beziehung zwischen menschlichen Wesen ist. Zollen Sie dem Verbraucher Anerkennung für sein Wissen. Hören Sie darauf, was er will und sagt. Sagen Sie ihm, was er wissen muß, wenn er etwas wissen muß. Gehen Sie auf seine Wünsche und Sorgen ein. Selbst unter dem Druck der Marktkonkurrenz wird ein Unternehmen feststellen, daß anständiges Verhalten nicht nur das einzig richtige ist, sondern daß es sich auch noch auszahlen kann.

Es gibt auch so etwas wie eine »Humorschiene« – kleine, aber subtile Beispiele für die Aufgeschlossenheit gegenüber den Wahrnehmungen der Verbraucher. Man erinnere sich an die Witze, die im Fernsehen über Schilder an Matratzen zu hören waren: Es sei ein schwerwiegendes Verbrechen, das Schild zu entfernen, und diese Tat könne dem Gesetz nach bestraft werden. Haben Sie in letzter Zeit ein solches Schild gelesen? Heute steht etwa folgendes darauf: »Es ist ungesetzlich, dieses Schild zu entfernen, außer der *Verbraucher* tut es.« Das ist keine weltbewegende Veränderung, aber ein Beispiel, das mir gefällt.

Es ist erstaunlich, wie sehr Witze über das Essen in Flugzeugen zu den Verbesserungen beigetragen haben, die in letzter Zeit eingeführt wurden: United hat ein kalorienarmes Gericht (400 Kalorien); PanAm hat eine »Weltklasse-Küche«, die von leichter Kost bis zu exotischeren Gerichten wie Thunfisch auf Cajun-Art oder Lamm in Pfeffersauce reicht. Swissair bietet

u. a. Gerichte für Menschen mit einem Leber- oder Nierenleiden an. Ich mag besonders die Schokoladenkekse, die einige Linien in der Luft für die Passagiere backen – viel Geschmack, viel Aroma, viel Komfort – ein Kokon!

So sieht die Zukunft aus der Perspektive des Wehrhaften Verbrauchers aus: Die Aura von Macht und Allwissenheit, die bisher die Unternehmen umgeben hat, ist zerstört worden. Jahrelang konnten die Verbraucher den Mann an der Spitze nicht sehen. Jetzt wollen sie wissen, mit wem sie es zu tun haben, wen sie verantwortlich machen können.

Die Märkte werden Nischen, und die Nischen werden kleiner. Und je kleiner der Markt wird, desto mehr Gewicht gewinnen die Verbraucher – und sie wissen es. Die Unternehmen werden schnell handeln müssen – um die Verpackungen und den Vertrieb zu revolutionieren; um ihre Produkte zu entgiften; um für sich selbst die Maßstäbe zu setzen, die den Maßstäben der Verbraucher entsprechen.

»Neu« wird kein schlagendes Verkaufsargument mehr sein – eine erstaunliche Vorstellung auf dem amerikanischen Markt. Neu – das hatten wir unser Leben lang. Jetzt ist neu alt. Auch die »neue Verbesserung« finden die Verbraucher nicht gerade umwerfend; sie sagen höchstens laut, was sie sich immer gefragt haben: »Warum hat man es nicht gleich so gut wie möglich gemacht?«

Wenn der Käufer in diesem Jahrzehnt einem Produkt den Vorrang gegenüber einem anderen gibt, dann aus einem Gefühl der Partnerschaft mit dem Verkäufer heraus, aus dem Gefühl heraus, für die Zukunft zu kaufen. Das anonyme, unpersönliche Verkaufen – der herkömmliche Verkaufsraum – hat ausgedient. In Norwalk, Connecticut, gibt es den Lebensmittelmarkt Stu Leonard's, der überall und unübersehbar den persönlichen Stempel des Besitzers trägt. Stu hat eine Atmosphäre geschaffen, die geprägt ist von persönlichen Bemerkungen und Aussprüchen, Kästen für Kundenvorschläge, Namen der Manager, Kurzporträts der Angestellten, Probierecken, Gewinnspielen, lustigen Gags. Wir wollen von einer *Person* kaufen... einer Person, der wir vertrauen. Vertrauen wird bei jedem Kauf eine Rolle spielen.

Garantien für Dinge wie Haushaltsgeräte, Unterhaltungselektronik, Ausrüstungsgegenstände für das Büro im Haus und hochwertige Kameras werden bald einen interaktiven Charakter haben. Die entsprechenden Mitteilungen werden vom Verkaufsort an den Hersteller gefaxt, und Mitarbeiter des Unternehmens werden sich einige Tage später mit dem Verbraucher in Verbindung setzen, um zu sehen, ob er zufrieden ist. Mehr Kontakt zwischen dem Konsumenten und dem Unternehmen. Und für den Hersteller ein neuer Weg, in die immer uneinnehmbarere Kokon-Festung einzudringen.

Garantien werden nicht mehr nur ein Stück Papier sein, das in einer Schublade verstaut wird, sondern eine neue und erweiterte Bedeutung gewinnen. Wenn etwas nicht funktioniert, wird es nicht nur schneller in Ordnung gebracht werden, sondern das »Leihwagen«-Konzept wird als ein Grundrecht des Verbrauchers gelten – für Telefone, persönliche Telefaxgeräte, Computer, andere wichtige Dinge und Autos.

Wenn wir etwas umtauschen, werden wir nicht mehr für unsere Meinungsänderung bestraft werden. Versandhaus-Artikel werden leicht zurückzuschicken sein; ein unzufriedener Verbraucher muß nur die vorgedruckten Adreßschildchen umdrehen und das Paket zu einer geringen Gebühr zurückschicken. (Ein Beispiel der letzten Zeit: Schuhe aus dem Versandhaus Roman's kosteten als Eilpaket 13,45 Dollar. Sie paßten nicht. Ein Anruf bei der Umtauschabteilung brachte die folgende Antwort: »Packen Sie ein Paket und bringen Sie es zur Post.« Noch mehr Ungelegenheiten und Kosten – noch einmal 3,80 Dollar für das Paket – insgesamt also 17,25 Dollar, um ein Paar Schuhe anzuprobieren.)

Es wird kein Pardon für die Großkonzerne geben, die sich hinter ihren großen und komplizierten Strukturen verstecken. Etiketten werden eine Bedeutung erlangen, die sie noch nie hatten. Wir wollen (wie der Große Bruder) etwas über die Herkunft und den Werdegang des Produkts sowie über die

Moral des Herstellers wissen. Wir wollen wissen, wie das Unternehmen zur Umwelt eingestellt ist, wie es zu Tierversuchen, Menschenrechten und anderen Problemen steht. Wir geben uns nicht mehr mit einer Aufzählung der einzelnen Bestandteile oder dem Blick auf ein Bild zufrieden. Daß auf den Etiketten deutlich lesbar die Nummern stehen, unter denen der Verbraucher kostenlos mit dem Unternehmen in Verbindung treten kann, wird Teil unserer Lebensweise sein.

Anita Roddick hat ihr erfolgreiches Body-Shop-Imperium auf einem »Tu-Gutes«-Prinzip aufgebaut, das von »rettet die Erde« über »keine Grausamkeit gegen Tiere« bis hin zu »Handel statt Entwicklungshilfe« zur Unterstützung von Projekten in fernen Ländern reicht. Sie wird hoffentlich ein Prototyp sein, dem andere Unternehmen folgen werden. Das erste Unternehmen, das in seinem Produktbereich auf diesem Weg vorangeht, wird einen Vorsprung haben und seine Konkurrenten zwingen nachzuziehen. Wenn der Wehrhafte Verbraucher die Marschroute angibt, kann es sich kein Unternehmen leisten, ihn zu überhören. Kein Unternehmen kann es sich leisten, die falsche Route einzuschlagen.

9. TREND:

99 Leben auf einmal

»Du mußt so schnell laufen, wie du nur kannst,
um dort zu bleiben, wo du bist.
Wenn du woanders hin möchtest, mußt du mindestens
doppelt so schnell laufen!« sagte die Königin.

Alice im Wunderland

Die Idee schien so gut zu sein. Freie Wahl! Unendliche Möglichkeiten! Alles, was wir sein wollten, war erlaubt! Es war der höchste Ausdruck des amerikanischen Way of Life, aber mit einem entscheidenden Unterschied in den achtziger Jahren. Irgendwann dachten wir nicht mehr »ich kann *jedes* Leben leben, das ich mir aussuche«, sondern wir sagten »ich kann *alle* Leben gleichzeitig leben, die ich mir aussuche«. Und wir sagten es mit einer gewissen Großspurigkeit: ja, wir *können* alles haben. Jeder ist ein Supermann (oder eine Wunderfrau).

Wir durcheilten die achtziger Jahre in hektischer Betriebsamkeit – Telefax- und Telefongeräte in der Hand, Turnschuhe an den Füßen, Babies an (mancher) Brust. Angetrieben von einem verrückten Ehrgeiz: möglichst viele Menschen auf einmal zu sein. Mehrere Persönlichkeiten, und noch mächtig stolz darauf. Der Zeitbegriff selbst wurde herausgefordert. Ganz zu schweigen von den Grenzen der *Energie*.

Erkennen Sie sich selbst? Kaum ein Erwachsener kennt heutzutage nicht das Gefühl, 99 Leben zu leben.

Wobei wir uns zugegebenermaßen nicht *alles* selbst eingebrockt haben.

Während wir dem *Lifestyle* so besessen nachjagten, veränderte sich das Grundmuster unseres Lebens radikal. Zuerst die Familie. Allein ein menschliches Wesen zu sein, das mit anderen menschlichen Wesen verbunden war, bedeutete in manchen Fällen, Rollen und Verantwortungen zu übernehmen, die andere Generationen so nicht kannten. Zum Beispiel die wachsende Zahl von alleinerziehenden Elternteilen, die die Doppelrolle von Mutter und Vater spielen müssen. (Die Zahl der Haushalte von alleinerziehenden Vätern ist seit 1980 um 82 Prozent gestiegen, schneller als jede andere Kategorie.) Und obwohl es darüber keine offiziellen Angaben gibt, ist in den letzten Jahren auch die Zahl der homosexuellen Männer und Frauen stark angestiegen, die mit Hilfe von Adoptionen, Pflegekindern und Samenbanken Elternaufgaben übernommen haben. Oder die »Bumerang-Familien« – wo die erwachsenen Kinder ins Nest zurückkehren, zu Hause leben und *jeden* zwingen, die Familienrollen neu zu definieren.

1990 gab es über 20 Millionen Menschen zwischen 18 und 34, die bei einem Elternteil lebten. Wer bezahlt die Hypothek? Wer kocht? Wie oft muß eine Mutter wieder die »Mami« spielen, wenn ihre Kinder noch einmal und vielleicht dann noch einmal nach Hause zurückkommen? Oder was ist, wenn es eine zweite oder dritte Heirat mit verschiedenen Kindern gibt? Wie viele Schlafzimmer werden dann gebraucht?

Und dann ist da noch das Problem mehrerer Jobs. Es gibt diejenigen, die *freiwillig* mehrere Leben leben, die mehrere Jobs erfordern: Menschen, die für ihren beruflichen Aufstieg oder aus persönlichem Ehrgeiz die doppelte Arbeit (oder noch mehr) in Kauf nehmen, und diejenigen, die aus purer Begeisterung zwei (oder mehr) Karrieren gleichzeitig in Angriff nehmen. Und dann gibt es diejenigen, die schlicht und einfach aus ökonomischen Gründen gezwungen sind, zwei Jobs zu haben. (Im Mai 1989 hatten 7,2 Millionen Menschen mehrere Jobs, eine Steigerung um 1,5 Millionen seit 1985.) Früher war die Rechnung einfacher: ein Job pro Familie, eine Ehe, ein Haus, eine lebenslange Gemeinschaft, eine Kinderschar. Heute gerät diese Statistik völlig aus den Fugen (was ist *Ihr* Knackpunkt?). Wir strampeln uns ab, um Schritt zu halten. Wir strampeln uns ab, um den Anschluß nicht zu verlieren. Kein Wunder, daß die Chaos-Theorie in der heutigen Mathematik so »in« ist.

Und wir kämpfen noch an weiteren Fronten: jung bleiben, fit werden, gesund leben; Selbstverwirklichung erreichen und den Selbstzweifel besiegen; Freunde gewinnen und Menschen beeinflussen; reich und clever werden, sich von der Menge abheben; Spielzeuge und Trophäen als Symbole eines gelebten Lebens anhäufen; den Planeten und sich selbst retten; die Theorie testen, daß nichts unmöglich ist. So viele Ziele, so wenig Zeit!

Allein die Informationen, die wie riesige Wellen auf uns zurollen. Sie machen das Leben auf eine unglaubliche (und irgendwie hinterhältige) Weise komplizierter: Man braucht mehr als ein Leben, um sich durch die Daten hindurchzuarbeiten, die sich im Laufe eines Lebens ansammeln. (R. S. Wurman sagt in seinem Buch *Information Anxiety* – »Angst vor der Information« – , daß sich die Summe der verfügbaren Informationen alle fünf Jahre *verdoppelt*.) Sehen wir den Tatsachen ins Auge: Wir waren noch nie so beschäftigt, alle unsere Rollen zu spielen, allen unseren Träumen nachzujagen, alle unsere Daten zu verarbeiten – unsere 99 Leben zu leben. Und wir haben niemals so *schnell* gelebt – um bloß alles zu schaffen.

Zeit. »Jetzt gibt es ein gutes Konzept«, lassen sich die neunziger Jahre vernehmen. Es ist nicht einfach so, daß wir nicht *genug* Zeit hätten. Es ist so, als wäre die Zeit selbst schneller geworden. Sofort heißt wirklich sofort – es gibt keine Chance, innezuhalten und Atem zu holen. Man denke daran, daß wir die

Ereignisse des Golfkriegs *live* im Fernsehen erlebt haben – wobei alles mit einer Art brillantem Feuerwerk zu beginnen schien. Es gibt kein *Zeitpolster.* Unser eigener Verteidigungsminister hat zugegeben, daß er einen großen Teil seiner »Erkenntnisse« mit uns zusammen von CNN erhält. Unser Zeitgefühl hat sich verändert, unser Streß hat sich verdoppelt.

Die »Geschwindigkeit der technischen Entwicklung« bringt die Fakten schneller zu uns, als wir sie verarbeiten können. Und die Informationstechnologie sorgt nicht nur dafür, daß *uns* jederzeit Informationen zur Verfügung stehen, sondern daß auch *wir* jederzeit zur Verfügung stehen. Wir sind oft buchstäblich »am Apparat«. Es gibt kein Entrinnen, kein Versteck. Wir tragen unser Telefon mit uns herum. Ein Viertel der amerikanischen Haushalte hat schnurlose Telefone (allein 1989 wurden über 9 Millionen verkauft); es gibt 3,5 Millionen Autotelefone. (Die Autovermietungsfirma Hertz will 1995 45 000 Autotelefone installieren. Avis hat sie bereits.) Wir haben sogar Telefone, die wir in der Aktentasche tragen können. (Ehrlich gesagt, könnte ich ohne mein Mitsubishi 3000 nicht leben.) Diese sofortige Ansprechbarkeit wird durch die Anrufbeantworter und die Umleitungs- und Anklopffunktionen der Telefone noch erhöht. Es gibt einfach keine Entschuldigung dafür, daß man nicht erreichbar ist. Es gibt nur noch einen Kokon, in dem wir vor Anrufen sicher sind, und das ist das Flugzeug in der Luft – und ich erwarte, daß sich auch das jeden Augenblick ändern kann.

Eine große zeitliche Veränderung hat das Faxen gebracht, das unsere *geschriebenen Worte* – und seien es auch unsere intimsten Notizen – mit der Geschwindigkeit von elektronischen Impulsen um die Welt schickt. Wir faxen in einem so rasanten Tempo – um Briefe zu schicken, Telefonanrufe zu ersetzen, einzukaufen, Lebensmittel zu bestellen, Spiele nach dem Schneeballsystem zu spielen, auf Umfragen von Zeitschriften zu antworten, Lieblingslieder im Radio spielen zu lassen – , daß die weltweite Produktion von Fax-Papier nicht Schritt halten kann. (Der Verbrauch von Thermopapier wächst schneller als die Kapazitäten der entsprechenden Firmen, und International

Resource Development warnt vor starken Preisanstiegen und Lieferengpässen.) Mehr Bequemlichkeit? Ja, aber wir haben die Möglichkeit verloren, auf Zeit zu spielen, indem wir die Entschuldigung anführen: »ist unterwegs«. Wir haben die angenehme kleine Atempause verloren, die wir früher hatten, bis die Nachricht ihren Empfänger erreicht hatte. Dieselben Fortschritte, die uns teuer sind, weil sie uns Zeit *geben*, sind so elektronenschnell, so elektronengierig, daß sie uns unsere Zeit *nehmen*. Sie tragen zu dem Beschleunigungssyndrom bei, das uns um unseren normal-menschlichen Zeitverstand bringt.

Was ist das Gegenmittel zum Streß der 99 Leben? Der Kokon oder das Fantasy-Abenteuer oder die Kleinen Genüsse oder das Aussteigen – oder die rettende Lösung, die wir die Durchrationalisierung des Lebens nennen. Wir wollen *nicht noch mehr* von irgend etwas. Was wir jetzt wollen, ist weniger. Immer weniger. Viele von uns nehmen nie Fernsehsendungen auf, weil wir uns erstens durch die mysteriösen asiatischen Gebrauchsanweisungen quälen müssen; weil wir zweitens lernen müssen, den Videorecorder zu programmieren; weil wir drittens sowieso keine Zeit haben, die aufgenommenen Sendungen anzusehen. Wir flehen die große Zeituhr im Himmel an: »Gib mir *weniger* Wahlmöglichkeiten, viel weniger. Mach mein Leben leichter. Hilf mir, das Beste aus meiner wertvollsten Ware zu machen – aus jeder einzelnen Minute meines Lebens.«

Der Kalender »die Woche auf einen Blick«, der 1990 herauskam, fand eine geniale Lösung, die genau auf die 99 Leben zugeschnitten war. Bis dahin war jeder Tag so eingeteilt gewesen, daß die Termine um acht Uhr morgens begannen. Dieses Unternehmen gab seinen Kunden, was sie brauchten, nämlich mehr Zeit. Selbst wenn man die Sieben-Uhr-Spalte nie benutzt oder sie für das Schlafen »einplant«, bleibt das Bewußtsein davon nicht unberührt: Zählt man alle Extra-Stunden zusammen, enthält der Kalender von 1990 zwei Wochen mehr als die Kalender der Konkurrenz, die um acht Uhr begannen. Erstaunlich.

Selbst in der Kunst können wir eine gewisse Rationalisierung erkennen. In der Literatur gibt es jetzt die »Flash Fiction« – kurze Kurzgeschichten von Autoren wie Amy Hempel, Diane

Williams und Melinda Davis, die nur zwei oder drei Seiten lang sind. Manchmal auch nur eine.

Die Amerikaner haben instinktiv eine zeitintensive Lebensnotwendigkeit rationalisiert: das Essen. Wir sind zu einer Nation von »flüchtigen Essern« geworden, die den ganzen Tag über mehrere kleine Häppchen zu sich nehmen, anstatt sich in traditioneller Manier dreimal am Tag zu Tisch zu setzen.

Die Menschen lassen die richtigen Mahlzeiten ausfallen und essen Brezeln im Gehen. (Der Umsatz von salzigen Snacks ist allein 1987 um 5,1 Prozent auf mehr als 8 Millionen Dollar gestiegen.) Selbst die Mahlzeiten, bei denen wir uns die Mühe machen, uns zusammen an einen Tisch zu setzen, werden schnell zubereitet: 1987 hatte der Mikrowellenherd den Geschirrspüler als häufigstes Haushaltsgerät überrundet (wer braucht bei dieser Lebensweise eigentlich noch Geschirr?). Von 1989 bis 1991 haben wir 900 Millionen Dollar für Mikrowellen-Gerichte ausgegeben, und diese Zahl dürfte irgendwann 3 Milliarden erreichen. Am schnellsten geht es natürlich, wenn jemand anders kocht: Gerichte, die ins Haus geliefert werden, Gerichte zum Mitnehmen, Fast Food (obwohl sich in diesem Jahrhundert das schnelle Essen zu einer hohen Kunst entwickelt hat, scheint der Begriff »Fast Food« schon hoffnungslos veraltet zu sein). Nach einer Gallup-Umfrage verwenden 86 Prozent der Amerikaner, die während der Woche zu Hause essen, Fertiggerichte oder solche, die sie von unterwegs mitbringen oder sich bringen lassen. (Experten sagen voraus, daß die Ausgaben für Gerichte zum Mitnehmen dreimal so schnell steigen werden wie die Gesamtausgaben für Ernährung.) In Stamford, Connecticut, kann man professionell zubereitete, fertige Gerichte für den Mikrowellenherd von fahrbaren Verkaufsständen am Bahnhof kaufen. Der Name des Geschäfts: »Hi Honey, I'm Home«. Die Grande Cuisine in Elmsford, New York, nimmt Menü-Wünsche über Telefax entgegen, die abends von den Pendlern an ihrem Vorstadtbahnhof abgeholt werden können. Selbst das riesige Unternehmen General Mills experimentiert mit Fertiggerichten, die ins Haus gebracht werden: Bringers, eine Art Bistro-Mahlzeit, wird in ausgewählten Gebieten in Minneapolis getestet.

Der Schnellimbiß der neunziger Jahre wird noch »schneller« sein. Wie wäre es mit der Pizza-Maschine, die auf ein paar Knopfdrucke hin eine Pizza herausschiebt? Man wirft ein Geldstück ein, wählt einen Belag, und die Pizza-Schnellmaschine liefert innerhalb von dreieinhalb Minuten eine ofenfrische Pizza. So eine Maschine gibt es in Disneyland. Oder der Touch 2000. Man gibt seine Bestellung über eine berührungsempfindliche Menü-Tafel ein, und der Computer leitet sie weiter in die Küche und zur Kasse. So einen Computer gibt es im Carl's Jr. Restaurant in Azusa, Kalifornien. Selbst in Paris gibt es 350 Maschinen, die frischgebackenes Baguette auf der Straße verkaufen!

Wir warten und hoffen auf eine Verbesserung der Haushaltsgeräte. Restaurants können eine Ladung Geschirr, Gläser und Bestecke in acht Minuten unter Dampf reinigen. Warum müssen unsere Geschirrspülmaschinen eine Stunde lang Energie verbrauchen (und Krach machen)? Das gleiche gilt für Waschmaschinen und Trockner.

Das Schlagwort für die stromlinienförmigen neunziger Jahre wird lauten: multifunktional. Produkte, die zwei oder drei Dinge auf einmal bewältigen, oder die es uns ermöglichen, mehrere Dinge zur gleichen Zeit zu erledigen. Die größte Idee ist *cluster marketing*. Warum sollen wir einen Gang zur Reinigung, einen anderen zum Schneider, einen dritten zum Schuster usw. machen? Cluster marketing könnte alles zusammenbringen: Servicestationen nach dem Motto »Alles unter einem Dach«, etwa auf Parkplätzen (mit Holen und Bringen), oder ein Kiosk im Erdgeschoß von Bürogebäuden.

Warum bietet man eigentlich nicht mehr Dienstleistungen in den Büros selbst an? Feinschmecker-Menüs, die gegen fünf Uhr auf Servierwagen herumgefahren werden – ideal zum Mitnehmen für sich selbst und die Familie. Oder Blumen am Freitag? Es könnte auch kokonähnliche Räume geben (man erinnere sich, daß früher auch Gymnastikräume kaum vorstellbar waren), wo man sich in der Mittagspause die Nägel pflegen und frisieren lassen kann, wo man Kleider anprobieren und Einkäufe tätigen kann – ganz im Sinne einer rationellen Lebensgestaltung.

Espresso Dental in Seattle ist ein Triumph der Multi-Funktionalität: weltweit die erste Kombination von Zahnarztpraxis, Espressobar und Massagesalon. Plötzlich rutschen Freizeit und Zahnpflege in dieselbe Zeitspalte! In New York gibt es die Video Town Laundrette: ein Fahrrad zum Trainieren, Kopier- und Telefaxgeräte, 6000 Videotitel zum Ausleihen und Wascheinrichtungen. (Es wird auch Popcorn für die Zwischendurchmahlzeit serviert.) BrainWash in San Francisco ist eine Wäscherei plus Café für die Künstler und Schriftsteller der Nachbarschaft. McDonald's testet ein McExtras-Konzept, bei dem man Grundnahrungsmittel (Milch, Eier, Brot usw.) zusammen mit den Big Macs an der Theke oder am Autoschalter kaufen kann. Auf die Hersteller von multifunktionalen Produkten warten noch viele Möglichkeiten: Wie lassen sich die Vorzüge von zwei (oder drei) Produkten in einem verwirklichen?

Der Schnellservice ist ein weiterer Wachstumsmarkt. Heute gibt es schon überall im Land Automaten, aus denen man Briefmarken, Fahrkarten und sogar Einkaufsgutscheine (und Bargeld) ziehen kann. Press Box News, eine Firma in Lancaster, Pennsylvania, ist gerade dabei, den Morgenservice an ihren Zeitungsständen zu verbessern: Man fährt mit dem Auto vor und holt seine Zeitungen, Kaffee und Zigaretten, ohne das Auto zu verlassen. Warum nicht mehr solche Geschäfte? Der Sixth Street Marketplace in Richmond, Virginia, ermöglicht das Einkaufen per Telefax: Man faxt seine Einkaufsliste an das Geschäft, und die Angestellten erledigen die Einkäufe, belasten das Kreditkartenkonto des Kunden und liefern die Waren am nächsten Tag. (Warum nicht am selben Tag?)

Wie wäre es, abgesehen vom Schnelldienst, überhaupt mit mehr Dienstleistungen? Gebt uns die Möglichkeit, ein oder zwei von unseren 99 Leben zu delegieren. Nicht nur bessere Betreuungsmöglichkeiten für Kinder, sondern auch mehr und bessere Betreuungsmöglichkeiten für die Alten. Oder für die Eltern. Mehr Dienste für die Haustiere: Über das Ausführen von Tieren und über Ferienpensionen hinaus könnte es einen persönlichen Beratungsdienst für die Pflege, Ernährung und den Umgang mit Tieren geben; dieser Dienst könnte zugleich kleinere veterinärmedizinische Aufgaben übernehmen – alles in einer Person. Es gibt örtliche Firmen, die ihre Hilfe für die Arbeiten anbieten, die bisher vorwiegend den Ehefrauen vorbehalten waren: Geschenke kaufen, Parties planen, Lebensmittel einkaufen, Vorräte anlegen, Kleider kaufen, Frühjahrsputz – sogar Farben zum Streichen aussuchen und auf den Handwerker warten. Warum sollte es so etwas nicht auch auf nationaler Ebene geben, etwa wie bei Roto-Rooter?

Und wie steht es mit der Verbreitung von Informationen? Hier und da sind schon die ersten Ansätze erkennbar: Movie-Fone, ein interaktiver Telefondienst, der Auskunft über Filme, Theater und Shows gibt, um die Planung auf diesem Gebiet auf einen einzigen Anruf zu reduzieren. Oder Manhattan Intelligence, ein Abonnenten-Informationsdienst über alles, was es in der Stadt zu tun, zu sehen, zu essen und zu kaufen gibt. Die größte technische Errungenschaft im Bereich der 99 Leben wird darin bestehen, daß all die Informationen, die täglich auf uns einstürzen, *gefiltert* werden. Vielleicht wird es einen Computer geben, der aus ausgewählten Veröffentlichungen nur die Informationen auswählt, die wir haben wollen oder müssen, da er über unser Leben, unseren Geschmack und unsere Neigungen genau Bescheid weiß. Der unsere Post bearbeitet!

Welche Lehre ziehen wir aus den 99 Leben? Auswählen. Reduzieren. Herunterschrauben. Vereinfachen. Rationalisieren. Nicht, damit wir alle noch schneller leben (und immer mehr in einen Tag packen) können, sondern damit wir wieder *langsamer* leben können. Leistung ohne Erschöpfung. Erfolg mit weniger Streß. Meinem Gefühl nach wird es in den neunziger Jahren eine ganz neue Zeitströmung geben. Wir wollen im Beruf immer noch weiterkommen, aber was ist, wenn es zehn Jahre anstatt fünf dauert? Haben wir wirklich das Bedürfnis nach einem neuen Ehepartner? Wäre das Unternehmen B wirklich als Arbeitgeber so viel besser als das Unternehmen A? Sind all die 99 Leben wirklich den Streß wert?

Was wir wirklich wollen, ist: Zeit zurückkaufen. Die Anbieter, die uns dabei helfen, werden absolut auf der Gewinnerseite sein.

S.O.S. –
Rettet unsere Gesellschaft
(Save Our Society)

*»S.O.S. ist unsere vorderste Verteidigungslinie
gegen die Apokalypse.«*

(1986)

»Vielleicht ist es die letzte Linie.«

(1989)

*»Wir können nie die Überzeugung aufgeben,
daß die Guten immer gewinnen.
Und daß wir die Guten sind.«*

(1991)

Wenn man eine Gesellschaft verstehen will, muß man sie so nehmen, als wäre man ein Kind: die frühkindliche Prägung, der Schulbesuch, die Verhaltensregeln, die Grundlehren der Kindheit. Wenn man die *Zukunft* einer Gesellschaft verstehen will, muß man auf die Fragen hören, die die Kinder dann stellen.

Schauen wir uns die Sorgen der heutigen Kinder an. Das ist die Generation, die ich »Kinder des Überlebens« genannt habe – weil das Überleben zu ihrem Hauptproblem geworden ist. Am untersten und traurigsten Ende der sozialen Stufenleiter befinden sich die »Unterschicht«-Kinder, die wirklich gezwungen sind, in dieser Welt um das *Überleben* zu kämpfen: Verlassene Babies von Aids-infizierten Drogenabhängigen, vernachlässigte und verwahrloste Kinder, die Kinder der ökonomischen und sozialen Katastrophe, die Kinder von Kindern. Aber auch die behüteten und gut versorgten Kinder machen sich auf andere Art Sorgen um ihr Überleben: Was wird mit dem Planeten geschehen? Mit der Zivilisation? Mit der Menschheit?

Die Doktrin von der rosigen Zukunft und der quasi-religiöse Glaube an den »Fortschritt«, mit denen amerikanische Kinder in der Schule aufwachsen, passen einfach nicht zu dem, was sie um sich herum sehen.

Sie sehen die Zerstörung der Erde jeden Tag in den Fernsehnachrichten. Außer den Nachrichten haben sie im Fernsehen ihre eigenen Umweltsendungen; ihre eigenen Zeitschriften zum Thema »Rettet die Erde«; ihre eigenen Bücher wie *Fünfzig einfache Dinge, die Kinder tun können, um die Erde zu retten*; ihre eigenen Clubs, Engagements und Basisorganisationen. Ein Kind, das nicht draußen spielen darf, weil an gewissen Tagen die Luft zu schlecht ist, nimmt die Frage der Luftqualität ernst.

Das Überleben der Welt ist für diese Generation, der wir bald die Geschicke dieser Welt übergeben werden, das Problem Nummer eins. Es verbindet sie. Es politisiert sie. Es jagt ihnen einen tödlichen Schrecken ein. Und es ist die treibende Kraft, die hinter dem S.O.S.-Trend steht.

Ich beginne mit den Kindern, weil ich dort die größte Hoffnung sehe. Und dieser Trend muß von einer hoffnungsvollen Voraussetzung ausgehen. Um unser aller willen.

Was ist der S.O.S.-Trend nun genau? Das ist jedes Bemühen, das dazu beiträgt, die neunziger Jahre zu unserer ersten Dekade zu machen, in der wirkliches gesellschaftspolitisches Verantwortungsbewußtsein in drei wichtigen Bereichen zum Tragen kommt: Umwelt, Bildungswesen und Moral.

Es ist das Bemühen eines jeden einzelnen Verbrauchers um ein richtiges Verhalten – aber darüber hinaus ist es die Erkenntnis, daß individuelles Handeln nicht mehr genügt. Wir möchten irgend jemanden in die Pflicht nehmen. (Wer ist eigentlich für diesen Planeten zuständig?) Ein großer Teil unseres Unbehagens über das Dilemma, in dem wir stecken – über die Fristen, die unerbittlich ablaufen – resultiert aus dem Gefühl, daß es da draußen niemanden gibt, der uns rettet. Und das stimmt.

Die Wahrheit ist, daß die Probleme zu groß sind, um von einem Retter bewältigt zu werden. Notwendig ist das kollektive Handeln. Und obwohl dieses Handeln durch die Menschen gefördert und unterstützt wird, sind es die großen Machtgebilde, die sich an die Spitze der Bewegung setzen müssen. Ob man es mag oder nicht, in Amerika bedeutet das, daß unsere einzige Hoffnung die verantwortungsvoll handelnden Kapitalisten sind. Moralischer Wandel durch Marketing.

Wenn die »Kinder des Überlebens« das Heft in die Hand nehmen, werden sie dies fordern und durchsetzen. Aber so lange können wir nicht warten. Vielleicht haben wir bis dahin gesellschaftlichen und globalen Selbstmord begangen. Was können wir tun? Was können wir *jetzt* tun?

Hier einige starke Pluspunkte: Das Bewußtsein für die Notwendigkeit, unsere Gesellschaft zu retten, war noch nie so stark wie heute. Wir haben nicht mehr die Entschuldigung, daß »wir es nicht gewußt haben«. Wir alle haben oft genug die Titelgeschichten in *Time* und *Newsweek* gelesen, haben genug Sondersendungen und Kommentare im Fernsehen gehört und gesehen, um zu wissen, daß sich unser Planet und seine Menschen in einem schlimmen Zustand befinden. (Man stelle sich eine Redaktionssitzung bei Zeitungen oder Zeitschriften vor: »Was! Globale Erwärmung! Treibhauseffekt! Politische Moral! Das können wir doch nicht schon wieder bringen!«) Die Nachrichten, die für uns am brisantesten sind, sind bereits Ladenhüter. Es besteht die Gefahr, daß die Warnungen zu Klischees werden. Zynismus greift um sich. Oder ein Gefühl der Machtlosigkeit. (*Wieviel* Tonnen Öl treiben da draußen? Ich mag gar nicht daran *denken*.)

Gutes zu tun, ist nicht mehr nur eine Option – es ist ein Muß.

Ein weiterer Trend zu unseren Gunsten ist das Älterwerden Amerikas.

Die in diesem Land dominierende Sichtweise wird heute von der Generation mittleren Alters geprägt – eine Lebensphase, in der Kurzsichtigkeit in Weitsichtigkeit übergeht. Obwohl wir länger jung bleiben, denken wir nach vorn, haben das kurzfristige gegen das langfristige Denken eingetauscht. Wir haben von der Welt genommen, und jetzt wollen wir ihr etwas zurückgeben. Mit anderen Worten, die kulturell-biologische Uhr sagt uns, daß es an der Zeit ist, Gutes zu tun. Und sie sagt es gerade noch rechtzeitig.

Noch eine gute Nachricht: Der Kampf hat begonnen. Vielleicht sind für ihn noch nicht die Massen mobilisiert worden, aber es gibt genügend kollektive Aktionen, um Optimismus zu wecken. Wir haben die Weichen in die richtige Richtung gestellt. Die Zukunft liegt darin, diese ersten Ansätze immer weiter zu treiben.

Die beste Nachricht für die Umwelt ist die wachsende Erkenntnis, daß vernünftiges Verhalten gewinnbringend sein kann – und (hoffentlich) zunehmend steuerlich belohnt wird. Man denke an die Unternehmen, die – moralisch und finanziell – besonders gut dastehen: Ben & Jerry's, The Body Shop, Patagonia, Tom's of Maine. Sie alle sind mit der Maxime angetreten, daß die gesellschaftliche Verantwortung vor dem Profit kommt. Verbrauchernachfrage und Unternehmensengagement sind die beiden Triebkräfte, die die Entwicklung auslösen und vorantreiben.

Schon in der ersten Woche nach Einführung ihres »grünen« Produktsortiments hatte die kanadische Supermarkt-Kette Loblaw den erstaunlichen Umsatz von 5 Millionen Dollar für phosphatfreie Waschmittel, biologisch abbaubare Windeln, Toilettenpapier aus Recycling-Papier und Kaffeefilter, die kein Chlor freisetzen. Procter & Gamble verwendet für mehrere Produkte – Tide, Cheer, Era, Downy und Dash – Plastikverpackungen, die zu 25 Prozent aus Recyclingmaterial bestehen. Man kann heute für »Downy« Nachfüllpackungen aus Karton kaufen. Colgate-Palmolive hat weiche Plastikbeutel für Geschirrspülmittel, mit denen eine wiederverwendbare Flasche nachgefüllt werden kann.

Alle Wal-Wart-Geschäfte verfolgen eine grüne Politik: Sie fordern die Hersteller öffentlich auf, mehr umweltfreundliche Produkte herzustellen, heben durch Aufkleber an den Regalen grüne Produkte hervor und haben auf den Parkplätzen ihrer 1522 Geschäfte Recyclinganlagen eingerichtet. General Motors hat die kommerzielle Produktion eines abgasfreien Elektroautos angekündigt, das 125 Meilen fahren kann, bevor die Batterien nachgeladen werden müssen.

Hier die offenkundige Lehre: Wenn Sie ein Unternehmen sind, ergreifen Sie derartige Initiativen; wenn Sie ein Verbraucher sind, unterstützen Sie derartige Initiativen. Das ist die Zukunft.

Fast die Hälfte der Amerikaner hat sich 1990 in irgendeiner Weise umweltbewußt verhalten: 54 Prozent haben keine Sprays mehr benutzt, 49 Prozent haben Produkte aus Recyclingmaterial gekauft, 34 Prozent haben ihren Verbrauch von Papierhandtüchern reduziert und 34 Prozent haben aus Umweltgründen bestimmte Produkte nicht gekauft. Verschiedene »Gütesiegel« – das Grüne Siegel, das seine Zustimmung zu einem Produkt unter Berücksichtigung seiner gesamten Lebensdauer gibt; das Grüne Kreuz, das die Versprechungen der Hersteller bestätigt – werden bald dazu beitragen, die Verbraucher zu erziehen und ihnen eine Orientierungshilfe für umweltfreundliche Käufe an die Hand zu geben. (Andere Länder sind da schon weiter. Kanada hat ein Umweltverträglichkeitssiegel; der Blaue Umweltschutzengel in der Bundesrepublik Deutschland ist schon 12 Jahre alt.) Es gibt auch einen Katalog für ökologische Produkte mit dem Titel *Seventh Generation*. Und einen Führer für »sozial verantwortungsvolles Einkaufen im Supermarkt« mit dem Titel *Shopping for a Better World*. Von diesem Führer sind bereits 700 000 Exemplare an motivierte Verbraucher verkauft worden.

Die grundlegenden Umwelterfordernisse werden endlich als das erkannt, was sie sind: grundlegend. Wie zum Beispiel das Recycling: Mehr als 800 Einzelgesetze über Recycling sind allein 1989 eingeführt worden. Es gibt sogar ein neues Verbrauchermagazin, das sich mit dem Thema Abfall befaßt und *Garbage* (»Müll«) heißt. In vielen Gemeinden ist das Recycling bestimmter Stoffe mittlerweile Gesetz. Und auch der freiwillige Beitrag zum Recycling nimmt immer mehr zu. Es dauert einen Monat, bis sich Papier in einer Mülldeponie zersetzt hat; bei Glas und Aluminium dauert es 500 Jahre. Den durchschnittlichen Haushalt kostet es drei Minuten, den Müll zu trennen, damit Papier, Glas und Aluminium wiederverwertet werden können.

Und wir haben wieder den positiven Helden! Unsere ganze Vorstellung von Heroismus verändert sich. Wir verehren nicht mehr nur die Reichsten, die Attraktivsten, die Mächtigsten, die mit dem größten Sex-Appeal. Wir sind auch von dem moralisch Verantwortungsbewußten beeindruckt, der – wörtlich und im übertragenen Sinne – das Geschäft übernommen hat, die Welt zu einem lebenswerteren Ort zu machen. Helden, die zur rechten Zeit kommen!

Das sind die Kandidaten:

John Adams, Mitbegründer und Vorstandsvorsitzender des National Resources Defense Council (NRDC), der privaten Organisation, in der Wissenschaftler und Rechtsanwälte zusammenarbeiten, um Umweltverbrechen aufzuspüren und vor Gericht zu bringen: Luft, Pestizide, Trinkwasser, staatlicher Grund und Boden, Forstwirtschaft, Küstengebiete, globale Erwärmung und alle anderen Probleme, die ihre Aufmerksamkeit auf sich ziehen. Der NRDC spielt mittlerweile eine wichtige politische Rolle; er hat so wichtige Gesetze wie jenes über saubere Luft, sauberes Wasser und die Kontrolle von toxischen Substanzen mit auf den Weg gebracht. Er organisiert sogar Teams von amerikanischen und sowjetischen Wissenschaftlern, die die Atomtests überwachen.

Paul J. Elston von der Long Lake Energy Corporation – die bekannt für ihr David-gegen-Goliath-Spiel ist – fordert die großen Energieversorgungsunternehmen heraus, indem er alternative Energieunternehmen baut und betreibt, die mehr Energie für weniger Geld und mit weniger Schadstoffemissionen liefern als die konventionellen Versorgungsbetriebe. Andrew Cuomo, der Sohn des Gouverneurs von New York, Mario Cuomo, gab seine Stelle in einer Anwaltskanzlei in Manhattan auf, um sich voll der von ihm gegründeten Organisation HELP zu widmen. Das Ziel dieser Organisation besteht darin, staatliche und private Bauunternehmen für den Bau von Sozialwohnungen für Obdachlose zu gewinnen. Der Psychiater Mitch Rosenthal ist die treibende Kraft hinter der New Yorker Einrichtung Phoenix House, einem wegweisenden therapeutischen Zentrum für Drogenabhängige.

Carole Isenberg und Lynda Guber, zwei ehemalige Lehrerinnen aus New York, die Filmdrehbücher schrieben und Filme produzierten (und einflußreiche Leute aus dem Filmgeschäft heirateten), gründeten »Education 1st!«, eine Organisation, die sich das Ziel setzt, die Potenzen des Unterhaltungssektors für eine Verbesserung der Bildung einzusetzen. Ihr Projekt erwuchs aus mütterlicher Sorge: Die öffentliche Schule in der Nachbarschaft war so schlecht, daß sie ihre Kinder nicht dorthin schikken wollten. Heute gehören zu ihrem Komitee so hochkarätige Leute aus Los Angeles wie Brandon Tartikoff, Eric Eisner, Jon Peters, Laura Ziskin und Joel Schumacher. Sie versuchen u. a., dahingehend Einfluß auf das Fernsehen zu nehmen, daß mehr Sendungen gebracht werden, die im Kleinkindalter Lust auf Bildung wecken sollen.

Und Anita Roddick, die Gründerin von Body Shop International, stößt zu anregenden neuen Ufern vor, wenn sie Kosmetika (und Verpackungen) herstellt, die für die Umwelt ebenso schonend sind wie für den Verbraucher. (Da die traditionellen Techniken der Papierherstellung zur Zerstörung der Wälder beitragen, hat sie in Dörfern in Nepal Werkstätten eingerichtet, in denen Einkaufstüten und Aufkleber aus einem »Papier« hergestellt werden, das aus Bananenblättern und Wasserhyazinthen besteht.)

Unter den positiven Helden gibt es auch noch größere.

Rubbermaid hat gerade ein Umweltprogramm initiiert, das »der Erde wieder auf die Beine helfen« will. Das Unternehmen Ernest & Julio Gallo hat dem amerikanischen Forstverband Geld für sein »Begrünungsprogramm« zur Verfügung gestellt. Das Ziel: In den USA sollen bis 1992 100 Millionen Bäume gepflanzt werden, um dem Treibhauseffekt entgegenzuwirken.

Die Hotelfachschule der Cornell University bietet einen Kurs über »Unterbringung und Ernährung von Obdachlosen« an. Die Organisation »Lebensraum für Menschen«, in der auch Jimmy Carter mitarbeitet, hat seit 1973 5000 Wohnungen für arme Amerikaner gebaut. Die Community Capital Bank in Brooklyn ist eine der wenigen Geschäftsbanken in Amerika, die sich für soziale Belange einsetzt. Sie stellt Kapital für den Bau von preiswerten Wohnungen und für die Unterstützung von kleinen Geschäftsleuten bereit. Und die größte Anwaltskanzlei in New York, Skadden, Arps, Slate, Meagher & Flom, hat einen 10-Millionen-Dollar-Fonds eingerichtet, aus dem Arme bei Prozessen unterstützt werden: Er hilft Obdachlosen, unterstützt Eheleute, die sich scheiden lassen wollen, und Eltern, die sich um das Sorgerecht für die Kinder streiten.

Die Organisation Outward Bound in New York hat zusammen mit einigen Sponsoren (u. a. AT & T und die Chase Manhattan Bank) ein Programm initiiert, das die Schule für stark gefährdete Schüler attraktiver machen soll. Coca-Cola hat das Bildungswesen zu seinem »philanthropischen Schwerpunkt« gemacht; über 50 Millionen Dollar wurden für Bildungszwecke zur Verfügung gestellt. Heute bietet ein Drittel der amerikanischen Unternehmen Lese-, Schreib- und Rechenkurse für neue Angestellte an, die hier große Defizite haben.

Die Zahl der Menschen, die sich freiwillig engagieren, steigt. Fast die Hälfte der amerikanischen Bevölkerung beteiligt sich an solchen Dingen wie Geldsammlungen zur Bekämpfung von Krankheiten oder Unterstützung der Armen, Alten oder Behinderten. Es hat eine gewaltige Zunahme der »helfenden Hände« für Aids-Beratungsdienste und -kliniken sowie für Veteranen-Krankenhäuser gegeben.

Etwa 600 amerikanische Unternehmen haben freiwillige Programme für ihre Angestellten, während es vor zehn Jahren nur 300 waren. Xerox hat einen »Sozialurlaub« eingerichtet, der es jedem Angestellten, der drei Jahre oder länger bei der Firma ist, ermöglicht, sich bei vollem Gehalt 3 bis 12 Monate lang in einer gemeinnützigen Organisation zu betätigen. Und die Geschäfte von K Mart haben »Gute-Nachrichten-Komitees« gegründet, die vor Ort karitative Aufgaben übernehmen.

Erstaunlicherweise haben sich die Spenden für wohltätige Zwecke zwischen 1980 und 1987 um 92,2 Prozent erhöht. Ebenfalls interessant ist die Tatsache, daß die amerikanischen Haushalte, die 1990 ein Einkommen von unter 10000 Dollar hatten, durchschnittlich 5,5 Prozent spendeten, während diejenigen, die über 100000 Dollar hatten, nur 2,9 Prozent gaben.

Wie wird die Zukunft aussehen? Ich prognostiziere bei den Amerikanern eine neue Opferbereitschaft. Es würde ausreichen, wenn nur ein Mitglied einer jeden Familie bereit wäre, sich nicht – wie in früheren Zeiten – einem geistlichen Amt zu verschreiben, sondern sich im Bildungswesen, Gesundheitswesen, im Umweltschutz, im Sozialbereich zu engagieren.

Schon erleben wir, daß immer mehr Menschen in soziale Berufe drängen: 1987 stieg die Zahl der Anmeldungen für Fachhochschulen für Sozialarbeit um 10 bis 15 Prozent; von 1985 bis 1989 gab es bei den Lehrtätigkeiten eine Steigerung um 61 Prozent; außerdem steigt das Interesse an einer Laufbahn im öffentlichen Dienst. Es ist zu hoffen, daß die Menschen, die in Zukunft die angesehensten Positionen innehaben werden, wieder Ärzte, Wissenschaftler, Pädagogen und sozial engagierte Menschen sein werden. Diejenigen, die sich am meisten für andere einsetzen.

Und es sollte mehr Gutes von »oben« kommen: von den Kapitalisten, die sich der sozialen Verantwortung stellen. Die Maxime von S.O.S.: Die Belange der Nation müssen zu Belangen der Unternehmen werden. IBM verschenkt bereits Computer an Schulklassen; Apple an Umweltgruppen. Aber die Suppenhersteller sollten Suppenküchen betreiben, Bekleidungsunternehmen die Armen mit Kleidern beschenken. Die Hersteller von Zahnpasta sollten Zahnkliniken für bedürftige Kinder einrichten, die Verlagsunternehmen Bäume pflanzen. Autofirmen sollten Transportmöglichkeiten für die Alten, Jungen und Behinderten bereitstellen. Wir müssen uns wieder um einander kümmern.

Der amerikanische Markt, so wie wir ihn kennen, wird sich verändern. Die Verbraucher werden Produkte wünschen – und suchen – , die nicht nur bestens funktionieren, sondern auch irgendeiner »gerechten« Sache dienen. Das läuft letztlich auf das Marketing-Konzept »Einsatz für eine gute Sache« hinaus: Jeder Kauf drückt einen Standpunkt zur Umwelt, zu sozialen Fragen, ja sogar zu Bewerbern um politische Ämter aus. In den Herstellerkosten ist Geld enthalten, das für einen guten Zweck gedacht ist.

Wo fängt man an? Wenn ein Produkt die Umwelt schädigt oder zerstört, sollte man es nicht mehr kaufen und dies dem Unternehmen mitteilen. Man könnte ihm vorschlagen, nicht nur die Mängel zu beseitigen, sondern Produkte und Dienstleistungen zu entwickeln, die wirklich dem Geist von S.O.S. entsprechen.

Suchen Sie nach Möglichkeiten, ein positiver Held zu sein. Nehmen Sie das Recycling ernst. Helfen Sie Ihren Kindern bei der Hausarbeit. Widmen Sie einen Teil Ihrer Zeit und Ihres Geldes den Obdachlosen. Legen Sie hohe moralische Maßstäbe an. Tun Sie Gutes.

S.O.S. ist ein »Tu Gutes, Sei gut«-Trend, der sich noch in der hoffnungsvollen Anfangsphase befindet. Gehen Sie in Ihrer Familie, Ihrem Unternehmen, Ihrer Nachbarschaft mit gutem Beispiel voran.

Tun Sie das Richtige.

Es reicht nicht aus, »nicht das Falsche zu tun«.

3. Teil

AUF TREND-KURS GEHEN

BrainReserves Trend-Techniken,
und wie Sie sie benutzen können,
damit Ihr Geschäft eine Zukunft hat.

»Stellen Sie sich eine Sprache vor,
die nur das Futur kennt. Das ist die Trend-Sprache.«

BrainReserve-Grundkurs 101:
Beratung
in den neunziger Jahren

Prognosen, die auf Trends basieren, entstehen nicht im Elfenbeinturm. Sie werden nicht herbeigezaubert, lassen sich auch nicht im Nebel aus einer Kristallkugel herauslesen. Bei BrainReserve hat die »Verrücktheit« Methode. Eine Methode, mit der sich Trends analysieren und anwenden lassen. Damit wir unseren Kunden vernünftige Marketing-Antworten bieten können. Für neue Produkte und neue Namen. Entscheidungshilfen. Zur Reaktivierung von Marken, die nicht mehr zugkräftig sind. Gegenmeinungen. Vor allem aber entwickeln wir das Profil des zukünftigen Verbrauchers.

Unser Geschäft ist die Bereitstellung von Ideen und Problemlösungen. Wir stellen Hypothesen auf und verfeinern unsere Ideen mit Hilfe unserer drei wichtigsten Informationsquellen: der zehn Trends (unserer Trend-Bank); der »Reserve« von kreativen Denkern (unserer Talent-Bank); und Interviews mit Verbrauchern (jährlich über 3000 landesweit). Da wir aus diesen verschiedenen Quellen schöpfen, können wir schnell feststellen, ob unsere Vorstellungen nach links, rechts, oben oder unten korrigiert werden müssen. Können wir abschätzen, ob diese Ideen zukunftsträchtig sind. Können wir prognostizieren, ob die Ideen in den vier Wänden der Verbraucher landen, sich in ihrem Leben niederschlagen werden.

Wie immer sind dabei die Trends unsere wichtigste Rückversicherung gegen Fehlschläge.

Ich wundere mich immer wieder darüber, wie viele Menschen sich vorstellen, daß wir nur dasitzen und uns »ins Blaue hinein« Produkte ausdenken und »verrückte« Prognosen einfallen lassen. Dabei basiert unsere Arbeit im Kern auf langfristigen Projekten, die speziell bei uns in Auftrag gegeben werden, wie zum Beispiel das Ausloten von Zukunftschancen (die Zukunft der Ernährung, die Zukunft von Fast Food, die Zukunft des Films, die Zukunft bestimmter Markenartikel). Manche Aufgaben sind unglaublich schwer, wie beispielsweise die Reaktivierung einer Marke: Man muß Lösungen für die Wiederbelebung einer bewährten und guten Marke finden, von der die Verbraucher nichts mehr wissen wollen. Mitunter besteht unsere Aufgabe auch darin, unseren Kunden zu sagen (Gegenmeinungen), daß ihr aufregendes neues Produkt nicht verbraucherfreundlich ist. Aktueller Fall: Wie viele Menschen würden ihre Wände mit einer leuchtenden Farbe streichen, die nie verblaßt – die man aber auch nicht überstreichen kann? Ein kleiner, aber amüsanter Teil unserer Arbeit besteht darin, daß wir selbst gute und praktikable Ideen entwickeln und für sie die richtigen Kunden suchen. Oder daß wir Randprodukte »entdecken« und unseren Kunden empfehlen, sie in den Mittelpunkt ihres Angebots zu stellen.

Manche Ideen entstehen durch die Art und Weise, wie wir die täglichen Nachrichten verfolgen. Im allgemeinen lesen wir die Wirtschaftsartikel in einem interaktiven Kontext, so als hätten wir eine Konferenz mit den Unternehmensvertretern. »Was ist mit Ihrem Geschäft? Wie können wir helfen?« Oft ergeben sich die klarsten Antworten, wenn die Unternehmen um ihre Existenz bangen müssen oder sonst irgendwie in Bedrängnis sind.

Das Unglück des einen ist gewöhnlich das Glück des anderen. Anfang 1990 hörten wir vom Rückruf der Perrier-Produkte. Das war die schlechte Nachricht. Wir aber sahen die gute Nachricht: Dies war eine Chance für San Pellegrino – oder irgendein anderes massenhaft gekauftes Mineralwasser.

So etwas gab es schon einmal. Als es vor etwa zehn Jahren einen Verbraucherboykott gegen Rußland und russische Produkte gab, witterte Michel Roux von der Firma Carillon Importers ebenfalls gute Absatzchancen. Da damals »Stolichnaya« der meistgekaufte Qualitäts-Wodka war, ergriff er die Gelegenheit beim Schopf und machte aus dem negativen Slogan »Kauft keine Waren aus Rußland« einen positiven, indem er für das relativ unbekannte Importprodukt seiner Firma warb, das »Absolut« hieß. Nach einer fulminanten Anzeigenkampagne fragte niemand mehr, ob Wodka aus Schweden der beste war oder nicht.

»Absolut« eroberte den Markt. Er ist heute noch Spitzenreiter im oberen Marktsegment.

Szenenwechsel. Als ich irgendwann etwas über die Turnschuhe mit Luftkissen von Reebok las, wurde mir klar, was ich an solchen Turnschuhen nicht mag. Da ich viel reise (und laufe), füllen diese riesigen Schuhe fast ein Viertel des Koffers aus. Und das brachte mich auf die Idee: warum nicht richtig aufblasbare Turnschuhe, mit einer Mini-Luftpumpe für Reisende?

Wie es nun einmal so geht, führen manche dieser Ideen zu neuen Aufträgen (und andere nicht). Wichtiger aber ist, daß Ideen andere Ideen und schließlich eine neue Realität nach sich ziehen. Um mir das immer vor Augen zu führen, liegt auf meinem Schreibtisch immer eine einfache, aber sehr direkte Notiz: »Es ist zu schaffen.«

Der erste Bericht über die Ideen von BrainReserve erschien 1980 in der *New York Times* und war überschrieben: »In den Köpfen der Verbraucher«. Und wir beziehen uns gern auf ihn; nicht, um uns selbst triumphierend auf die Schulter zu klopfen, sondern um zu zeigen, daß wir etwas vom Markt verstehen. Es ist sehr einfach: Prognosen sind Frühwarnsignale. Wenn ein Unternehmen aufhört, auf die Verbrauchertrends zu achten, kann es seine Wettbewerbsfähigkeit verspielen.

■ Wir sagten, daß die Amerikaner, die gerade aufgefordert worden waren, weniger Salz zu essen, seinen Geschmack vermissen und nach Alternativen suchen würden. Was geschah? Frische Kräuter im Supermarkt. Überall gut gewürzte Speisen, von Fast Food bis zu Tiefkühlgerichten.

■ Beim Anblick der endlosen Kolonnen von langweiligen, kastenförmigen, schmucklosen Autos sagten wir, daß viele Menschen »den Pepp des flotten Autos vermissen« würden... »richten Sie Ihren Blick also auf das kleine pfiffige Auto mit einem geringeren Benzinverbrauch«! Und jetzt haben wir den neuen Mustang, den Miata, den Celica.

■ Wir sagten auch voraus, daß die Verbraucher dem Wein den Rücken kehren würden, um zu den schicken Cocktails der dreißiger Jahre zurückzukehren. Das Motorrad mit Seitenwagen ist zwar noch nicht wieder »in«, dafür aber der Martini.

■ Wir sagten, daß die Scheidungsrate sinken würde (sie tat es wirklich), und daß Treue wieder Konjunktur haben würde (das war die Folge von Aids). Und daß es einen neuen Familiensinn geben würde (er ist da). Wir erleben heute einen neuen Babyboom und eine Rückkehr zur Religion.

■ Wir sagten, daß das Pendel von der »Jugendkultur« zum mittleren Alter (und darüber hinaus) ausschlagen würde. Erinnern Sie sich daran, wie revolutionär die »Golden Girls« waren, als die Sendung zum ersten Mal ausgestrahlt wurde? Eine Show über die Späße und Schrullen von vier älteren Damen. Sie gehört immer noch zu den Top Ten.

Die *New York Times* nannte unsere Ergebnisse damals »anfechtbar«.

Seitdem hat man über unsere Voraussagen gewitzelt und sie zitiert: die Wiederkehr des Fernsehsessels; die Zunahme von privaten Medienräumen; die neue italienische Küche als die beliebteste Restaurant-Sparte; ein sicherer Joghurt-Markt, ein unsicherer Tofutti-Markt. Und mehr noch: Büros in der eigenen Wohnung; elektronische Terminkalender; Anti-Streß-Badezimmer; magereres Rindfleisch; Mineralwasser-Bars und Kaffee-Bars; Zahnpasta ohne Zucker; Frauen mit runderen Hüften.

Am meisten wurde über uns im Jahre 1984 geschrieben, als wir die neue Cola »das Marketing-Fiasko des Jahrzehnts« nannten und hinzufügten: »Der Riese geht in die Knie.«

Daß unsere Erkenntnisse heute so selbstverständlich sind, liegt daran, daß die Methode von BrainReserve wirklich funktioniert. Es ist erwiesen, daß Sie heute anfangen können, die Zukunft zu schaffen. Und morgen anfangen können, von ihr zu profitieren.

Die Trends nehmen Ihnen die Scheuklappen. Sie öffnen Ihnen die Augen – und geben Ihnen eine Trend-Vision.

Und das ist der einzige Weg, sich auf die Zukunft einzustellen.

BrainReserve-Grundkurs 102:
Das Zukunftspaket

Es kann Spaß machen, Wegweiser in die Zukunft zu suchen, aber bei der Produktion von Ideen reicht es – wie in jedem anderen Geschäft – nicht aus, sich in Bergen von Papier zu vergraben. Man muß innehalten und nachdenken. Und vorausdenken. Oder man verliert seine eigene Zukunft aus dem Blick.

BrainReserve blickt weit voraus in die Zukunft und schaut von dort aus wieder zurück, um herauszufinden, welche Maßnahmen für unsere Kunden zu einem bestimmten Zeitpunkt die richtigen sind. Es ist so, als würde man die Zukunft durch das andere Ende des Teleskops betrachten. Wenn man weiß, was in ferner Zukunft geschehen wird, kann man ziemlich leicht sagen, was das Richtige in der Gegenwart oder in der nahen Zukunft ist.

Die Zukunft der Beratertätigkeit hat sich seit den siebziger Jahren, als wir mit BrainReserve begannen, stark verändert. Damals herrschte in der Wirtschaft eine gemächlichere Gangart vor. Die Unternehmen konnten es sich leisten, sechs oder neun oder zwölf Monate auf Lösungsvorschläge zu warten; dann konnten sie sich *Jahre* Zeit lassen, um sich zu irgend etwas zu entschließen (oder auch nicht).

Heute hat sich die Situation im Konsumbereich so verschärft, daß sich niemand mehr so viel Zeit nehmen kann. Der Markt ist unter einen neuen Druck geraten. Wir spüren dies bei unseren Kunden. Und auch wir mußten darauf reagieren.

Ich sage immer zu meinen *Produkt*-Kunden, daß sie ihr Geschäft in ein *Dienstleistungsgeschäft* umwandeln müssen – aber was sollen solche Geschäfte tun? Was können sie anbieten? Als ich an die Zukunft meines eigenen Dienstleistungsunternehmens dachte, stellte ich mir diese Frage selbst.

Eine Antwort lautete: Wir müssen auch zu einem Produktunternehmen werden.

Neben unserer Beratungstätigkeit bieten wir ein Produkt an, und zwar das Zukunftspaket – wir versuchen, immer mehr Menschen mit Berichten und Ansichten über die Zukunft zu versorgen. Und dieses Zukunftspaket kann viele Formen annehmen. In der Planung: ein gefaxter Trend-Rundbrief und / oder eine Zeitschrift, ein Führer, der den Verbraucher berät, ihn darüber informiert, was kommt und wie man damit umgeht. Carol Farmer, der Einzelhandelsguru, hat uns sogar vorgeschlagen, einen Trend-Laden zu eröffnen, in dem wir nur einen Monat lang die neuesten Trend-Produkte verkaufen; kein Lager.

Eines unserer erfolgreichsten Produkte ist heute ein Seminar mit der Bezeichnung TrendView. Mit Gruppen von 20 bis 1500 Teilnehmern machen wir Ausflüge in die Zukunft. Indem wir anhand von Beispielen darstellen, was Marotten im Gegensatz zu Trends sind, wie die heutigen Helden aussehen, was wirklich neu ist und was nicht, geben wir den Trends durch Fakten, Zahlen und Dias konkrete Konturen.

Zu Beginn erzähle ich gewöhnlich eine Geschichte über meinen Namen (wenn ich das nicht tue, sind die Teilnehmer zu sehr mit der Frage beschäftigt, woher »Popcorn« kommt). Ich erzähle die nicht ernst gemeinte Geschichte von meinem »italienischen Großvater« – Poppa Corne – , dessen Name bei der Einwanderung geändert wurde. Dann kann ich weitermachen. (Die wirkliche Geschichte: Mein erster richtiger Chef, mit dem ich heute noch befreundet bin, Gino Garlanda, fand es immer schwierig [und lustig], meinen Familiennamen Plotkin auszusprechen. Er spielte immer alle Variationen durch – Potkin, Papkin, Popkon, Popcorn. Also gab er mir den Spitznamen Popcorn – und er gefiel mir. Ja, Popcorn steht auch in meinem Paß.)

Bei den Vorträgen ist am aufschlußreichsten, was die Zuhörer zum Lachen gebracht hat. Diese vereinzelten Heiterkeitsausbrüche beweisen gewöhnlich im nachhinein, daß die Trends funktionieren. Sie sind gewissermaßen Wegweiser in die Zukunft. Es sind immer genau die Bemerkungen, die zunächst so schockierend oder absurd wirken, welche schließlich zum Allgemeingut werden.

Mir ist immer wieder gesagt worden, daß es bei vielen leitenden Angestellten von amerikanischen Unternehmen den Standardspruch gibt: »Faith Popcorn hat das schon vor Jahren gesagt.« Auf einer internationalen Konferenz in Florida habe ich 1983 angekündigt, daß eine neue Krankheit mit dem Namen Aids bald das gesellschaftliche Leben in Amerika verändern würde, und zwar nicht nur die Single-Szene (Sex ohne Bindung), sondern auch die gesamte Heirats- und Zeugungsrate. Die Zuhörer kicherten erst, lachten dann (laut) und sagten mir, daß das *nichts* mit ihrem Geschäft zu tun hätte – sie kamen aus der Ernährungsbranche.

Solche nervösen Reaktionen scheinen ein kleiner, aber unumgänglicher Teil der Trendforschung zu sein. Viele neue Ideen fallen unter den Tisch, und zwar vor allem dann, wenn sie nicht in die Zehnjahr-Planung oder die Marketing-Konzepte eines Unternehmens passen. Natürlich habe ich immer ein Gefühl der Genugtuung (Rache?), wenn Kunden mir später sagen, daß sie besser auf mich gehört hätten. Aber in meinem Geschäft kann man nie sagen: »Ich habe es Ihnen ja gesagt.«

Anfang der achtziger Jahre machten wir zum Beispiel einem Parfumhersteller klar, daß die amerikanischen Frauen auf Parfum sehr stark sexuell reagieren würden. Der von uns empfohlene

Name: Obsession! Einer unserer Kunden hielt unsere Trend-prognose von gesünderem Hundefutter für eine völlig lächer-liche Idee – bis ein Konkurrent ein gesundheitsförderndes Pro-dukt auf den Markt brachte. (Peter Flatow, ein früherer Partner von mir, pflegte unsere Kunden zu warnen: »Wenn Sie eine gute neue Produktidee haben, ist wahrscheinlich schon jemand ande-res dabei, diese tolle Idee in die Tat umzusetzen. Oder kurz davor.«)

Am meisten erstaunen mich allerdings die Unternehmen, die glauben, daß sie es nicht nötig haben, auf die Verbraucher-trends zu achten. Nicht das Morgen, sondern nur das Heute zählt. Gewöhnlich sitzen solche Unternehmen in Detroit.

Kürzlich sagte mir ein Hersteller von Luxusautos, daß er uns nicht braucht, weil er bezweifelte, daß der Verbraucher jemals glauben könnte, daß ein amerikanisches 30 000-Dollar-Auto den gleichen »Luxus« vermitteln würde wie ein BMW, ein Mer-cedes oder ein Lexus. Ich erklärte ihm, daß der Verbraucher in den neunziger Jahren zwar Luxus wolle, aber zu einem geringe-ren Preis. Und wenn er die Vorzüge seines Autos richtig darstel-len würde, könne er durchaus auf der Gewinnerseite stehen. Er erwiderte darauf, daß sein Auto noch nicht die erforderliche Qualität habe, daß sein Ruf schlecht sei, daß es aber verbessert würde. Und daß er jemanden brauche, der etwas von *Autos* und nicht von *Verbrauchern* verstehen würde.

Diese Art von kurzfristigem Denken in der amerikanischen Wirtschaft ist zum Verrücktwerden – und der Gedanke, daß dies der Hauptgrund für die Misere von Detroit ist, bringt mein amerikanisches Blut in Wallung. (Vor noch nicht allzu langer Zeit war dieser spezielle Autotyp das nationale Symbol für »ich habe es geschafft«.) Zu viele Hersteller gehen davon aus, daß die Zukunft stillstehen und warten wird, bis sie richtig gerüstet sind. Weit gefehlt.

Wie nehmen Sie die Zukunft in Ihre Hand? Buchstäblich in Ihre Hand? BrainReserve hat ein Produkt geschaffen, das wir Trend-Pack nennen. Wir stellen alle zwei Monate ein Paket mit Artikeln zusammen, die unsere Trends veranschaulichen – ethnisch geprägte Musik von den Gipsy Kings; Terra Chips, knuspriges, buntes, leicht geröstetes Wurzelgemüse (Yucca, Süßkartoffel, Pastinak, Rote Bete); Parfum zum Selbermachen; energiesteigernde Kräuterpillen; und sogar ein echtes (leeres) Crack-Röhrchen aus einer Dachwohnung in East Village. Dieses Paket schicken wir an hundert Kunden, die verfolgen, was sich im kulturellen Bereich tut.

Und weil unsere Kunden immer häufiger schnelle Antworten haben wollen, haben wir noch ein anderes Produktpaket geschnürt: BrainJam (ja, BrainReserve ist groß darin, aus zwei Wörtern eins zu machen). Das sind Meetings am Ort des Kunden zur schnellen Lösung eines bestimmten Problems. Nach den freien Jazz-Improvisationen benannt, greifen diese Sessions von ein oder zwei Stunden gewisse Fragen auf, vertiefen sie und lösen sie – hier und jetzt. Keine Nachteile, nur Vorteile. Beteiligt sind ein Moderator von außen (um den Gesprächsfluß zu beschleunigen), eine Gruppe von zehn oder zwölf Experten unserer TalentBank und die Kunden selbst. In kurzer Zeit haben sich unsere Kunden dem Rhythmus der BrainJam-Sessions angepaßt. Und bekommen ihre Antworten.

Auf diese Weise haben wir auch ein internes Problem gelöst: Was genau ist BrainReserve? Wie sollen wir uns selbst definieren? Wo sollen wir uns verorten? Zuerst sagten wir, daß wir zwar ein Marketing-Unternehmen sind, aber auch noch mehr. »Eine Denkfabrik?« Nicht ganz. »Ein Beratungsunternehmen für die Zukunftsplanung?« Fast. Dann sagte jemand: »Wir sind eine kleine *Klinik*, die das Zukunftsdenken in ihre Obhut genommen hat.« Nachdem wir jedes Wort sozusagen auf die Goldwaage gelegt hatten, stimmten wir zu. Wir alle mochten das »Klinik«-Image, bei dem sich Fürsorge und Engagement verbinden. Problem gelöst.

Diese improvisierten Schnellmeetings werden leicht variiert, wenn ein Kunde ein oder zwei Tage lang ein Thema durchleuchten will. Nissan nahm eine von unseren TalentBank-Bildschirmkonferenzen in Anspruch. Die Japaner fragten nicht direkt: »Wie sieht die Zukunft der Nobelautoindustrie aus?«, sondern sagten auf ihre liebenswürdige Art: »Erzählen Sie uns etwas über den Stil der Zukunft.« Wir riefen einige erstklassige Stilexperten aus unserer TalentBank zusammen: die Lifestyle-Autorin Maria Stewart; die Herausgeberin der Zeitschrift Mirabella, Amy Gross; die Laden-Designerin Joanne Newbold; die Kochbuch-Autorin Lee Bailey; den Innenarchitekten Birch Coffey; die Mode-Designerin Diane Benson usw. Unser Team spekulierte, interpretierte, illustrierte und tauschte seine »Insider«-Ansichten aus. Nissan nahm von diesem Meeting eine klare Vorstellung vom amerikanischen Stil mit, der von allen Seiten beleuchtet worden war. Durch das Erkennen der Trends rüsten sie sich für die Zukunft. Und jetzt wollen wir einmal sehen, was da bald aus Japan auf vier Rädern auf uns zukommt.

Was BrainReserve kann, können Sie auch. Im folgenden werden Sie genau sehen, wie *wir* mit den Trends arbeiten und wie *Sie* dasselbe tun können. Die praktische Anwendung sieht ungefähr so aus:

Von einer Trend-Prognose...
zu einer Trend-Produktion...
zu einem Trend-Produkt.

Im Visier der Trends:
Die Diskontinuitätsanalyse

Jedes Projekt von BrainReserve wird auf der Basis eines Prozesses durchgeführt, den wir »Diskontinuitätsanalyse« nennen. Hinter dieser recht formal klingenden Bezeichnung verbirgt sich die Methode, mit deren Hilfe wir einen spezifischen Bereich – eine Branche, ein Unternehmen, eine Dienstleistung, ein Produkt, Produktideen, Marketing- oder Werbekonzepte – an den Trends messen. (Wir haben diese Methode sogar benutzt, um solche Bereiche wie Filme / Theaterstücke, Bücherlisten, Prototypen von Zeitschriften, vorgeschlagene »Helden« und Voraussetzungen für neue Fernsehserien, prominente Sprecher und politische Kampagnen zu analysieren.)

Wir stellen hauptsächlich Fragen wie: Stimmt die Idee / das Produkt / das Konzept mit den Trends überein oder nicht? Liegt sie / es im Trend oder nicht? Wird ihre / seine Ausstrahlungskraft auf der Wellenlänge der Bedürfnisse und Wünsche der Verbraucher liegen? Kann mit Langlebigkeit gerechnet werden? Ist sie / es an den kulturellen »Tiefenstrom« angeschlossen oder wird sie / es versickern und eine bloße Marotte gewesen sein? Kurzum, wie sehen die Zukunftschancen aus?

138

Neben der Analyse sehen wir unsere Aufgabe darin, ganz neue Konzepte zu schaffen oder bestehende Konzepte neu zu durchdenken – damit sie nicht nur zu den Trends *passen*, sondern ihnen auch wirklich Ausdruck verleihen. Die großen Erfolge sind jene Ideen, die durch *mindestens vier Trends* gestützt werden. Ein Trend – nehmen wir zum Beispiel Fantasy-Abenteuer – kann die treibende Kraft hinter einer Idee sein; aber die Idee muß außerdem noch zu drei weiteren Trends (oder mehr) passen.

Das Ganze funktioniert so: Sie beginnen mit den Trends selbst. Sie nehmen jeden einzelnen Trend und analysieren die Idee (das Unternehmen, das Produkt), indem Sie es zum Trend in Beziehung setzen. Zuerst suchen Sie nach Anhaltspunkten für Kontinuität bzw. Diskontinuität. Befindet sich die Idee in Einklang mit dem Trend oder steht sie im Widerspruch zu ihm? (Wenn ja, ist der Widerspruch fundamentaler Art?) Liegt die Idee grundsätzlich im Trend, obwohl sie einige trendfeindliche Elemente enthält? Wenn sie grundsätzlich mit dem Trend übereinstimmt, suchen Sie nach Möglichkeiten, das Positive zu verstärken. Läuft die Idee dem Trend zuwider, suchen Sie nach Möglichkeiten, sie zu korrigieren: mit starken Veränderungen, wenn es einen grundsätzlichen Widerspruch gibt; mit Verbesserungen, wenn nur bestimmte Elemente vom Trend abweichen. Die Analyse ist der erste Schritt, die Korrektur der zweite.

Nehmen wir die Supermärkte als ein Beispiel. Hier haben wir es mit einer Branche zu tun, in der seit Jahrzehnten alles nach dem gleichen Muster abläuft: Einkaufswagen, eine erschlagende Angebotsfülle, lange Schlangen an den Kassen, unhandliche Tüten. Für die meisten von uns gehört das Einkaufen im Supermarkt zu den unangenehmen, aber unvermeidlichen Dingen des Lebens. Aber »unangenehm« und »unvermeidlich« sind nicht gerade die Adjektive, die signalisieren, daß diese Art von Geschäften eine Zukunft hat. Die Supermärkte haben Probleme. Lassen Sie sich von mir durch die »oberste Schicht« der Diskontinuitätsanalyse führen – damit Sie sehen, wie die Trends Ihnen helfen können, das Problem genau zu erkennen und einer Lösung zuzuführen.

Diskontinuitätsanalyse:
Supermärkte im Visier der Trends

Rückzug in den Kokon

Gibt es in den Supermärkten irgend etwas, das an die Geborgenheit des Kokons erinnert? Nein. Die Menschen würden lieber zu Hause bleiben. Die entmutigende Größe und die grelle Beleuchtung, ganz zu schweigen von dem Klappern der Einkaufswagen, haben den Effekt, daß die Supermärkte Lichtjahre von einem Kokon entfernt sind. Gegen den Trend.

Fantasy-Abenteuer

Das Essen gehört seit jeher zu den großen Fantasy-Abenteuern, aber Supermärkte töten die Phantasie. Der durchschnittliche amerikanische Supermarkt bietet nichts Aufregendes, außer gelegentlichen Probiertischen und einem Clown auf dem Parkplatz. Es gibt kein wirklich sinnliches oder magisches Erlebnis. Supermärkte sind banal. Gegen den Trend.

Kleine Genüsse

Vielleicht *findet* man dort einige, aber der Supermarkt selbst ist davon weit entfernt. Mehr eine große Last. Hat man heute einen Ausflug in den Supermarkt verdient? Kaum. Gegen den Trend.

Ichbezogene Wirtschaft (Egonomics)

Was ist an einem Supermarkt persönlich? Er ist per definitionem ein Massenmarkt. Man reiht sich in die namenlosen, erschöpften Horden ein, die sich durch die schier endlosen Reihen von vollgestopften Regalen schieben. Es gibt sehr wenige Dienstleistungen: kein Babysitting, niemand hilft einem, niemand nimmt die individuellen Bedürfnisse zur Kenntnis. Supermärkte sind dazu da, große Mengen – an Produkten und Menschen – zu bewegen. Nicht, um auf individuelle Wünsche einzugehen. Gegen den Trend.

Aussteigen

Streß ist die primäre psychosoziale Empfindung, die man mit einem Einkauf im Supermarkt assoziiert. Und Streß ist genau der Faktor, der Menschen zu Aussteigern macht. Gegen den Trend.

Länger jung bleiben

Nun gut. Diese Art des Einkaufens, die sich seit unserer Kindheit wenig geändert hat, kann (obwohl dieses Argument etwas an den Haaren herbeigezogen ist) ein Nostalgie-Trip sein. Es ist ein altvertrautes Gefühl, wenn man die Gänge auf und ab geht, wie man es als Kind mit seiner Mutter getan hat. Es macht Spaß, so viele Formen und Farben aufgereiht zu sehen. Minimal im Trend.

Möglichst lange leben

Wird der Supermarkt einen umbringen? Vielleicht. Er ist ein mit Versuchungen gespicktes Minenfeld. In einer Welt, die den Angriffen von Salz, Fett, chemischen Zusätzen und Pestiziden ausgesetzt ist, ist der Supermarkt die Katastrophe schlechthin. Es gibt nicht genügend Informationen darüber, was gesund ist und was nicht. Und Supermärkte vermitteln einfach nicht das *Gefühl*, ein Ort zu sein, der einem möglichst langen Leben förderlich ist. Gegen den Trend.

Der Wehrhafte Verbraucher

Die meisten Supermärkte wirken ausgesprochen verbraucherfeindlich. Es gibt niemanden, der sich um den Verbraucher kümmert: Es wird erwartet, daß man sich allein in einem ma-

141

nipulativen Labyrinth zurechtfindet. Die ganze Umgebung scheint zu sagen: Wir haben die Sachen nur in die Regale gestellt, gnädige Frau. Entweder Sie nehmen etwas oder nicht. Außerdem erlauben es die Supermärkte nicht, unter politischen Gesichtspunkten einzukaufen, mit seinem Geld eine bestimmte Position zu beziehen. Es gibt keine Informationen darüber, welche Produkte boykottiert werden (warum auch? Wessen Anwalt sollten die Supermärkte sein?); man erfährt nicht, wie man mit seinen Fragen und Beschwerden die Hersteller erreichen kann; wie man »grün kaufen« kann. Um es ganz unverblümt zu sagen: Die Verbraucher haben das Gefühl, daß die Supermärkte mit den Herstellern unter einer Decke stecken, um sie für dumm zu verkaufen, um ihnen Sand in die Augen zu streuen, um abzukassieren. Sie stehen nicht auf der Seite des Verbrauchers. Und das ist gegen den Trend.

99 Leben auf einmal

Hier ist nichts rationalisiert – außer zugunsten des Supermarktes. (Werden wir dem elektronischen Ablesen der Preise an der Kasse jemals trauen?) Das Einkaufen im Supermarkt ist beschwerlich, bis hin zu dem aufreibenden Ritual, den Einkaufswagen zum Auto zu schieben, ihn allein zu entladen und sich dann mit dem Wagen wieder zurückzukämpfen (oder einfach wegzufahren). (Ganz zu schweigen von den Supermärkten in den *Städten*, wo man, wenn das betreffende Geschäft nicht ins Haus liefert, nur so viel kaufen kann, wie man tragen kann.) Supermärkte könnten so sehr *im Trend* liegen. Aber sie sind weit davon entfernt.

S.O.S. – Rettet unsere Gesellschaft

Nein. Hier zählt nicht das Prinzip »Tu Gutes«. Selbst die Rückgabe von Getränkedosen wird einem vergällt. Und wenn man heimkommt, hat man mehr Dinge zum *Wegwerfen* als zum Wegräumen. Und dann erfahren wir so wenig über die planetarischen Auswirkungen unserer Einkäufe. Gegen den Trend.

Branchenbeobachter können berichten, daß es den Supermärkten derzeit nicht gut geht. Als Trendbeobachter kann man sehen, daß sie geradewegs auf die Katastrophe zusteuern! Abgesehen von einem geringen Nostalgie-Wert befinden sich die Supermärkte in jeder Beziehung hoffnungslos im Abseits. Und dabei sind sie in vielen Punkten geradezu Inbegriff des »Konsums«. Sie sollten ganz entschieden *im Trend* liegen und nicht im Gegensatz zu ihm stehen. Sollte Ihnen diese düstere Prognose überzogen vorkommen, erinnern Sie sich an die Zeiten, als die Verteidiger des Kaufhauses meinten, daß für die Zukunft keine Notwendigkeit bestehe, grundlegende Veränderungen vorzunehmen. Wohin sollten die Kunden denn sonst gehen? Wie die Kaufhäuser heute zu ihrer großen Bestürzung feststellen, finden die Verbraucher *immer* einen anderen Ort zum Einkaufen, wenn ihre Unzufriedenheit die »kritische Schwelle« erreicht hat – wenn das, was ihnen angeboten wird, nicht mit ihrem Leben in Einklang steht, wenn es nicht den Trends entspricht.

Trendgerechte Korrektur

Welche Vision habe ich für Supermärkte? Um zu überleben, muß sich diese geradezu exemplarische amerikanische Geschäftsform so *verändern*, daß sie zur typischen Form der *Zukunft* wird. Am amerikanischen Supermarkt gibt es, wie wir gerade gesehen haben, wenig, was wert wäre, in die Zukunft hinübergerettet zu werden. Es gibt wenig, woran kleine Reformen anknüpfen könnten. Gefordert ist ein ganz neuer Zugang zu den Produkten, ein Zugang, der auf der Linie der großen gesellschaftlichen Trends liegt. Eine Empfehlung für die Supermärkte (wenn sie auch noch ferne Zukunftsmusik ist) wäre die Schaffung einer »virtuellen« Realität.

Der Supermarkt als virtuelle Realität

Einige nennen es »cyberspace«, andere »künstliche Realität«. Bei der »virtuellen Realität« handelt es sich um eine Technologie, die es möglich macht, durch computererzeugte Bilder und

Empfindungen eine synthetische Welt zu schaffen – eine drei-dimensionale, interaktive Welt zum Fühlen, zum Anfassen, zum Hören, zum Sehen.

Um in diese Welt einzutreten, ziehen Sie eine Art Spezialklei-dung an (zur Zeit sind es Handschuhe und eine Brille), die an einen Computer angeschlossen ist, den die Experten »Home Reality Engine« (»Maschine zur Wirklichkeitserzeugung in den eigenen vier Wänden«) nennen. Die Handschuhe empfangen und übermitteln Daten (Nintendo hat bereits die Lizenz für eine einfache Spiel-Version erteilt); die Brille (von manchen Leuten »Augenhörer« genannt) versetzt Sie akustisch und visuell in den synthetischen Raum. Sie gehen per Fingerdruck durch den Raum, und wenn Sie ein »künstliches Objekt« in dem künstli-chen Raum anfassen, werden Ihnen durch den Handschuh ganz reale Empfindungen vermittelt. Klingt sehr phantastisch, aber diese Technologie existiert bereits heute. (Die NASA und das Militär wenden sie zur Zeit für ausgesprochen ernsthafte Zwek-ke an.) Jaron Lanier von VPL Research in Redwood City, Kali-fornien, sagte 1989, daß diese Technologie um die Jahrhundert-wende in die privaten Haushalte Einzug halten könnte. Und das sind immerhin nur noch knapp zehn Jahre. Stellen Sie sich die Möglichkeiten eines Supermarktes vor, der auf dieser Basis funktioniert – ein Super-High-Tech-System... Sehen wir uns in der Reihenfolge der Trends an, was passiert:

Rückzug in den Kokon. Im sicheren häuslichen Kokon einge-sponnen, beschließen Sie, sich das Vergnügen eines Einkaufs im Supermarkt zu gönnen. Sie ziehen die Handschuhe und die Brille an und machen es sich auf Ihrer Daunendecke bequem. Sie brauchen das Haus nicht zu verlassen und sich nicht einmal anzuziehen. Im kuscheligsten Nachthemd machen Sie sich auf den Weg ins...

Fantasy-Abenteuer. Stellen Sie sich vor, daß Sie im Sommer auf einen herrlichen Verkaufsstand zugehen. (Sie können sogar die Tomaten anfassen – und tatsächlich durch den Handschuh fühlen, ob sie an dem Tag reif sind.) Tippen Sie mit Ihrem Finger auf Marrakesch oder Jamaika, um auf die Märkte zu blicken, von denen Ihre Gewürze kommen. Besuchen Sie eine französische Bäckerei, um einen Blick auf die Baguettes und Croissants zu werfen. (Wird das »Riechen« nicht auch bald zur virtuellen Realität gehören?) Lächeln Sie dem freundlichsten Metzger von Iowa zu, wenn er Ihnen seine besten Fleischstücke zeigt, bevor sie an Ihr Geschäft geliefert werden. (Wenn Sie ein wirklich neugieriger Mensch sind, sehen Sie sich doch einmal die Weiden an, auf denen das Vieh grast.) Schauen Sie sich Ihre Butter und Milch in der Molkerei, Ihr Mineralwasser an seiner reinen Quelle an. Dann werden Sie die Produkte mit anderen Augen sehen und mit einer anderen Einstellung kaufen. Die Magie des Supermarktes.

Kleine Genüsse. Wie könnte man sich mehr verwöhnen als mit einem täglichen zehnminütigen Ausflug in eine andere Welt?

Ichbezogene Wirtschaft (Egonomics). Die »Home Reality Engine« ist eine clevere Maschine, die genau über Sie Bescheid weiß. Wenn Sie fettarm essen, weist sie Ihnen den Weg zum gesunden Einkaufen. Sie kennt die Zutaten, die Sie für Ihr spezielles Chili-Rezept brauchen, und führt Sie die Regalreihen entlang, damit Sie zum Beispiel nicht den Kreuzkümmel oder das Bier vergessen. (Man stelle sich vor, daß schnell ein Rezept ausprobiert wird – einschließlich Filetieren oder Brotteig-Kneten – und das fertige Produkt dann vorgeführt wird, mit Serviervorschlägen.) Sie kennt Ihre politische Richtung und Ihre besonderen Anliegen und kann Ihnen schnell Auskunft über »grüne« Verpackungen oder Boykotts oder Veränderungen bei der Kennzeichnung »koscher« geben. Mit Hilfe der virtuellen Realität suchen Sie sich buchstäblich Ihre eigene Welt aus. Sie entscheiden, welche Realität Sie entstehen lassen wollen. Könnte die Individualität eine noch bessere Ausdrucksmöglichkeit finden?

Aussteigen. Wenn man nicht richtig aussteigen und auf dem Land eine neue Existenz beginnen kann, so kann man dank der virtuellen Realität wenigstens auf dem Bauernmarkt einkaufen (und sich die Produkte direkt ins Haus liefern lassen). Dem Gewühle und Geschiebe im Supermarkt entronnen zu sein und in aller Bequemlichkeit zu Hause einzukaufen, stellt einen Sieg des Aussteiger-Lebensstils dar.

Länger jung bleiben. Der Supermarkt als virtuelle Realität ist ein reales Nintendo-Einkaufen für Erwachsene, das totale Vergnügen. Erfüllen Sie Ihre häuslichen Verpflichtungen, indem Sie ein wirklich schönes Spiel spielen.

Möglichst lange leben. Dieser Supermarkt gibt Ihnen sofort Informationen über die Nahrungsmittel und ihre Kombinationsmöglichkeiten und hilft Ihnen bei der Aufstellung eines (auf die Bedürfnisse der Familie zugeschnittenen) Speiseplans. Sie lernen, auf gesunde Weise gesunde Nahrungsmittel zuzubereiten.

Der Wehrhafte Verbraucher. Da Ihnen immer die vollständigen Informationen über die Produkte zur Verfügung stehen, sind Sie in der Lage, gut fundierte Entscheidungen zu treffen. Interaktive Programme ermöglichen es, mit den Herstellern zu sprechen und den Fortschritt der versprochenen Reformen sowie die Leistungen des Unternehmens zu verfolgen. Es gibt geradezu unendliche Kennzeichnungsmöglichkeiten – Umfangsbeschränkungen durch die Größe der Etiketten entfallen.

99 Leben auf einmal. Die gesamte Zeit, die Sie früher mit Einkaufen verbracht haben, ist auf die Minuten zusammengeschrumpft, die Sie in der virtuellen Realität verbringen. Ihre Einkäufe werden ins Haus geliefert. Sie durchmessen unendlich viel mehr »Raum« in einem Bruchteil der früheren Zeit.

S.O.S. – Rettet unsere Gesellschaft. Selbst wenn uns immer noch die hübsch verpackten Produkte ins Auge stechen, die sich in raffinierten Arrangements vor uns ausbreiten, können die Hersteller jetzt auf überflüssige Verpackungen verzichten, und das, was wir real eingekauft haben, kann fast im »Naturzustand« geliefert werden. Wir haben endlich den Genuß und das Hochgefühl des idealen Einkaufens, ohne uns ständig an der Umwelt zu versündigen.

Der Supermarkt als virtuelle Realität liegt vielleicht noch in weiter Zukunft – was nach meiner Zeitvorstellung fünfzehn Jahre anstatt fünf Jahre bedeutet. Aber das ist die Richtung, in die wir gehen. Weit vorauszuschauen bedeutet, die Gegenwart klüger – und zukunftsorientierter – zu planen.

Die Supermärkte sollten *heute* darüber nachdenken, wie sie morgen auf virtuelle Realität umschalten können. Das bedeutet, daß sie gut beraten sind, Kapital in Lager- und Liefersysteme zu investieren – und nicht in neue Innenausstattungen; die werden bald überholt sein. Das bedeutet, daß der Supermarkt schon heute ein *Informationszentrum* werden muß, das für seinen persönlichen Service bekannt ist – um eine stabile und glaubwürdige Grundlage für den Supermarkt zu legen, zu dem er in Zukunft werden muß: virtuelle Realität.

Natürlich ist die Diskontinuitätsanalyse nicht darauf beschränkt, die Probleme bestimmter Branchen zu lösen. Im folgenden soll dargestellt werden, wie wir mit Eddie Sardina, Freddie Piedra und Paul Nelson von Bacardi Imports zusammengearbeitet haben, um ein ganz neues Produkt zu entwickeln, nämlich *Bacardi Breezers,* ein Erfrischungsgetränk aus Fruchtsaft und Rum mit einem geringen Alkoholgehalt. Obwohl es noch nicht einmal ein Jahr auf dem Markt ist, ist es mit über vier Millionen verkauften Kisten die drittgrößte Spirituosenmarke im Land. Sein phänomenaler Verkaufsrekord wird in der Presse reißerisch als ein richtiger »Schocker« bezeichnet. Der Umsatz von Spirituosen ist im allgemeinen rückläufig, und mit Erfrischungsgetränken auf der Basis von Wein geht es rasant abwärts. So war es für Leute, die die Trends nicht beobachtet haben, ein kühnes Unterfangen, Bacardi Breezers auf den Markt zu bringen. Diejenigen aber, die mit den Trends vertraut waren, sahen die Chancen, die in dem Konzept steckten.

Diskontinuitätsanalyse: Bacardi Breezers

Rückzug in den Kokon. Der Gesellige Kokon verlangt nach neuen und besseren Ideen für die zwanglose Bewirtung von Gästen: ein Geschmacksprofil, das zwar fremdartig-aufregend, aber leicht zu Hause zuzubereiten und zu servieren ist. Im Trend.

Fantasy-Abenteuer. Rum hat das Flair von tropischem Paradies und Inselabenteuer. Schon der Name, Bacardi Breezers, klingt erfrischend, leicht und luftig – wie tiefblaue Buchten und Palmen, die sich im Wind wiegen: das perfekte Fantasy-Produkt für die jugendlichen und lässigen Verbraucher von heute. Im Trend.

Kleine Genüsse. Qualität zu einem relativ günstigen Preis. Ein Bacardi Breezer ist so beschaffen, daß er der perfekte Kleine Genuß ist. Erfrischend und köstlich, gibt er dem Verbraucher sofort ein Gefühl der Zufriedenheit. Man probiert ihn und mag ihn auf Anhieb. Im Trend.

Ichbezogene Wirtschaft (Egonomics). Dieses jugendliche und leichte Erfrischungsgetränk war »wie für mich geschaffen«. Minimal im Trend.

Aussteigen. Es vermittelt den Eindruck, daß man sich aus dem harten Konkurrenzkampf ausgeklinkt hat und sich an einem anderen Ort befindet, und sei es auch nur für einige Minuten. Im Trend.

Länger jung bleiben. Ein Getränk, das allein auf Spaß und Freude abgestellt ist. Im Trend.

Möglichst lange leben. Fruchtiges Aroma und ein geringer Alkoholgehalt haben die Aura von Gesundheit. Minimal im Trend.

Der Wehrhafte Verbraucher. Ein Spitzenprodukt von einem bewährten Hersteller, der bekannt dafür ist, die Verbraucher zufriedenzustellen. Im Trend.

99 Leben auf einmal. Ein »vorgemixtes Getränk« ist schneller und leichter zu servieren als eines, das man selbst mixen muß. Im Trend.

S.O.S. – Rettet unsere Gesellschaft. Aufgrund des geringen Alkoholgehalts liegt Bacardi Breezers auf der Linie der derzeitigen Trends, die auf Mäßigung gerichtet sind. Im Trend.

Normalerweise prüfen wir die Trendübereinstimmung anhand von vier Kategorien – wobei *ein* Trend besonders stark zur Geltung kommen sollte. Bei Bacardi Breezers liegt zwar eine starke Betonung auf Fantasy-Abenteuer, aber auch die neun restlichen Trends sprechen fast alle für das Produkt. Uns hat der

148

Erfolg von Bacardi Breezers nicht überrascht. Wenn Sie die Methode der Diskontinuitätsanalyse auf Ihre Ideen, Projekte, Geschäfte und Pläne anwenden, können auch Ihnen viele unangenehme Überraschungen erspart bleiben. Der erste Schritt ist die Beherrschung einer Technik, die wir den »Universellen Auslese-Test« nennen.

Der Universelle Auslese-Test

Wenn wir Ideen mit Hilfe eines Trend-Filters analysieren, so ist das für uns mehr als eine Methode: Es ist unsere Art, die Welt zu betrachten. Wir haben eine fast instinktive Form der Trend-Analyse entwickelt, die wir den »Universellen Auslese-Test« nennen. Wir lesen keine Anzeige, sehen uns kein Fernsehprogramm an, betreten kein neues Geschäft oder betrachten kein Poster, ohne unseren Filter »einzuschalten«. Es ist eine Art Diskontinuitätsanalyse im Schnellverfahren. Sie hilft uns, nicht nur das Trendpotential dessen abzuschätzen, was uns gerade ins Auge fällt, sondern auch das Entstehen von Trends zu erkennen. Und es ist eine bestimmte Art, die Kultur abzusuchen – gewissermaßen eine Schnellesetechnik –, die uns einen Kompaß an die Hand gibt, mit dem wir uns in der Flut von Nachrichten zurechtfinden, die jeden Tag auf uns einstürmen.

Man bedenke: Der durchschnittliche Amerikaner wird jedes Jahr mit fast einer Viertelmillion Anzeigen konfrontiert, dazu kommen unzählige Stunden Radio, Fernsehen, Gespräche (die eigenen und die Gesprächsfetzen, die man mithört), Witze, Lieder, Zeitschriften, Zeitungen, Bücher, Plakatwände, Kataloge, direkte Postwerbungen, Postwurfsendungen in der Art von »Sie haben eine Million Dollar gewonnen«, Notizen, Briefe, Postkarten. Und das ist nur die *sprachliche* Seite. Wie steht es mit der Fülle von visuellen Eindrücken: Straßenbilder, Schaufenster, Gebäude, Autos, Tiere, *Spiegel?* (Was kann man von seinem *eigenen* Verhalten lernen?) Niemand kann all diese Informationen wirklich verarbeiten. Die meisten Menschen filtern mit Hilfe eines unbewußten Rasters das meiste heraus – und konzentrieren sich auf die Dinge, die ihrer Ansicht nach einen Bezug zum eigenen Leben haben, während sie diejenigen ignorieren, bei denen das nicht der Fall zu sein scheint.

Letztlich neigt man dazu, seine Aufmerksamkeit nur auf das Vertraute zu richten, auf die Dinge, die man bereits kennt. Die meisten Menschen konzentrieren sich auf die falschen Dinge. Wenn Sie den Universellen Auslese-Test benutzen, um den Input zu sortieren, werden Sie erkennen, auf welche Weise Informationen, die scheinbar nichts mit Ihnen zu tun haben, doch etwas mit Ihnen – und Ihrem Geschäft – zu tun haben können.

Sie werden fähig sein, einen Blick in Ihre eigene Zukunft zu werfen.

Nehmen wir den einfachen Vorgang des Zeitungslesens. Sie haben vielleicht eine kleine Ladenkette in drei Staaten, die CDs und Musikkassetten verkauft. Sie sind für Ihr umfangreiches Lager und für Ihre Bereitschaft bekannt, auch ausgefallene Kundenwünsche zu erfüllen.

Sie lesen die Zeitung, so wie auch wir es eines Tages Anfang 1990 getan haben, und stoßen auf eine nicht zu übersehende ganzseitige Anzeige. Es ist eine Anzeige von Waldenbooks, die die Einführung eines neuen Service mit der Bezeichnung »Das Besondere Leser-Programm« ankündigt, mit Sonderrabatten für Mitglieder, einer kostenlosen Rufnummer für Bestellungen und anderen Serviceleistungen für Kunden, die bereit sind, einen bestimmten Jahresbeitrag zu zahlen. Sie sagen sich: »Interessant, dieses neue Buchbestellsystem«, und wenden sich dann der Unterhaltungsseite zu, um die neuesten Nachrichten aus der Musikbranche zu lesen.

Eine verpaßte Gelegenheit.

Statt dessen sollten Sie die Anzeige mit Hilfe des Universellen Ausleseverfahrens filtern und erkennen, was für eine sagenhaft gute Trend-Idee dieses neue Programm von Waldenbooks ist.

Rückzug in den Kokon: Sie bestellen zu Hause.

Fantasy-Abenteuer: Eine leichtere Bestellweise für Bücher verhilft Ihnen viel schneller zu Ihrer Fantasy-Lieblingslektüre.

Kleine Genüsse: Ein kleiner Mitgliedsbeitrag für besondere Privilegien ist ein Kleiner Genuß par excellence.

Ichbezogene Wirtschaft (Egonomics): Sie sind Mitglied eines speziellen Clubs; Ihr persönlicher Geschmack und Ihre individuellen Bedürfnisse werden erkannt und bedient.

99 Leben auf einmal: ein rationeller Zugang zu Informationen, eine rationelle Beschaffungsmethode.

Dieses Programm, sagen Sie sich, ist eine Wucht. Es steigert das Hauptgeschäft, ist aber gleichzeitig zukunftsweisend, da es fünf Trends (man zähle nach) zum Ausdruck bringt. Waldenbooks ist weiterhin im normalen Buchhandel tätig, hat es aber sehr geschickt verstanden, ins Informations- und Versandgeschäft einzusteigen. Das ist die Zukunft.

Wenn Sie schlau sind, werden Sie Ihren Branchenkonkurrenten einen Schritt voraus sein und als erster bestimmte Service- und Informationsleistungen anbieten: »Das Besondere Zuhörer-Programm«, Sonderrabatt für Mitglieder, ein Bestellsystem, das rund um die Uhr funktioniert und mit einer kostenlosen Nummer angewählt werden kann, sofortige Lieferung. Vielleicht haben Sie Mitglieder, die besonders auf Fantasy-Abenteuer spezialisiert sind. Oder solche, die auf Stimmungsmusik, Gymnastikanleitungen, Streßabbau spezialisiert sind. Oder solche, die durch Selbsthypnose ein möglichst langes Leben erreichen wollen.

Oder nehmen wir ein anderes Beispiel. Sie haben in irgendeiner amerikanischen Stadt eine Drogerie. Sie entnehmen den Reklametafeln im Waschsalon und der letzten Seite der lokalen Collegezeitung (ein gutes Zeichen − Sie lesen nicht nur *Drug Store Age*), daß anscheinend viele Gegenkultur-Veranstaltungen an ganz »normalen« Orten stattfinden: Yoga-Kurse werden in einem nahegelegenen Altenheim abgehalten, und in Ihrer Nachbarschaft hat sich eine Gruppe organisiert, die einmal in der Woche zusammen Litaneien singt. Im Café bekommen Sie eine Unterhaltung über eine Frau mit, die Ihre Erkältung durch Fußmassage heilen kann.

Sie sehen einen Reklamezettel, der Ihnen mitteilt, daß Sie für 10 Dollar eine zwanzigminütige Anti-Streß-Massage in ihrem Gesundheitsstudio bekommen können. Alles entlegene Dinge, die mit Ihrem Zahnpasta- und Tylenolgeschäft nicht das geringste zu tun haben.

Weit gefehlt. Wenn Sie sich dieses Phänomen näher ansehen, so stellen Sie fest, daß hier mehrere Trends zusammenlaufen. Was Sie früher ignoriert oder verspottet hätten, nehmen Sie jetzt genau unter die Lupe des Universellen Auslese-Tests.

Möglichst lange leben: Alle diese Menschen sind natürlich auf der Suche nach einer besseren Gesundheit und einem längeren Leben. *Ichbezogene Wirtschaft (Egonomics):* Gegenkultur-Medizin ist ein wichtiges persönliches Bekenntnis. Es bedeutet, daß man beschlossen hat, unter allen Angeboten dieser Welt die individuelle Antwort zu suchen, die für einen selbst genau die richtige ist. *Fantasy-Abenteuer:* Man experimentiert mit exotischen Kulturen, orientalischen Weisheiten. *Kleine Genüsse:* Eine 10-Dollar-Massage! *Länger jung bleiben:* Dem Ganzen haftet ein gewisses Zurück-in-die-sechziger-Jahre-Feeling an. *99 Leben auf einmal:* Jedes Bemühen um die Linderung von Streß entspricht diesem Trend. Und sogar *Rückzug in den Kokon:* Jede Gruppe, die zusammenkommt, um Litaneien zu singen, und die Geborgenheit vermittelt, ist ein Paradebeispiel für den Geselligen Kokon des New Age.

Was also ist Ihre Antwort? Sie denken darüber nach, wie Sie Ihr Geschäft der New-Age-Medizin öffnen können. Vielleicht gehen Sie den einfachen Weg und stellen »spezielle« Kräutertees in das Regal mit den Erkältungsmitteln. Vielleicht gehen Sie den ehrgeizigen Weg und diskutieren abends in Ihrem Geschäft mit kleinen Gruppen über ganzheitliche Medizin und Gesundheit: Wie kann man das Einnehmen von Medikamenten überhaupt *vermeiden*? Ein Selbstmordunternehmen? Keineswegs! Nicht, wenn das Wohlbefinden in Zukunft ganz groß geschrieben wird. Nicht, wenn Sie die Chance ergriffen haben, auf *zwei* Märkten anstatt auf einem präsent zu sein.

Die Anwendung des Universellen Ausleseverfahrens kann bei Ihnen genauso instinktiv erfolgen wie bei uns. Es ist eine schnelle Methode, das Wissen zu organisieren, das Sie über die Welt haben müssen – und es trendgerecht zu kanalisieren: für Ihr Geschäft, Ihr Unternehmen, Ihr Leben.

Trend-Anpassung

Definition: Trend-Anpassung. Die Gestaltung Ihres Produkts oder Ihrer Strategie gemäß den sich herausbildenden Trends.

Wenn Sie Ihr Produkt einem Trend anpassen, so ist es, als hätten Sie mit einem Mal Rückenwind. Wenn Sie ihn gut nutzen, wird er Sie vorwärtstreiben. Schnell.

Oder:

Wenn Sie Ihr Produkt einem Trend anpassen, so ist es, als würden Sie sich an der Mähne eines Pferdes festhalten, das vom Schritt in den Trab, dann in den leichten und dann in den gestreckten Galopp fällt. Wenn Sie sich nicht abwerfen lassen, fliegen Sie.

Das Geheimnis der Trend-Anpassung besteht darin, daß Sie entdecken, was die Trends mit den Eigenschaften Ihres Produktes gemeinsam haben, und daß Sie diese mit Ihrem Produkt oder Ihrer Strategie verbinden.

155

Ein Beispiel dafür ist unsere Arbeit (in den frühen achtziger Jahren) an der Massage-Dusche von Teledyne. Diese Duschköpfe hatten sich gut verkauft, als sie auf den Markt kamen, aber allmählich ging der Umsatz zurück. Unsere Interviews ergaben, daß sich die Menschen selten viel Gedanken über die Art ihrer Dusche machten (außer bei einem Neubau oder Umbau). Sind die Duschköpfe installiert, werden sie einfach für etwas Selbstverständliches gehalten.

Die Verbraucher hatten tatsächlich ein so geringes Produkt-Bewußtsein, daß sie sich nicht einmal daran erinnerten, daß sie bereits eine Massage-Dusche besaßen. Und sie machten nur selten Gebrauch von ihr.

Die drei passenden Trends waren damals der Wunsch nach Wohlbefinden (der sich aus dem Trend »Gesundheit / Fitneß« entwickelt hatte und später in den Trend »Möglichst lange leben« übergehen sollte), das Zeit-Management (in den späten achtziger Jahren ging es in die »99 Leben auf einmal« über) und der Rückzug in den Kokon (in seinem zweiten Jahrzehnt). Sowohl der Wunsch nach Wohlbefinden als auch das Zeit-Management waren Reaktionen auf das zunehmende Streß-Problem. Im Rahmen des ersten Trends begriffen wir, wie tödlich der Streß sein kann, während der zweite die Erkenntnis reifen ließ, daß uns das immer schnellere Leben an den Rand unserer Belastbarkeit gebracht hatte.

Der Rückzug in den Kokon war eine natürliche Reaktion, da die Verbraucher einen sicheren Hafen suchten, um dem Ganzen zu entfliehen.

Da uns dieser Hintergrund wohlbekannt war, zentrierten wir die Massage-Dusche um die *drei* passenden Trends und stellten sie als den Inbegriff des häuslichen Anti-Streß-Programms dar. Körperliche und seelische Entspannung. Eine perfekte Trend-Anpassung.

Der Werbespot von DDB Needham West realisierte unsere Erkenntnisse, indem er einen geplagten Manager zeigte, der so entspannungsbedürftig war, daß er noch im Anzug unter seine Massage-Dusche sprang. Die Verkäufe stiegen zu Weihnachten sprunghaft an.

Auf der Basis der Trends »Möglichst lange leben« und »99 Leben« lenkten wir kürzlich die Strategie einer Fast-Food-Kette dahingehend um, daß aus »Gutem Schnellimbiß« »Gutes Essen schnell serviert« wurde. Die Verbraucher wollen in den neunziger Jahren sowohl gut als auch schnell essen. Das Neue besteht in »gut«.

Ein anderes Beispiel: Stanley Tools wollte einen Werkzeugkasten für den totalen Laien vermarkten. Aber wie sollten sie ihn nennen? Was sollte er enthalten? War er nur für Frauen?

Die Trends, um die wir die Strategie gruppierten, waren »99 Leben«, »Egonomics« und »Rückzug in den Kokon«. Der Kasten von der Größe einer Aktentasche, den wir entwickelten, war so handlich und leicht zu benutzen (99 Leben), doch mit seinen Qualitätsprodukten so individuell gestaltet (Egonomics), daß er zur Grundausrüstung der Apartment-Bewohner (Kokon) oder all derjenigen (Frauen oder Männer) gehörte, die auf dem Weg zum Do-It-Yourself waren.

Also nannten wir ihn *Essentials* (»Das Wesentliche«) von Stanley. Und entsprechend wurde er gestaltet.

Passen Sie Ihr Produkt den Trends an, und Ihr Konto wird sich freuen.

Die Extremismus-Übung

Bei BrainReserve arbeiten wir nie nur auf eine bestimmte Lösung hin – wir gehen immer über sie hinaus. Wir denken ein Problem ganz zu Ende und malen uns die denkbar schwärzeste Zukunft aus. Das Extrem. Dann arbeiten wir uns mit Hilfe der Trends zur Lösung zurück. Diese Vorgehensweise nennen wir Extremismus, und sie funktioniert bei jedem Problem.

Würden Sie den Extremismus auf eine Hamburger-Kette anwenden, dann würden Sie zuerst feststellen, daß die Menschen weniger Rindfleisch essen. Was tun? Arbeiten Sie auf eine Sofortlösung hin, die das Problem nicht an der Wurzel packt, dann tun Sie, was die meisten Fast-Food-Ketten getan haben – Sie weiten das Angebot auf gegrilltes Huhn oder gebratenen Fisch aus und richten eine Salat-Bar ein.

Nach einem oder zwei oder fünf Jahren sind Sie jedoch möglicherweise mit weiteren Problemen konfrontiert: Die Menschen machen sich jetzt über Salmonellen im Hühnerfleisch und die Gesundheitsrisiken bei Fisch Sorgen. Und sie fürchten sich vor möglichen Pestiziden im Salat. Dann erkennen Sie, daß Rindfleisch nur ein Symptom eines größeren Problems war: daß die Menschen überhaupt sehr darauf achten, was sie essen – und folglich, was Sie ihnen vorsetzen. Sie sind wieder am Ausgangspunkt.

Zuerst sollten Sie sich dem Problem stellen (daß die Menschen weniger Rindfleisch essen) und eine Zeit ins Auge fassen, in der sie *überhaupt kein* Fleisch mehr essen werden, weder Geflügel noch Fisch. Stellen Sie sich vor, daß alle Vegetarier geworden sind. Unwahrscheinlich? Vielleicht. Unerheblich vom Standpunkt einer Hamburger-Kette aus? Nein.

Dann fragen Sie sich: »Was sollen wir jetzt tun?«

Antwort: Sie müssen sich zur Gegenwart, zur Lösung des Problems zurückarbeiten.

Im extremsten Fall könnten Sie zur ersten Fast-Food-Kette werden, die nur vegetarische Gerichte anbietet, wie gegrillte Gemüsegerichte und Gemüsepizzas. Sie würden kein Fleisch mehr anbieten (diese Idee wird in diesem Jahrzehnt bestimmt irgend jemanden reich machen).

Wenn Sie sich vom äußersten Punkt aus zurückarbeiten, können Sie sich auch zu einer Verteilung des Risikos entschließen und neben den Hamburgern vegetarische Gerichte anbieten. Zum Beispiel gute und phantasievolle Gerichte aus fremdländischen Küchen. (Die Sheraton-Hotels, Disneyland und die Hard Rock Cafés bieten bereits Garden-Burger an: Zwiebeln, Hafer, brauner Reis, magerer Käse, Eiweiß, Walnüsse; sie haben nur halb so viele Kalorien und ein Fünftel des Fettgehalts der gewöhnlichen Burger.) Wenn Sie bereit sind, auf »grün« zu setzen, werden Sie genau dann mit einer vegetarischen Speisekarte herauskommen, wenn das Publikum anfängt, sie zu fordern.

Das wäre ein kluger Schachzug. Ein richtiger Schachzug. Sehen wir uns an, wie Sie mit Hilfe der Trends den Weg vom schlimmsten Szenario zur Gegenwart zurückgehen würden. Eine Fast-Food-Kette sollte darüber nachdenken, was die Trends über die Bedürfnisse der Menschen aussagen: »Möglichst lange leben« (gesünderes Essen); »Kleine Genüsse« (gute, preiswerte Gerichte); »Fantasy-Abenteuer« (abwechslungsreiche Gerichte, die aus dem üblichen Rahmen fallen); »99 Leben« (schnelles, zeitsparendes Essen). Wenn man auch noch den

Trend »Egonomics« berücksichtigen will (Individualität, Qualität), kann man einen ganz besonderen Filet-Mignon-Burger anbieten (kleiner, edler). Werden die Trends richtig eingesetzt, können sie vielfältige Möglichkeiten eröffnen, zu vielen Ideen anregen.

Versuchen Sie sich einmal an der Extremismus-Übung, wenn Sie beispielsweise ein Freiberufler sind, der gerade mit dem Geschäft anfängt oder in Schwierigkeiten geraten ist. Lassen Sie sich von den Trends helfen, eine Aktionslinie zu entwickeln.

■ Sie sind Rechtsanwalt. Aber in Ihrer Umgebung gibt es eine Menge fähiger Rechtsanwälte. Die alle hohe Honorare verlangen. Stellen Sie sich das Äußerste vor: Was würden Sie tun, wenn niemand Ihre Dienste in Anspruch nehmen würde, wenn sich das niemand mehr leisten könnte?

Sie könnten zu einer Art juristischer Hebamme werden, die für Standardprobleme ein geringeres Honorar nimmt (»Aussteigen«; »Egonomics«). Weiten Sie die Idee aus: Schaffen Sie einen telefonischen Beratungsdienst und berechnen Sie Ihren Mandanten noch weniger, wenn es darum geht, ihnen am Telefon einen unkomplizierten Rat zu geben (»99 Leben«). Sie werden zu dem Rechtsanwalt werden, der großen Zulauf hat, den die meisten Menschen brauchen.

■ Oder Sie sind Arzt. Ähnliches Szenario. Die Kosten sind hoch, die Leistungen gering. Von den eigenen Versicherungskosten für Kunstfehler und den Versicherungskosten für die Patienten bedrängt, scheint diesem Berufszweig das Geld wichtiger zu sein als die medizinische Fürsorge. Krankenhäuser gehen bankrott. Stellen Sie sich das Äußerste vor: Das gesamte System bricht zusammen; die Menschen erhalten keine medizinische Hilfe mehr.

Was tun Sie? Sie könnten zusammen mit anderen gleichgesinnten Ärzten eine Klinik-Kette aufmachen. Modernste Ausrüstung, aber einfach ausgestattet. Wenig Personal, wobei die Zahl der medizinischen Hilfskräfte die der Ärzte übersteigt.

Die Ausgaben ufern nicht aus. Sie versuchen, das zu tun, was ein Landarzt tut: Lassen Sie die Leute ohne Anmeldung kommen oder Sie anrufen (in den neunziger Jahren kann das auch heißen: lassen Sie sich per Computer oder Telefax erreichen), wenn die Patienten Rat und Trost brauchen. In manchen Fällen werden Sie Kräuter anstatt Tabletten verschreiben. Machen Sie Hausbesuche. Und in schwierigeren Fällen sagen Sie den Patienten, wo sie eine sehr gute Behandlung bekommen. (Hier sind die Trends »Aussteigen«, »99 Leben«, »S. O. S.« und »Egonomics« im Spiel.)

Die Extremismus-Übung funktioniert, ob man ein kleines Licht ist oder zu den ganz Großen gehört.

■ Nehmen wir einen größeren Fall: Angenommen, Sie sind ein amerikanischer Autohersteller, und die Umsatzzahlen sinken. Das Extrem: Niemand wird mehr Ihr Modell kaufen.

Lassen Sie sich auch jetzt wieder von den Trends leiten. Eine Option besteht in der Entwicklung eines Fantasy-Abenteuer-Autos, das für die Aussteiger, die nicht mehr allzu viel fahren müssen, einen Kleinen Genuß darstellt. Ein Freund von mir, der für eine japanische Autofirma tätig ist, und ich haben uns einmal ein Auto ausgedacht, das wir scherzhafterweise PopSuey nannten und das in Supermärkten verkauft werden sollte. Der Hauptteil des Autos wäre zusammenklappbar und hätte auswechselbare Sitze – in unbegrenzten Farbvariationen, sogar mit schwarz-weißen Punkten oder Zebrastreifen (»Kleine Genüsse«; »Länger jung bleiben«). Die wichtigsten Teile wären immer vorrätig. Der PopSuey (»Fantasy-Abenteuer«) wäre wunderbar sparsam im Benzinverbrauch (»S. O. S.«), einfach zu reparieren (»99 Leben«) und würde genau 3000 Dollar kosten oder 2 Stück für 5000 Dollar.

■ Letztes Extremismus-Beispiel: Sie sind das Finanzamt. Sie befinden sich bereits in einer Extremsituation: Keiner mag Sie. Die Menschen wollen absolut nichts mit Ihnen zu tun haben. Wenn es auch nur die geringste Möglichkeit gibt, Sie zu betrügen oder kleine Summen vor Ihnen zu verstecken, werden die Menschen davon Gebrauch machen. Es gibt kaum moralische Skrupel, Ihnen Informationen (oder Geld) vorzuenthalten.

Was tun? Sie humanisieren die Organisation. Sie setzen spezielle Steuerberater (quasi Ärzte) ein, die den Steuerzahlern in der gleichen Art und Weise zur Verfügung stehen wie bei den Banken (so wie es in England bereits praktiziert wird). Sie werten Ihre Behörde auf; Ihre kostenlose Rufnummer kann rund um die Uhr angewählt werden (»99 Leben«), und wenn Steuerzahler Ihre Hilfe bei der Abfassung ihrer Steuererklärung brauchen, helfen Sie ihnen wirklich. Sie machen ein Mitglied der Führungsspitze zum Sprecher bzw. zur Sprecherin der Behörde; er oder sie wird jeden Januar, Februar und März im Fernsehen auftreten und den Zuschauern die neuesten steuerrechtlichen Informationen geben (»Egonomics«). Sie vereinfachen die Formulare – dieses Mal aber wirklich. Und was überhaupt das Beste wäre: Sie legen den Steuerzahlern eine Checkliste vor, auf der sie angeben können, wofür sie am liebsten Steuern zahlen würden – für das Erziehungswesen, die Obdachlosen, den Umweltschutz, den Drogenmißbrauch (»S.O.S.«)... oder sogar für den Krieg der Sterne.

Wir können es nicht oft genug sagen: Spielen Sie auch die extremste Möglichkeit durch und kehren Sie dann mit Hilfe der Trends an den Ausgangspunkt zurück. Diese Methode funktioniert. Sie werden der Öffentlichkeit ein Produkt oder eine Dienstleistung oder einen neuen eigenen Standort präsentieren, und das genau zur rechten Zeit und am rechten Ort. Es ist so, wie es Wayne Gretzky, der berühmte Eishockey-Spieler formulierte, als er gefragt wurde, warum er so gut sei: »Ich folge dem Puck dahin, wo er hin will, nicht dahin, wo er ist oder wo er war.«

Um heute zu erkennen, was morgen auf uns zukommt, muß unsere Phantasie keinen großen Sprung machen.

Wir müssen nur das erkennen, *was kommt.*

Abwandlung des Vertrauten

An einem warmen Sommertag, als wir einfach dasaßen und die Leute beobachteten, hatten wir den Eindruck, daß jeder Mann, jede Frau und jedes Kind eine Eistüte in der Hand hielten. »Was für eine gute Idee eine solche Tüte ist«, dachten wir, »wie wahnsinnig praktisch«. Und dabei haben sich diese Tüten nicht verändert, seitdem sie 1904 auf der Weltausstellung in St. Louis erfunden wurden.

Warum soll man dieses handliche Konzept nicht weiterentwickeln? Taco-Tüten mit Chili gefüllt? Oder knusprige Reistüten mit chinesischem Gemüse? Oder englische Muffin-Tüten mit Erdnußbutter und Marmelade, Käse und Zwiebeln oder sogar einem Kräuteromelette?

Das ist die Abwandlung des Vertrauten. Etwas längst Bekanntes wird zu etwas Neuem. Das Neue ist nicht bedrohlich. Man baut auf dem auf, was der Verbraucher bereits kennt, ohne die Vorteile zu beseitigen, die ein beliebtes Produkt aufweist.

Man denke an die ChickenMcNuggets von McDonald's (das vielgeliebte Hähnchen, nur in mundgerechten Happen, also leichter zu essen). Oder an die Teddy Grahams von Nabisco (eine doppelte Abwandlung: der Charme des Teddybärs wird durch den Geschmack des Graham-Crackers gesteigert, und umgekehrt). Große Möglichkeiten, einem mißtrauischen Verbraucher neue Produkte schmackhaft zu machen.

Eine andere Art der Abwandlung des Vertrauten ist eine Übertreibung der Norm. Das Alice-im-Wunderland-Syndrom.

■ Besonders große Formen, wie riesige pilzförmige Muffins oder tellergroße Kekse.

■ Besonders kleine Formen, wie kleine Pizza-Happen, Mini-Eisriegel, kleine Gemüse-Happen, Espresso-Maschinen für eine Tasse, klitzekleine Einbauküchen.

■ Andere und neue Farben, wie tomatenrote Nudeln, tintenschwarze Nudeln, weißer Cayennepfeffer, jägergrüne Küchengeräte, saphirblauer Gin.

■ Neue Verpackungen, wie die höchst erfolgreichen Safttüten oder die europäische Mayonnaise in Tuben (warum nicht Salat-Dressing oder Salsa in Tuben?).

Die Abwandlung des Vertrauten geht von der Prämisse aus, daß die Konsumwelt nicht so sein muß, wie sie ist. Es gibt keine absoluten Grenzen. Der Trick ist der, daß man das Selbstverständliche in Frage stellt, die Spielregeln verändert.

Wenn man weiß, daß genauso viele Menschen gerne »süß« wie »salzig« essen, dann schaue man sich einige der traditionellen Süßspeisen an und frage sich, warum. Warum ist jedes Eis am Stiel süß? Warum kann es anstatt Karamel oder Banane-Kokosnuß nicht eine gefrorene Gemüsemischung am Stiel geben? Warum werden die meisten Joghurts auf der Basis von süßen Früchten und mit einem Klacks Marmelade hergestellt? Warum kann es zum Mittagessen oder als Zwischenmahlzeit nicht Joghurts geben, die Gurke, Pfefferminz oder ein knackiges Gemüse enthalten? Und dann diese Diät-Shakes, die die Mahlzeiten ersetzen sollen. Warum muß man süße Schokolade, Vanille oder Erdbeere trinken? Warum nicht die Variationen Tomate-Basilikum, Kräuterhuhn oder Pilze, die alle einer Suppe näherkommen?

Das funktioniert natürlich auch umgekehrt. Warum sind alle Kaugummis würzig (Zimt) oder erfrischend (Pfefferminz) oder auf Kinder abgestellt (Bubble-Gum)? Gäbe es keine Möglichkeit für ein Kaugummi mit hochwertiger Schokolade, mit Orange-Espresso- oder Capuccino-Geschmack?

Schauen Sie sich die Eßgewohnheiten der Menschen an, und Sie werden entdecken, was abgewandelt werden kann. Viele Menschen essen zum Frühstück Muffins, die sie mit Butter und Marmelade bestreichen. Warum soll man ihnen das Leben nicht erleichtern und Muffins für den Mikrowellenherd herstellen, die in der Mitte Butter und / oder Konfitüre oder Schokoladenaufstrich haben? Oder Getreideriegel mit Milch / Sahne in der Mitte?

Wenn es Menschen gibt, die lieber Vorspeisen statt Hauptgerichte mögen, versuchen Sie, ein Tiefkühlgericht herzustellen, das aus verschiedenen Vorspeisen besteht. Und vergessen Sie nicht, den üblichen Ketchup durch kleine Stückchen von sonnengereiften Tomaten gehaltvoller zu machen oder ihn durch Jalapeños zu verschönern. (Als man übrigens vor einigen Jahren Ketchup, Senf und Würze in Plastikflaschen füllte, war das eine perfekte Abwandlung des Vertrauten.)

Mit anderen Worten, stellen Sie alles in Frage.

- Warum gibt es Shampoos nur in Flaschen? Warum nicht in Stücken, wie Seife?
- Warum haben Cornflakes immer eine zweifache Verpackung, innere Tüte, äußere Schachtel? Warum nicht nur eine Tüte, wie die Pepperidge Farm-Kekse? Oder Dosen, wie Paniermehl? Oder große Beutel aus Sackleinen, aus denen geschöpft wird wie früher Hafer und Reis? Und warum hat noch niemand gemerkt, daß der Mais in Cornflakes mit Insektenvertilgungsmitteln behandelt ist? Eine große Marktlücke für Cornflakes aus biologisch angebautem Mais!
- Brauchen die Produkte überhaupt Verpackungen? Warum müssen CDs noch einmal in große Pappkartons mit einer Plastikhülle gepackt werden, wenn sie selbst schon in Plastikkästen stecken? Das gleiche gilt für die meisten Kosmetikprodukte.

- Warum können die braunen gepolsterten Briefumschläge nicht wiederverschließbar sein?
- Warum sind die Kameras noch nicht so klein wie Taschenrechner, so daß man sie in der Brieftasche tragen kann? Oder warum kann eine Kamera nicht auch als Walkman benutzt werden? Warum gibt es keine Kameras mit eingebauten Mini-Tonbandgeräten, so daß man jede Aufnahme identifizieren kann (ideal für Immobilienmakler, Versicherungssachverständige usw.).
- Das Vertraute abwandeln bedeutet, daß Sie Ihre Phantasie über den Markt schweifen lassen. Es bedeutet, daß Sie sich von feststehenden Bildern, von der Vorstellung »so war es immer« befreien. Es bedeutet, daß Sie alles genau unter die Lupe nehmen, um herauszufinden, was in den kommenden zehn Jahren umgestaltet werden sollte.

Umgestaltung im Dienste einer besseren Welt.

4. Teil

DIE VERWERTUNG
DER TRENDS

*»Man kann einer Kristallkugel etwa so weit trauen,
wie man sie werfen kann.«*

Das zukünftige Know-how

Niemand weiß (genau), wie die Zukunft aussehen und sich entwickeln wird, aber die Trends treiben uns mit einer fast spürbaren Kraft vorwärts. Die wichtigste Veränderung besteht darin, daß wir in diesem Jahrzehnt und im nächsten Jahrhundert nicht mehr die gleichen Verbraucher sein werden.

Wir haben uns als Verbraucher verausgabt. Viele von uns stecken persönlich bis über beide Ohren in Schulden. Die Staatsschulden, unsere kollektiven Schulden also, scheinen ein schier unlösbares Problem zu sein. Wenn wir so weiterleben wie bisher, werden wir unsere Zukunft und die unserer Kinder verbrauchen. Wenn wir uns verändern – unsere Ansprüche zurückschrauben, wählerischer werden, unsere Prioritäten von der Quantität auf die Qualität verlagern, dann werden wir, um mit Darwin zu sprechen, stark genug sein, um zu überleben.

Betrachten Sie die folgenden Kapitel als *wirtschaftliche Lektionen für die Zukunft*, die Ihnen zeigen, daß sich die Welt des Verbrauchers und der Wirtschaft in dem Maße verändern wird, wie die Trends unser Kaufverhalten verändern.

Diese Lektionen werden deutlich machen, wie schwer es sein wird, den neuen Verbraucher zu erreichen (daß es aber sichere Wege gibt). Sie werden von der Revolution handeln, die das Ende des Einkaufens und der Werbung in ihrer herkömmlichen Form signalisiert. Sie werden auch zeigen, wie erfolgreiche Anbieter Strategien einsetzen können, die auf ein menschlicheres Maß reduziert sind und besser auf die vor uns liegenden Schwierigkeiten abgestimmt sind. (Die Menschen werden ihr Geld für das ausgeben, was ihren moralischen Vorstellungen entspricht.)

Die wirtschaftlichen Lektionen für die Zukunft werden den Herstellern (die immer einige Schritte hinterher hinken) zeigen, wie sie sich auf die Wünsche der zukünftigen Verbraucher einstellen können.

Und sie werden zeigen, was *jetzt* dafür getan werden muß.

Präventive Geschäftsführung: Ihre erste Verteidigungslinie

Bevor die Verbraucher mit irgend etwas aufhören, schlagen sie noch einmal ordentlich über die Stränge. (So wie man noch einmal »zuschlägt«, bevor man eine Diät anfängt.) Das sagten wir einem Kunden, einem Kreditkartenunternehmen, das glaubte, die Ausgabenfreudigkeit, die im letzten Jahr zu verzeichnen war, sei ein sicheres Zeichen für die Zukunft. In Wirklichkeit war genau das Gegenteil der Fall.

Die Unternehmen, die durch den Konsumrausch der achtziger Jahre reich geworden sind, haben Grund zur Sorge. Die Welt des Verbrauchers hat sich geändert.

Obwohl die Umsätze nur leicht zurückgegangen waren, wollte unser Kunde mit uns über die Zukunft der Kreditkarten sprechen. Er ging immer noch davon aus, daß das Ausgabenverhalten – bis auf einen gelegentlichen Rückgang – mehr oder weniger unverändert bleiben würde. Lediglich für den Fall, daß seine Überlegungen falsch sein könnten, wollte er etwas über die Trends erfahren. Um die Zukunft aus allen Blickwinkeln betrachten zu können. Clever.

Was unser Kunde beobachtete, das waren in der Tat die letzten großen Hortungsaktionen vor dem Großen Rückzug der Verbraucher. Die Verbraucher legten sich lediglich Vorräte zu. Und dann hörten die Einkäufe abrupt auf.

Amerika ist in eine Phase eingetreten, die wir »Dezession« nennen – sinkende Ausgaben in Verbindung mit depressivem Denken. Sinkende Ausgaben hat es in den letzten Jahren in voraussehbaren Zyklen gegeben. Neu ist das depressive Denken. Ein negativer Umschlag in der Verbraucherpsychologie wie in den dreißiger Jahren.

Die Verbraucher gleichen Einnahmen und Ausgaben aus, halten ihr Geld zusammen, anstatt es mit vollen Händen auszugeben. Vorbei sind die »spontanen« Käufe. Anstatt: »Das ist ein toller Pullover. Und ich habe die Farbe noch nicht« heißt es jetzt: »Ich habe genug Pullover. Ich brauche keinen mehr.« Selbst wenn die Sachen im Preis herabgesetzt werden, will ein »dezessiver« Verbraucher sie nicht, um keinen Preis.

Kein Einkaufen, keine Kreditkarteneinkäufe. Folglich könnte der Gebrauch von Kreditkarten in den nächsten Jahren beträchtlich zurückgehen.

Um den Rückgang auf ein Minimum zu beschränken und seine Stärken maximal herauszustellen, mußte sich unser Kunde fragen: »Wie kann das Kreditsystem zu einer wertvollen Einrichtung gemacht werden?« »Wie kann der Kredit mit einer Dezessionsstimmung in Einklang gebracht werden?«

Mit anderen Worten: *Wie läßt sich ein Unternehmen umstrukturieren, das von den Verbraucherausgaben abhängig ist?*

Für das Kreditgewerbe besteht die Antwort darin, daß der Schwerpunkt verlagert wird: Es geht um die Umorientierung von einer unternehmerfreundlichen auf eine verbraucherfreundliche Politik. Anstatt zu der ungesund überhitzten Finanzsituation in Amerika beizutragen, sollten sich die Kreditgesellschaften für die finanzielle Sanierung verantwortlich fühlen. Für die Beilegung der Schuldenkrise von seiten der Verbraucher. Ausweitung des derzeitigen Konzepts – zunächst auf die Kreditkontrolle, dann auf die Kreditplanung.

Wie? Indem jedem Verbraucher die Finanzdienstleistungen zur Verfügung gestellt werden, die früher nur den sehr Reichen zugänglich waren – Beratung hinsichtlich klügerer Investitionen, besser verzinster Bankkonten oder einer sichereren Altersversorgung. Die Beratung könnte im Kokon stattfinden (per Telefon, Telefax, Computer – oder Post), wo sie bequemer – und sicherer ist.

Kreditkartenunternehmen werden lernen müssen, um den Dollar zu *konkurrieren*. Indem sie Anreize bieten. American Express ist gerade mit einem Jahressparplan herausgekommen. Dabei wird beim Kunden jeden Monat ein bestimmter Betrag abgebucht, und er bekommt dafür – derzeit – 10 Prozent Zinsen. Warum könnte ein Kreditkartenunternehmen nicht auch einen Kartenbesitzer bevorzugt behandeln, der eine Steuerrückzahlung in einem College-Ausbildungsfonds für seine zweijährige Tochter anlegen will? Oder Verbraucher, die ihre Rechnungen frühzeitig bezahlen? (Jede Kleinigkeit hilft; die Discover Card gibt am Jahresende einen kleinen Bargeld-Rabatt auf Einkäufe – bis zu 10 Prozent.)

Präventive Geschäftsführung ist das Prinzip, das hier zum Tragen kommt. Es geht darum, tragfähige wirtschaftliche Lösungen zu finden, um zu *verhindern*, daß ein Unternehmen strategische Fehlkalkulationen anstellt oder den Kopf in den Sand steckt, während sich die Welt der Konsumenten verändert. Das kann dadurch erreicht werden, daß das Unternehmen seine Produktion umstrukturiert oder daß es schlicht diversifiziert. Aktiv werden, bevor das Unheil da ist.

- Durch den Einstieg in die Laser- und Computertechnologie praktiziert Kodak eine präventive Geschäftsführung. Wenn Papierbilder an Bedeutung verlieren, wird es immer noch im Geschäft sein. Und zwar im großen Geschäft – mit dem Drucker Ektaplus 7016, der für das Büro zu Hause perfekt geeignet ist. (Der Name könnte besser sein: Ektaplus klingt zu sehr wie Octopus.)
- Durch die Eröffnung des ersten »Origins«-Ladens hat Estée Lauder damit begonnen, dem Verbraucher einen bequemeren

und persönlicheren Einkaufsort zu bieten, als es die unübersichtlichen Kaufhäuser sind.

■ Durch Diversifizierung und den Kauf von Kraft und General Foods hat der Zigarettenkonzern Philip Morris seine zukünftigen Gewinnchancen gesichert. Essen muß jeder.

■ Durch den Vorstoß in den Heim-Video-Markt hat der Time-Warner-Konzern an einer Welt teil, die neuer und schneller ist als Zeitschriften.

Es ist nicht immer leicht, eine präventive Geschäftsführung zu praktizieren. Es ist verführerisch, sich auf die Knüller zu stürzen – nur um dann vor einem Scherbenhaufen zu stehen. Aber wenn ein Unternehmen den Trends folgt, kann es leichter einen neuen Schwerpunkt finden, sich neue Bereiche erschließen.

Wie wir alle wissen, sind Bürocomputer das Hauptstandbein von IBM. Aber das Unternehmen war klug genug zu erkennen, daß der Heimcomputer ein großer Wachstumsbereich sein würde (»Aussteigen«). Also entwickelte es den PS / 1, ein sehr leicht handhabbares Gerät, das viel leichter zu installieren ist (es hat nur zwei Stecker). BrainReserve hat zusammen mit Tony Santelli von IBM das Konzept dieses handlichen Computers entworfen; mit einer Sprache (klares Englisch anstatt des Computerchinesisch) und einer praktischen Handhabung, die jeder computer-unerfahrene Verbraucher bewältigen kann.

Man kann sich auch bestehende Unternehmen anschauen und ihre »Präventivmaßnahmen« für die Zukunft entwerfen.

Man stelle sich vor, daß immer mehr Menschen nur noch frische Lebensmittel haben möchten (»Möglichst lange leben«). Für die Unternehmen, die Dosensuppen herstellen, wäre es sehr schwierig, auf den Wunsch der Verbraucher nach Frische einzugehen und ein Produkt zu liefern, das an einem Tag oder innerhalb einer Woche verbraucht werden muß (hohe Kosten, viel Abfall). Aber eine gutdurchdachte Alternative, wie beispielsweise das Abfüllen der Suppen in Gläser (wie es in Frankreich üblich ist; besserer Geschmack, kein metallischer Nachgeschmack) könnte eine »Präventivmaßnahme« sein. (Soßen wären eine natürliche Erweiterung der Produktpalette.)

174

Oder nehmen wir Federal Express, das für seine pünktliche Zustellung bekannt ist (aber stark der Konkurrenz des Telefax ausgesetzt ist). Es könnte seine Erfahrung und Sachkenntnis für Lieferungen ins Haus nutzen (Lebensmittel und andere Güter): Es würde eine Bestellung entgegennehmen und für eine schnelle Zustellung sorgen.

Die Japaner haben ein kulturelles Gespür für präventive Geschäftsführung und sind anderen daher oft um Jahre voraus. Da Toyota voraussah, daß der äußere Glanz nicht dem Statusdenken der neunziger Jahre entsprechen würde, befindet sich bei seinem neuesten Auto der gesamte Luxus im Inneren.

Dies sind einige Beispiele für die Umkehrung des Vogel-Strauß-Prinzips: Anstatt den Kopf in den Sand zu stecken, blicken Sie mit offenen Augen um sich.

Keine Angst vor dem zu haben, was kommt, heißt, eine präventive Geschäftsführung zu praktizieren. Unerschrocken, frei. Denn Angst vor der Zukunft kann nur zum Scheitern führen.

Die 1000er-Nummer:
Wirkliche Hilfe,
rund um die Uhr

Die Grenze zwischen Verkauf und Service ist fließend. Die Verbraucher wollen Informationen, und zwar schnell.

Die gebührenfreie 800er-Nummer ist ein Versuch, den Verbrauchern schnelle und leicht verständliche Antworten zu geben. Heute sind fast alle Unternehmen gezwungen, eine solche Nummer zu haben (um nicht hoffnungslos im Abseits zu stehen). Gerechterweise muß man sagen, daß einige 800er-Nummern gut funktionieren – gewöhnlich solche, die den Verkauf fördern. Es gibt eine begrenzte Anzahl von Fragen, die häufig gestellt werden, und die Angestellten, die die Anrufe entgegennehmen, sind ausreichend geschult, um sie zu beantworten.

Einige der 800er-Nummern von Fluggesellschaften funktionieren ebenfalls gut, außer daß sie in den Stoßzeiten des Reiseverkehrs – wenn hektische Reisende ganz schnell eine Auskunft brauchen – besetzt, besetzt und noch mal besetzt sind.

Und jetzt gibt es auch noch Bemühungen um eine persönliche

800er-Nummer – eine weitere Möglichkeit, »zu Hause« anzurufen.

Aber der ursprüngliche Zweck der 800er-Nummer, nämlich den Verbrauchern Informationen über die Produkte eines Unternehmens zu geben, wird zu oft durch Inkompetenz zunichte gemacht. Unzufriedene Verbraucher sind noch frustrierter und verärgerter, *nachdem* sie eine 800er-Nummer angerufen und um Hilfe gebeten haben.

Nachdem eine schwangere Freundin von mir viel über die Rückrufaktion bei Perrier gelesen hatte, rief sie die 800er-Nummer eines Konkurrenzunternehmens an, um zu fragen, ob es für sie gefährlich sein könnte, deren Mineralwasser zu trinken. Am anderen Ende der Leitung hatte man von den Problemen bei Perrier noch nicht einmal etwas *gehört* und konnte der Anruferin absolut nichts sagen, was ihre Ängste hätte mildern können. Ende der Diskussion. Kunde verloren.

Die Geschichte geht weiter. Meine Freundin rief dann die 800er-Nummer von Perrier an. Die Person, die bei Perrier den »heißen Draht« bediente, wußte nicht einmal, was Benzol war (der Grund für die Rückrufaktion) oder daß es gesundheitsschädlich war. Noch schlimmer.

Die Verbraucher vergessen solche Geschichten nicht und erzählen sie ihren Freunden. Nicht gut für das Geschäft.

Die neunziger Jahre sind nicht die Zeit, in der man die 800er-Nummer, den direkten Zugang zu Ihrem Kunden, stiefmütterlich behandeln sollte. Wenn sie gut funktioniert, ist sie der beste Weg, Informationen zu verbreiten, den Geist des Unternehmens zum Ausdruck zu bringen. Eine persönliche Form, in einen direkten Dialog mit jedem einzelnen Verbraucher einzutreten.

Alle Manager sollten die Pflicht haben, einmal in diesem Bereich zu arbeiten. Selbst die Mitglieder der Führungsspitze sollten abwechselnd Telefondienst haben. Nach einer gewissen Zeit würden sie begreifen, daß die 800er-Nummer ein wertvolles *Hilfsmittel*, ein direkter Draht zum Verbraucher ist. Nicht nur ein Kostenfaktor, der in Kauf genommen werden muß, weil alle Konkurrenten eine solche Nummer haben.

Bei den 900er-Nummern scheint man aufmerksamer zu sein

und einen besseren Service zu liefern – wahrscheinlich, weil der Kunde den Anruf bezahlt. Obwohl viele Nummern »seriös« sind, wird die 900er-Reihe unwiderruflich mit Telefonsex in Verbindung gebracht und genießt daher nicht wirklich den Respekt des Verbrauchers.

Wir von BrainReserve haben uns Gedanken darüber gemacht, wie man über die 800er- oder 900er-Nummern hinausgehen kann. Wie diese Technologie besser (zeitlich und menschlich effizienter) genutzt werden kann.

Wir glauben, daß als nächstes die 1000er-Nummer eingeführt wird. Wenn Sie diese Nummer wählen, werden Sie mit einem Experten sprechen, der Ihnen sagt, wie Sie Ihren Computer reparieren, Ihre Finanzen in Ordnung und Probleme mit Ihren Kindern lösen können; der Sie sogar in juristischen, medizinischen und Partnerschaftsfragen berät.

Wieviel würden sich die Verbraucher diesen Service kosten lassen? Unsere Untersuchungen besagen, daß sie bereit wären, 15 Dollar zu zahlen, um zu erfahren, wie sie schnell ein Küchengerät reparieren können (billiger als ein Kundendienstbesuch und bequemer) und bis zu 100 Dollar für eine Familienberatung, bei der jedes Mitglied eine eigene Leitung hat (oder für ein Sammelgespräch).

Die Grundregel in diesem Nummern-Spiel ist freilich die, daß alle Leitungen immer verfügbar sein müssen. Wenn Ihre Kunden Hilfe wollen, wollen sie sie sofort. Tag und Nacht. Während der Woche und an den Wochenenden (wessen Videorecorder ist schon jemals zwischen 9 und 5 Uhr, montags bis freitags ausgefallen?).

Und sie sind bereit, für dieses Privileg zu zahlen.

So verwandeln sich die Nummern in klingende Münze.

Und sichern Ihnen die Treue Ihrer Kunden.

Profilstarke Akzente setzen

» Wenn alle von einer Sache etwas wollen,
gibt es dafür einen Grund. «

Wenn wir in den letzten Jahren an Qualität gewonnen haben, so haben wir dafür einen Preis gezahlt: Wir haben an Stil verloren.

Die nächste Welle wird die Wiederentdeckung des Stils sein, und sie wird mit voller Wucht kommen. Sie wird eine Reaktion darauf sein, daß die Unterschiede überall eingeebnet worden sind. Ich nenne das: profilstarke Akzente setzen. Der Stil dringt in die Festung ein, während die Qualität und die Funktion unverändert bleiben. Es geht nicht darum, daß die Produkte die Initialen eines Designers tragen, sondern daß ihr besonderes Profil herausgearbeitet wird: Charakter, Stil, Exzentrizität. Profilstarke Akzente haben auch etwas mit Persönlichkeit zu tun – man will pfiffig, kapriziös, anders, ungewöhnlich, ehrlich sein.

Und wie erreichen Sie das? Durch Farbe, Geist, Seele, Lebendigkeit und Spaß. Vielleicht auch durch einen Hauch Ironie. Indem Sie sich wieder auf die stilvollen vierziger, fünfziger und sechziger Jahre besinnen und Ihr Produkt mit einem neuen / alten Charisma ausstatten. Indem Sie aktiv gegen das Nichtssagende, Hausbackene und Langweilige kämpfen.

Als Verbraucher haben wir genug von der Fadheit. Zu viele Dinge, von denen wir annehmen, daß sie gut für uns sind, sind weiß – weißes Huhn, weißer Fisch, Weißwein, all die farblosen Mineralwasser.

Und wenn alles, was wir essen sollten, weiß ist, so ist fast alles, was wir fahren, langweilig.

Früher gab es Autos in allen Formen, die sofort zu erkennen waren: der zweisitzige Thunderbird, der geflügelte Cadillac, der spitz zulaufende Torino, der verspielte Mustang. Aber dann kamen die ebenso teuren wie langweiligen europäischen Autos. Und die japanischen Autos eiferten ihnen nach. Heute sehen fast alle Autos gleich aus. Mit Ausnahme des Mazda Mieta (323F), der rund ist wie ein alter, badewannenförmiger Porsche: ein mobiler Kokon, der im Rahmen der Kleinen Genüsse erschwinglich ist; ein sicheres Fantasy-Abenteuer für den Wehrhaften Verbraucher mit hohen Ansprüchen. Man sieht ihn und weiß sofort, was er ist; wieviel er kostet; in welchen vier Farben er geliefert wird. Produkte mit einem ausgeprägtem Profil werden schnell erkannt. Und das macht Spaß.

■ »Gap«-Läden haben ein starkes Profil. Wenn man sie betritt, ist man ganz von ihnen umgeben; das totale Erlebnis. Einfach, funktional, preiswert. »Gap« ist abwechslungsreich und gibt ein Gefühl von Eintauchen – wenn man dort ist, ist man dort. Man lebt das »Gap«.
■ Der »Country Store« von Ralph Lauren hat ein starkes Profil. Geht man hinein, begibt man sich in eine Welt von antiken Gemälden, ländlichem Kunstgewerbe, geflochtenen Tischen, Schlingenteppichen und indianischem Schmuck, der den legeren, aber eleganten Kleidern einen historischen Touch gibt. Alles wirkt authentisch, weil man einen wirklichen amerika-

nischen Folkloreexperten, nämlich Ben Apfelbaum, als Mitarbeiter hatte. Das Geschäft verkauft reale Dinge, ist funktional und sehr teuer. Das starke Profil ist nicht an Preisklassen gebunden.

- Der »Regenwald«-Crunch hat ein starkes Profil. Die Knabbereien von Ben & Jerry werden mit einem guten sozialen Gewissen genossen, da alle Nüsse aus dem Amazonas-Becken kommen. Wer Produkte aus dem Regenwald kauft, trägt zur Erhaltung des Regenwaldes bei. (40 Prozent des Gewinns fließen wieder in die Regenwald-Ökonomie zurück; 20 Prozent dienen dem Frieden.) Man tut etwas Gutes, indem man etwas unbeschreiblich Gutes ißt.

- »Nike« hat ein starkes Profil, weil diese strapazierfähigen Sportschuhe zu einem Symbol dafür geworden sind, daß Amerika einen Anstoß braucht. Eine Aufforderung, gut zu sein. Ein positiver Verstärker. Die heldenhaften Athleten ermutigen unsere eigenwillige Jugend, »es einfach zu tun«.

- »Origins« hat ein starkes Profil. Eine einfache Kosmetik-Palette (von Lauder), die Ihnen mehr bringt als gutes Aussehen. Sie fühlen sich gut – innerlich wie äußerlich. Der Renner ist eine kleine Flasche Lotion mit dem Namen »Seelenfrieden«. Reiben Sie Ihre Schläfen damit ein, und der Streß verschwindet.

- »Nikon« hat ein starkes Profil. Es ist die Kamera des Berufsfotografen. Auf dem neuesten Stand, technisch perfekt, und doch schön klassisch. Sie funktioniert. Hat immer funktioniert und wird immer funktionieren.

Vielleicht ist das Setzen von profilstarken Akzenten etwas, was man zuerst fühlen muß. Vielleicht ist es so wie beim Jazz: Entweder man erfaßt es gefühlsmäßig oder man erfaßt es nie. Auf jeden Fall ist in jeder Kategorie Platz für ein profilstarkes Produkt. Die Trends können Ihnen den Weg dorthin weisen. Und so sichern Sie Ihre Zukunft.

Fragen Sie nicht, was der Verbraucher für Sie tun kann, sondern was Sie für den Verbraucher tun können

Ob die neunziger Jahre für Sie erfolgreich sein werden, hängt *entscheidend* von Ihrer Fähigkeit ab, Ihre alten Tricks zu vergessen – und die neuen Geschäftsmethoden dieses Jahrzehnts zu erlernen.

Perfekte Verpackung, wunderbare Produktfotos, Cleverness, modische Form statt solider Qualität, Täuschungsmanöver – das alles wird einfach nicht mehr funktionieren.

Ihr Zugang zum Verbraucher wird *entscheidend* davon abhängen, wie viele Extras Sie liefern können. Ein Produkt plus,

182

plus, plus. Sie geben treuen Kunden beispielsweise einen Rabatt oder führen einen Teil Ihres Gewinns an ein gemeinnütziges Projekt ab.

- Ihre Verbraucher-Datenbank wird zu Ihrem wichtigsten Hilfsmittel werden. Die Unternehmen werden neue Abteilungen einrichten, die Wege ausfindig machen, um mit den Verbrauchern in einen Dialog einzutreten und diesen Dialog in Gang zu halten. Schon der Begriff »Verbraucher« wird ausgedient haben: Sie werden die Verbraucher bei ihrem *Namen* nennen.

  Nehmen wir an, daß Sie Mikrowellenherde verkaufen. Ein neuer Kunde kommt und kauft einen solchen Herd für seine Wohnung. Notieren Sie seinen Namen und schicken Sie ihm einen ausgefüllten Garantieschein (warum soll der Kunde ihn ausfüllen?) zusammen mit einem neuen Kochbuch für Mikrowellenherde. Sie sollten außerdem mit einer 900er-Nummer präsent sein, damit Ihre Kunden sich mit ihren Fragen an Sie wenden können, von der richtigen Zeiteinstellung bis zum Speiseplan.

- Das Leben wäre für den Verbraucher leichter, wenn die Anbieter besser zusammenarbeiten würden, um in den Kokon einzudringen. Firmenübergreifendes Marketing kann ein riesiges Geschäft sein.

  Nehmen wir an, daß Sie eine Baumschule haben und einem neuen Eigenheimbesitzer einige mehrjährige Pflanzen, Zwiebelgewächse und Immergrün verkaufen.

  Binnen weniger Tage haben Sie den Namen weitergegeben, und der angehende Gärtner bekommt mehrere Proben (Torfmoos, ein Standard-Düngemittel) aus dem entsprechenden Geschäft geliefert sowie Broschüren über Gartenmöbel, Arbeitskleidung und Gartenschmuck; außerdem erhält er eine Einladung zu einem Treffen im örtlichen Gartenverein.

  Das Kaufen, Verkaufen und Benutzen von Namen wird wesentlich feinere und ausgefeiltere Formen annehmen, als es heute der Fall ist. Beflissene Anbieter werden sich an die Fersen eines jeden neuen Kunden heften und ihn hofieren.

Die Strategie ähnelt dem altmodischen Konzept des »Willkommensdienstes«: Leute, die sich neu an einem Ort niederließen, erhielten kleine Geschenke und kamen in den Genuß von Sonderpreisen, wenn sie die örtlichen Kaufleute ausprobierten. Der »kooperative« Ansatz erkennt, daß der Kauf eines Artikels zum Kauf einer ganzen *Kette* von Artikeln führen sollte.

Die Verbraucher könnten sogar anbieten, ihre Namen solchen Großkonzernen wie Philip Morris zu geben (Eigentümer von Kraft General Foods und Miller Brewing), die eine große Produktpalette herstellen, im Gegenzug für das Versprechen, regelmäßig zu Hause beliefert zu werden.

■ Sie können mit persönlichen Dienstleistungen in den Kokon eindringen. Je mehr Sie die Bereitschaft haben, dem Verbraucher zu *helfen*, desto zugänglicher wird er sein.

Wenn Sie größere Haushaltswaren verkaufen – Küchengeräte, Unterhaltungselektronik –, sollten Sie versuchen, ein »Vorsorge«-Programm einzurichten. Warum warten, bis die Waschmaschine einen Defekt hat? Werden die Geräte alle neun Monate überprüft und gereinigt, ist ein optimales Funktionieren gewährleistet. Was bringt Ihnen das? Treue Kunden; und die Chance, neue Käufe vorzubereiten – indem Sie die Kunden frühzeitig darüber informieren, was als nächstes auf den Markt kommt. Wenn diese Vertrauen zu Ihrem Service haben, werden sie auch Ihr Produkt kaufen.

Fragen Sie sich, was Sie tun können, um sich die Treue Ihrer Kunden zu verdienen. Und tun Sie es. Sie werden sie für alle Zeiten an sich gebunden haben.

Die Zukunft des Essens

»Man ist, was man ißt« – das ist bei BrainReserve oft zu hören, denn für uns ist die »Art und Weise, wie wir essen«, gleichbedeutend mit dem, was ein Verbraucher wirklich will.

Wir behaupten, daß Trends ihren Ursprung meistens in Eßgewohnheiten haben. Weil wir alle essen. Wir alle reden übers Essen. Im Vergleich zur Anschaffung von dauerhaften Gütern ist das Essen weniger kostspielig und stellt eine bequeme Möglichkeit dar, etwas Neues oder anderes auszuprobieren. Vom Standpunkt des Verbrauchers aus trennen ihn immer nur einige Stunden von einem neuen Snack, einem neuen Gericht. Wird in ein schlechtes Essen investiert, so ist der Verlust gering.

Einer der besten Wege, den Trends auf die Spur zu kommen, besteht darin, den Eßgewohnheiten auf die Spur zu kommen. Jede neue Information aus diesem Bereich setzt bei BrainReserve die Alarmglocke in Gang, denn es könnte sich um die Vorboten eines größeren kulturellen Umschwungs handeln. Veränderungen in den Eßgewohnheiten haben zum Beispiel mehrere aktuelle Trends signalisiert:

■ Eines der ersten Anzeichen für den Rückzug in den Kokon war der plötzliche Umsatzrückgang in den Restaurants der größeren Städte. Wo waren die Stammgäste? Sie hatten sich in ihren eigenen vier Wänden eingesponnen. Sie saßen in ihren Höhlen und aßen Gerichte zum Mitnehmen oder knabberten Popcorn, während sie sich Videofilme ansahen.

■ Restaurants mit thailändischer, vietnamesischer und sonstiger orientalischer Küche sowie Restaurants mit karibischen Gerichten und Getränken waren für uns frühzeitige Hinweise darauf, daß die Menschen den Wunsch hatten, sich auf ganz ungefährliche Weise in das Fantasy-Abenteuer zu flüchten.

■ Ein frühzeitiger Kleiner Genuß war der schon erwähnte »Dove Bar«, eine schnelle und doch hochwertige Belohnung. Dieses »Ich-habe-es-verdient«-Syndrom wurde zu einem der Trends, die sich am schnellsten ausdehnten.

■ Einem unserer Mitarbeiter fiel ein Artikel über ein Gourmet-Picknick auf, bei dem die Vorspeise ein Salat aus Nudeln und sonnengereiften Tomaten war. Der Nachtisch: »Oreos«, der perfekte Keks für das Kind in uns, für die Erwachsenen, die länger jung bleiben.

Es ist auch interessant, die letzten Kapitel der Konsumgeschichte noch einmal unter dem Blickwinkel des Essens Revue passieren zu lassen und dann eine Zukunftsprognose zu stellen. Denken wir zurück an die provinziellen Fünfziger, als der Inbegriff des Exotischen Frühlingsrollen und ein Chop Suey aus einem China-Restaurant waren; oder vielleicht ein schweres Bœuf Bourguignon, das ein wagemutiger Freund für uns zubereitete.

Dann kam die geschmacklose Plastik-Ära: Fast Food und Tiefkühlkost in den Sechzigern.

In den Siebzigern war das amerikanische Essen einfach. Wir hatten immer noch einen gewaltigen Respekt vor der europäischen Küche. Dennoch lautete die Faustregel der Hersteller, daß die Amerikaner nichts kaufen würden, was sie nicht aussprechen konnten.

In den kosmopolitischen Achtzigern waren Croissants (wie auch immer ausgesprochen) jedoch zu einem 500-Millionen-

Dollar-Geschäft geworden. Die Speisekarten waren mit einem Mal eine bunte internationale Mischung: chinesische und südamerikanische Gerichte, Mini-Pizzas mit französischem Ziegenkäse, japanische Sushi, mexikanische Salsas.

Aber in den späten Achtzigern und frühen Neunzigern waren in Amerika wieder Hackbraten und Kartoffelbrei »in«. Wir erlebten eine Neuauflage der fünfziger Jahre mit Nostalgie-Dinners. Auch Bistro-Mahlzeiten waren wieder gefragt: das beste Brathähnchen, die knusprigsten Pommes frites. Bohnen und Mais und Polenta. Darum waren wir so aufgeregt, als Charlie Hayward und Jack McKeown vom Verlag Simon & Schuster unsere Hilfe in Anspruch nahmen, um *The Family Circle Cookbook* auf den Markt zu bringen, ein allgemeines Kochbuch, das den Amerikanern die neue Art des Kochens beibringen wollte. (»Neu« bedeutete: schnell, gesund und die Anreicherung der klassischen Rezepte mit fremdländischen Elementen.)

Und das nächste Kapitel?

Die ichbezogene Wirtschaft (Egonomics) hat diesen Bereich noch nicht erfaßt – aber das wird bald der Fall sein. Individualisiertes Essen steht als nächstes auf der Tagesordnung. Man wird erkennen, daß der eigene Körper anders ernährt werden muß als der des Ehemannes. Man wird Mahlzeiten passend zur Gemütslage servieren – um den Streß abzubauen, die Energie zu steigern, den Schlaf zu fördern. Ein bestimmtes Brot zur Beruhigung; ein besonderes Rindfleisch zur Anregung. Lebensmittel je nach Alter oder Lebensphase – Menüs für Teenager, Mahlzeiten für die Frau in den Wechseljahren. Mit traditioneller Heilwirkung – zur Erleichterung des Atmens, zur Stärkung, wenn Sie stillen oder das prämenstruelle Syndrom haben.

Funktionale Lebensmittel. Zum Überleben. Zum Heilen. Bald wird es sie für Sie und Ihre Familie geben.

Die Verbrauchersprache

Wenn Sie wissen wollen, was die Verbraucher wollen, fragen Sie sie. Darauf beruht die Verbraucherforschung, und daraus ergeben sich die wahren Erkenntnisse. Der Trick ist natürlich der, daß man wissen muß, welche Fragen man zu stellen hat. Und daß man die Antworten richtig zu deuten weiß. Denn die Antworten werden in einer anderen Sprache gegeben. Eine Sprache, die eine Mischung aus zurückhaltender Freimütigkeit und eifriger Beflissenheit ist; aus dem höflichen Verhalten des »guten Bürgers« und einer unbewußten, brutalen Offenheit. Ich nenne sie die Verbrauchersprache.

Die Verbrauchersprache ist eine Sprache, die man in ganz bestimmten Situationen hört – bei zentrierten Gruppengesprächen und Überraschungsinterviews in Einkaufsstraßen, bei Einzelinterviews und Intensiv-Interviews – in den »situationalen Konstellationen« also, die die Marketing-Forscher ersonnen haben, um den Anbietern zu helfen, mit den Verbrauchern zu »sprechen«.

Das möchte ich näher ausführen. Wenn Sie Hersteller sind, ist Ihnen das Vokabular wahrscheinlich nur allzu vertraut. Wenn

Sie Verbraucher sind, weihen wir Sie in das Geheimnis ein. Die Verbraucherforschung ist tatsächlich etwas Erstaunliches. Und sie arbeitet mit Mitteln, die eines James Bond würdig wären, nämlich mit Doppelspiegeln, Spezialmikrophonen und quasi allwissenden »Super-Typen«, die sich darauf verstehen, hinter die wirklichen Motivationen und Gefühle der Gruppe zu kommen – wie in der Gruppentherapie. Im äußersten Fall wird die Wirkung von Werbespots im Fernsehen sogar mit Techniken getestet, zu denen Elektroden gehören, die den Herzschlag und den Handschweiß der fernsehenden Verbraucher messen, oder Wählscheiben, die die Verbraucher betätigen, um ihr steigendes und sinkendes Interesse anzuzeigen.

Aber der Kern der Sache ist der: Die Hersteller müssen wissen, was die Verbraucher zu sagen haben. Je einfacher die Konstellation, desto besser funktioniert sie. Ausgewählte Gruppen – wo etwa acht Verbraucher zusammenkommen, um über ein Produkt oder eine Idee zu *sprechen* – entwickeln gewöhnlich eine beträchtliche Lautstärke, wobei eine Handvoll von Teilnehmern wild drauflos redet, während eine Person immer sehr ruhig ist. Oder Triaden – eine intensivere Dreier-Gruppe. Wir mögen besonders die Intensiv-Interviews – die Einzelgespräche mit Verbrauchern. Dies ist ein intensiverer, aufschlußreicherer Kommunikationsprozeß. Man kann ein tieferes Verständnis für die Neigungen und Abneigungen eines Verbrauchers erreichen.

Welcher Schlüssel öffnet den Zugang zur Verbrauchersprache? Man muß sich nur darüber im klaren sein, daß alle Teilnehmer versuchen, sich höflich zu geben. Bei dem Spiel gut abzuschneiden. Seit unseren ersten unsicheren Schritten in die Sozialisation haben wir gelernt, nett zu sein, nur nette Dinge zu sagen, dafür zu sorgen, daß sich der andere wohl fühlt, nicht zu schockieren oder aufzufallen (dies gilt besonders für Frauen). Mehr noch: die richtigen Antworten auf Fragen zu geben. (»Was will mein Lehrer von mir hören?« »Wie erziele ich eine gute Wirkung?«) Das ist natürlich eine bewundernswertes soziales Phänomen.

Aber es kann eine ehrliche Kommunikation zerstören, wenn einem nicht bewußt ist, was da abläuft.

Die Verbraucher sagen meistens das, was man ihrer Ansicht nach von ihnen hören *will*. Was ihre *Rolle* ihrer Ansicht nach von ihnen verlangt (ob sie als Mütter oder Rechtsanwälte oder abenteuerlustige Freaks angesprochen werden). Was ihrer Ansicht nach unsere Gefühle nicht verletzt. Was sie ihrer Meinung nach klüger oder netter oder vernünftiger erscheinen läßt als die letzte Person, die sich vor ihnen geäußert hat (natürlich gibt niemand zu, daß er ein ganzes Paket Eis auf einmal ißt). Alles, nur nicht die reine Wahrheit.

Es sei denn, man versteht es, die Verbrauchersprache zu übersetzen. Nehmen wir einmal an, Sie haben gerade die Idee für ein Produkt dargelegt, von dem Sie hoffen, daß es ein Riesenknüller wird. Hier ist der Unterschied zwischen dem, was der Verbraucher sagt, und dem, was er meint:

Der Verbraucher sagt:	»Das wäre ein tolles Geschenk.«
Der Verbraucher meint:	»Ich möchte es nicht gern im Haus haben.«

Der Verbraucher sagt:	»Meine Schwester fände es gut.«
Der Verbraucher meint:	»Ich finde es gar nicht gut.«

Der Verbraucher sagt:	»Das wäre toll fürs Campen.«
Der Verbraucher meint:	»Junge, ist das nutzlos.«

Der Verbraucher sagt:	»Mein Mann würde es mögen, aber meine Kinder würden es gar nicht mögen.«
Der Verbraucher meint:	»Einmal wäre es wahrscheinlich gut; aber ich mache / koche selten etwas für meinen Mann und meine Kinder getrennt. Wer hat für so etwas Zeit?«

Der Verbraucher sagt:	»Ich nehme an, daß ein Staub-Magnet unter dem Bett für mehr Sauberkeit sorgen *würde*, aber ist er nicht schwer zu handhaben?«
Der Verbraucher meint:	»Ich hätte gerne eine Pause zum Nachdenken.«
Der Verbraucher sagt:	»Das wäre sehr unterhaltsam.«
Der Verbraucher meint:	»Das hat nichts mit meinem realen Leben zu tun.«
Der Verbraucher sagt:	»Das wäre eine schöne Abwechslung, einmal etwas anderes als Makkaroni mit Käse.«
Der Verbraucher meint:	»Jeder mag Makkaroni mit Käse. Es geht schnell; ich mache es einmal in der Woche, und das ist das einzige Mal, daß sich niemand über das Essen beschwert. Warum sollte ich etwas anderes machen?«
Der Verbraucher sagt:	»Oh, ich habe davon immer eins im Schrank.«
Der Verbraucher meint:	»Ich habe mal eins gekauft, und ich glaube, es ist immer noch im Schrank, wahrscheinlich ziemlich angestaubt.«
Der Verbraucher sagt:	»Ich mag es, weil es ›natürlich‹ ist.«
Der Verbraucher meint:	»Natürlich ist langweilig, aber das will ich so nicht sagen.«
Der Verbraucher sagt:	»Das könnte eine gute Idee für besondere Gelegenheiten sein.«
Der Verbraucher meint:	»Ich werde es nie benutzen, aber ich will Ihre Gefühle nicht verletzen.«

Die folgenden vier Erkenntnisse sollten wir im Kopf haben, wenn wir Menschen zuhören, die über Produkte sprechen.

Die Ablehnung, die sich hinter dem Argument der »Vorratshaltung« versteckt. Wenn der Verbraucher sagt, daß er es gerne im Schrank, in der Speisekammer, in der Garage, im Kühlschrank, im Kofferraum, im Keller (Sie wissen schon, was gemeint ist) vorrätig hätte, weist er das Produkt in Wirklichkeit *weit* von sich. (Umgekehrt: Wenn er unaufgefordert sagt, was er *ausrangieren* würde, um Platz für die neue Idee zu schaffen, so ist das geradezu eine enthusiastische Reaktion.) Gelegentlich machen wir auch »Ortsbesichtigungen«, d. h. wir scheuen uns nicht, in die Wohnung eines Verbrauchers zu gehen und einen Blick in die Speisekammer oder den Kühlschrank zu werfen, um zu sehen, was *wirklich* drin ist.

Die Akzeptanz, die sich aus dem Sollen ergibt. Wenn ein Produkt / eine Idee ein »Sollte«-Verhalten repräsentiert (zum Beispiel ein warmes Frühstück für die Kinder, dessen Zubereitung etwas länger dauert oder alles, was sich auf die »gute Mutter« oder das »natürliche Gutsein« bezieht), beruht die anfängliche Begeisterung gewöhnlich auf einem Schuldgefühl. Sie kann häufig falsch sein. Fangen Sie sie mit der Bemerkung auf: »Ich weiß, daß Sie den Kindern gern jeden Morgen ein warmes Frühstück machen wollen; aber ist das nicht ziemlich schwierig, wenn Sie sich selbst beeilen müssen, um rechtzeitig zur Arbeit zu kommen?« Wenn die Begeisterung trotzdem anhält (ohne *allzu* defensiv zu sein), dann haben Sie vielleicht wirklich etwas herausgefunden.

Der Unterschied von Aktion und Intention. Lernen Sie, die realen Aktionen von den Intentionen zu unterscheiden. Reinigt die betreffende Person ihre Zähne *wirklich* dreimal am Tag mit Zahnseide oder nimmt sie sich das nur vor? Würde sie Ihr Produkt wirklich auf dem Nachhauseweg kaufen oder hat sie nur die »Absicht«? Wo ist die Notwendigkeit? (Die Umkehrung ist natürlich die »geäußerte negative Intention« – »ich würde mein gutes Geld *nie* dafür ausgeben« – , der eine heimliche positive Aktion folgt. Wie die Frau, die ein Demo-Produkt ablehnte, das wir in einer Gruppe zeigten, und dann den Moderator heimlich fragte, ob sie es mit nach Hause nehmen dürfte.)

Die Ablehnung, die auf eine zu frühe Frage zurückzuführen ist. Wenn die Idee dem zukünftigen Trend entspricht, wird der Verbraucher noch nicht wissen, ob er sie bejahen soll oder nicht. Nehmen Sie seine Ablehnung deshalb nicht zu ernst. Hören Sie sich statt dessen an, welche »kreativen Anregungen« er zu der Idee gibt, oder wie er die neue Idee mit anderen Dingen verbindet, die hier und jetzt für sein Leben wichtig sind: Das sind wertvolle Anhaltspunkte für zukünftige Gebrauchsgegenstände. Vor fünf Jahren wäre der Verbraucher nicht an einer Vorrichtung interessiert gewesen, mit der Zeitungen für das Recycling gebündelt werden können. Heute ist er es.

Was wir wirklich wollen, ist eine offene Kommunikation. Die Aufrechterhaltung des Dialogs mit dem Verbraucher ist sehr wichtig, und je mehr wir uns alle in unsere bewehrten Kokons zurückziehen, um so wichtiger wird er werden.

Wir von BrainReserve führen jedes Jahr Tausende von Interviews durch. Wir sprechen mit den Menschen über Produkte und natürlich auch über Ideen. Aber wir sprechen mit ihnen auch über ihr Leben, ihre Erwartungen, ihre Phantasien und ihre Enttäuschungen – wie sich ihr Leben in den letzten fünf Jahren verändert hat, und was sie sich für die nächsten zehn oder zwanzig Jahre wünschen.

Unsere Trends gründen sich auf unsere Fähigkeit, wirklich zu hören, was der Verbraucher sagt. Und wenn die Wahrheit bekannt ist, kann man auf ihr die Zukunft aufbauen.

Die Verbraucher-Zeit richtig einschätzen

So wie die Verbraucher eine ganz eigene Ausdrucksweise haben, so haben sie auch einen eigenen Zeithorizont. Um ihn richtig einzuschätzen, müssen Sie Ihre Uhr völlig anders stellen: auf Zukunftszeit. Sie ist noch nicht da, aber sie kommt. Und dafür sollten Sie sich bereithalten.

Die richtige Einschätzung der Verbraucher-Zeit bedeutet, daß Sie bestimmen, wann Ihr Produkt zum Verbraucher sagen wird: »Jetzt!«

Einige meiner Kunden haben das einen »Vertrauenssprung« genannt – sie konzentrieren ihre Kräfte auf eine noch nicht sichtbare Zukunft. (»Ich kann mir einfach keine Welt vorstellen, in der kernige amerikanische Männer Joghurt essen oder Leicht-Bier trinken.« Aber *dieser* Jemand wußte offensichtlich nichts von dem Trend »Möglichst lange leben«.)

Wenn man die unvermeidliche zeitliche Verzögerung bei Marketingprozessen bedenkt (die meisten Unternehmen brauchen 18 bis 24 Monate, um ein neues Produkt herauszubringen, und

194

9 bis 12 Monate, um die Ätherwellen neu einzustellen), wird klar, daß der *einzig* richtige Weg, mit der Zeitfrage umzugehen, darin besteht, entschlossen nach vorn zu blicken. Was die Verbraucher »in dieser Minute« wollen, ist nicht unbedingt das, was sie in ein oder zwei Jahren unbedingt haben wollen.

Folglich sollten Sie den Sprung in die Zukunft auf der Basis der Trends machen. Die Trend-Zeit ist eine langfristige Zeit (ein Trend hat eine Lebensdauer von mindestens zehn Jahren; der Rückzug in den Kokon geht bereits ins zweite Jahrzehnt). Trends sind der verläßlichste (uns bekannte) Weg, um vorauszusagen, wann die Verbraucher-Zeit auf dem Markt wirksam werden wird. Wenden Sie die Trends jetzt an, und Sie werden mit Ihrem Produkt oder Ihrer Selbstdarstellung genau richtig liegen, wenn der Verbraucher »angekommen ist«. Wenn Sie hingegen die Trends *nicht* anwenden, wird irgend jemand anders Sie überholen. Und es wird für Sie zu spät sein, um noch auf den Zug aufzuspringen.

Wenn Sie Ihren Zeithorizont genau auf die Trends abstellen wollen, müssen Sie sich eines weiteren Faktors bewußt sein, den wir Zeit-Elastizität nennen. Das ist das Phänomen, daß sich die Verbraucher-Zeit verlangsamen oder beschleunigen oder sogar kurz zum Stillstand kommen kann, und zwar als Reaktion auf äußere Ereignisse oder auf die Trends selbst.

Als zum Beispiel der Krieg am Golf erklärt wurde, spannen sich die Menschen noch tiefer in ihre Kokons ein. Gut, das stimmte mit dem Trend überein (keine größere Veränderung). Aber die Verbraucher-Zeit stand vorübergehend still. Es gab sozusagen einen Knick, der durch ein schreckliches Ereignis verursacht wurde. Aber man denke daran, wie die Menschen nach dem Ende dieses Krieges auf die Straße gingen und feierten. Haben Sie Ihr trendgemäß gestaltetes Produkt oder Ihre Selbstdarstellung über Bord geworfen? Nein. Weil die Verbraucher-Zeit weiterläuft. Die Menschen werden sehen, was auf den Straßen da draußen, in der Welt da draußen *noch* alles schlecht ist, und sie werden in ihre Kokons zurückeilen. An den Trends wird sich aber nichts ändern.

Auch die Trends selbst können dazu führen, daß sich die Verbraucher-Zeit verlangsamt oder beschleunigt. Als das Beschleunigungssyndrom seinem Höhepunkt zustrebte (und in »99 Leben« überging), sahen wir, daß sich die Verbraucher-Zeit immer mehr beschleunigte. Aber in diesem Jahrzehnt wird sie sich wieder verlangsamen. Wir werden uns von der Devise »Langsam ist schön« leiten lassen. Dies ist eine Gegenreaktion auf das schnelle Tempo der achtziger Jahre, ein Motiv für das Aussteigen. Wir sind eine alternde Bevölkerung (wenn auch eine, die länger jung bleibt), und wir werden eine langsamere Gangart einlegen: Vielleicht vertrödeln wir ab und zu einen Nachmittag, vielleicht nehmen wir uns die Zeit, ein Telefax sorgfältig abzufassen, so wie die Menschen früher ihre Briefe sorgfältig abfaßten. Langsam – das wird die kulturelle Devise dieses Jahrzehnts sein.

Die Verbraucher-Zeit kann durch den äußeren Druck des Marktes auch beschleunigt werden. Schon die Marktkonkurrenz zwingt *jeden*, Kurs auf die Zukunft zu nehmen. Setzen Sie sich nicht schnell genug auf dem Markt durch, werden es die Japaner oder die Deutschen oder die Aussteiger tun, die bereit sind, Tag und Nacht und jedes Wochenende für dieses Ziel zu arbeiten. In einer globalen Wirtschaft, in der man nicht voraussagen kann, wer den Japanern, den Deutschen oder einer anderen noch unentdeckten Wirtschaftsmacht den Rang ablaufen wird, muß das Marketing einen unbeirrbar nach vorn gerichteten Zeitbegriff haben, wenn in diesem Jahrzehnt sonst auch Langsamkeit und Beständigkeit angesagt sind.

Seien Sie sich der Zeit-Elastizität bewußt, ohne sich durch sie vom richtigen Weg abbringen zu lassen. (Stellen Sie sich unter ihr eine der Uhren vor, die gleichzeitig drei verschiedene Zeitzonen zeigen.)

Vergessen Sie nicht, daß die *Zeit*, in der Sie sich bewegen, die Trend-Zeit ist.

Sie führt auf dem sichersten Weg zur Verbraucher-Zeit und in die Zukunft.

5. Teil

ZU NEUEN MARKETING-UFERN

»Die Zukunft wartet auf niemanden. Auf keinen Mann.
Keine Frau. Kein Unternehmen«.

Die Vermarktung des Unternehmensgeistes

Früher genügte es, ein einigermaßen gutes Produkt herzustellen und es gut zu vermarkten. Diese Zeiten sind vorbei. In den neunziger Jahren müssen Sie einen Unternehmensgeist vorweisen. Bevor der Verbraucher Ihr Produkt kauft, will er wissen, wer Sie sind. Und die Frage, wer Sie sind, ist nicht immer leicht zu beantworten. Sie bedeutet, daß Sie öffentlich Auskunft geben über Ihre Umweltpolitik, Ihren Standpunkt zu Gesundheitsfürsorge und Kinderbetreuung, wie (und ob) Sie geschäftliche Beziehungen zu einem Apartheid-Land haben, welche Marken Sie sonst noch herstellen oder unter welchen anderen Namen Produkte von Ihnen auf dem Markt erscheinen.

Noch wichtiger ist, daß politisch aktive Gruppen dazu übergegangen sind, die Einstellungen von Unternehmen genau unter die Lupe zu nehmen. Die feministische Gruppe »Medienbeobachtung« wirft dem Unternehmen »Guess Jeans« u. a. eine ihrer Ansicht nach sexistische Werbung vor. Die Anhänger einer liberalen Abtreibungsregelung machten gegen AT & Ts Entscheidung Front, die Spenden für »Planned Parenthood« einzustellen. Eine solche Politik ist schädlich für das Image eines Unternehmens; wenn die Dinge nicht so sind, wie sie erscheinen. Ich kann mich daran erinnern, daß erfahrene Geschäftsleute aus meinem Bekanntenkreis sich fast verraten fühlten, als sie entdeckten, daß »Pepperidge Farm« (volkstümlich, hausgemacht) und »Godiva Chocolates« (anspruchsvoll, wertvoll) zu Campbell's (typisches Großunternehmen, Massenproduktion) gehörten.

Wenn die Unternehmen versuchen, näher an den Verbraucher heranzurücken, sollten sie sich darüber im klaren sein, daß wir unsere Lektion gut gelernt haben: »Laß keinen Fremden ins Haus.« Wir wollen im voraus wissen, wer versucht, in unseren Kokon einzudringen. Aber wir werden eher bereit sein, Sie einzulassen, wenn wir den Geist Ihres Unternehmens respektieren können.

In den letzten zehn Jahren war es im allgemeinen so, daß sich die Unternehmen hinter ihren Produkten versteckt haben und sie, sozusagen, für sich selbst haben sprechen lassen. Nicht die Hersteller, sondern die Produkte standen im Vordergrund.

Demnächst werden die Unternehmen mit ihren Verbrauchern in Kontakt treten müssen. In einen Kontakt, der auf Vertrauen basiert. Und was flößt Vertrauen ein? Anständigkeit. Unternehmen, die Gutes *tun, sind* gut und werden Vertrauen einflößen. Sie werden leicht Zugang zum Kokon finden.

Fast in jeder Kategorie ist das Image »Anständigkeit« noch nicht besetzt. Schockierend, aber wahr: Es ist mit am schwierigsten, die Unternehmen davon zu überzeugen, dieses Image anzunehmen; es ist schwer zu vermitteln. Aber es braucht in jeder Kategorie nur ein Unternehmen zu geben, das seinen Unternehmensgeist richtig herausstellt, und genau dieses wird sich einen beträchtlichen Vorsprung sichern können.

Wie *Good Housekeeping* auf dem Zeitschriftensektor. Die sieben Schwestern (*Ladies Home Journal* bis *Mccall's*) waren (Ende der achtziger Jahre) stark in Bedrängnis. Sie hatten kein eindeutiges Image mehr. Es wurde immer schwerer, zahlende Anzeigenkunden zu finden. *Good Housekeeping* bat Brain-Reserve um Hilfe.

Unsere erste Analyse zeigte, daß es bereits einen Unternehmensgeist gab (der nur nicht immer deutlich genug vermittelt wurde). Praktisch alle Produkte, für die in der Zeitschrift geworben wird, fallen unter die »Verbraucherpolitik« von *Good Housekeeping*, d. h. daß ein fehlerhaftes Produkt entweder ersetzt oder der Kaufpreis zurückerstattet wird.

Wir erkannten, daß die Zeitschrift auf der Basis dieser Unternehmensethik die Chance hatte, sich zum gesellschaftlichen Gewissen der neunziger Jahre aufzubauen: des Jahrzehnts der Anständigkeit. Die Anzeige erschien am 2. Januar 1990 in der *New York Times* und im *Wall Street Journal*. Sie lautete: »Das Jahrzehnt der Anständigkeit hat begonnen. *Good Housekeeping* ist seine Stimme.« Der Text erläuterte, daß *Good Housekeeping* als eine verbraucherfreundliche Autorität ihren Anspruch einlösen würde; daß sie eine Abteilung für Chemie und Umweltforschung einrichten würde; und daß sie fortlaufend Reportagen bringen würde, die sich mit dem Zustand der Erde befassen und »Grüne Wachsamkeit« heißen sollten. Die Zeitschrift stiftete auch Preise für »Grüne Wachsamkeit«, mit denen diejenigen geehrt werden sollten, die bedeutsame Beiträge zur Verbesserung der Umwelt leisteten. Mit anderen Worten, *Good Housekeeping* verpflichtete sich, seinen Unternehmensgeist deutlich zu manifestieren. Das Bekenntnis zur Anständigkeit war stark und sehr wirksam. Die Anzeigenseiten nahmen zu. »Good House« ist die einzige der sieben Schwestern, die in diesem Jahr eine Umsatzsteigerung zu verzeichnen hat.

»Rubbermaid« war eines der ersten Unternehmen, mit dem wir auf das Anständigkeitsimage hingearbeitet haben; es hatte dieses Image schon lange instinktiv gepflegt – großes Unternehmen, hervorragende Produkte, sehr bekannter Name, sehr arbeitnehmerfreundlich. In der Liste von *Fortune* über die 306 Top-Unternehmen belegte es den zweiten Platz. Aber am Ende der achtziger Jahre war »Rubbermaid« klug genug, seine zentrale Stellung auf dem »Öko-Markt« zu erkennen. In der Öffentlichkeit stand das Unternehmen für Recycling, für die wichtigen Aktivitäten des Aussortierens und Lagerns. Was »Rubbermaid« ganz klar brauchte, war eine Umwelt-

Plattform, mit der es sich wirksam von den zahllosen zynischen Versprechungen des heutigen Öko-Marktes abheben konnte. Es mußte, mit anderen Worten, nicht nur seine Produkte, sondern auch sich selbst gut darstellen.

Unter dem Motto: »Rubbermaid und Sie – wir helfen der Erde wieder auf die Beine« arbeiteten wir mit dem Unternehmen daran, ihm für die nächsten Jahre einen Standort zu geben. »Rubbermaid und Sie« war das Schlüsselelement des Slogans. Wir entdeckten, daß sich die Verbraucher in ihren Recycling-Bemühungen überfordert und allein gelassen fühlen. »Rubbermaid« hatte dieses negative Gefühl durch Optimismus zu ersetzen; es mußte zum Partner des Verbrauchers werden, eine Gemeinschaft mit ihm bilden (dazu diente das Motto »zusammen können wir der Erde wieder auf die Beine helfen«) und sich an die Spitze der entstehenden Umweltbewegung setzen.

In unserem Schlußbericht schlugen wir dem Unternehmen eine Liste von potentiellen neuen Produkten vor, mit denen es sein Umweltbewußtsein unter Beweis stellen konnte (z. B. ein System zur Aufbewahrung von zurückzugebenden Gegenständen, das sowohl in den Kofferraum als auch in den Einkaufswagen paßt). Und wir dachten uns einfache Wege aus, um den Unternehmensgeist bekannt zu machen. Beispielsweise einen Aufkleber mit einem Recycling-Symbol für alle seine Produkte; oder wir schlugen sogar vor, das Bild seines Vorstandsvorsitzenden Wolf Schmitt zu nehmen (gutaussehend, für das Unternehmen verantwortlich). Wir legten auch eine »Wunschliste« vor, die aus einer unserer BrainJams hervorgegangen war und zwanzig Produkt- und Verpackungsideen enthielt, die in den nächsten Jahren verwirklicht werden sollten – z. B.: »Wenn Sie dieses Produkt zum Recycling an uns zurückgeben, erhalten Sie bei Ihrem nächsten Einkauf einen Rabatt.« Es mag eine Weile dauern, den Zustand der Erde zu verbessern, aber »Rubbermaid« hat gezeigt, daß es das Herz auf dem rechten Fleck hat.

Auch andere Unternehmen könnten erste Schritte tun: Indem sie ihren Unternehmensgeist auf den zahllosen Firmensiegeln dokumentieren, die dem Verbraucher sofort ins Auge springen; indem sie all ihren Produkten lückenlose Biographien beigeben;

indem sie ihre Karten offen auf den Tisch legen: Nichts bleibt geheim, nichts wird vertuscht.

Man kann einen Unternehmensgeist nicht vortäuschen; entweder man hat einen oder man legt sich schnellstens einen zu. Das Jahrzehnt der Anständigkeit verlangt von Ihnen, daß Sie je nach Branche eine unüberhörbare Botschaft aussenden, die ungefähr so klingt:

- Für Schwerindustrien: »Unser gesamter Industriezweig hat einige gravierende Fehler gemacht; von manchen wußten wir und bedauern sie heute, andere konnten wir nicht voraussehen. Unser Unternehmen wird folgendes tun, um sie zu korrigieren.« Hätte der Vorstandsvorsitzende von Exxon, Lawrence G. Rawl, bei dem *Valdez*-Unglück so mit der amerikanischen Öffentlichkeit gesprochen (was Jim Burke während der Tylenol-Krise getan hat), hätten die Verbraucher dem Unternehmen vielleicht verziehen, anstatt so viel Groll anzusammeln. Obwohl nur 10 000 Kunden ihre Kundenkreditkarte zurückgegeben haben, hat der Ruf des Unternehmens eine negative Färbung bekommen (so schwarz wie das Öl).
- Für Dienstleistungsunternehmen: »Angesichts der vielen sozialen Probleme, die uns heute bedrücken (Kriminalität, Analphabetentum, Krankheiten usw.) will unser Unternehmen mehr zu ihrer Linderung beitragen. Auf folgende Weise könnten wir vielleicht den besten Beitrag leisten.« Die Mode- und Designbranche hat bereits Mittel für die Aids-Forschung bereitgestellt (DIFFA – Design Industries Foundation for Aids). »McDonald's« hat ein Netzwerk von »Ronald Mc-Donald Houses« geschaffen, einen McSeniors-Plan für die Beschäftigung von älteren Arbeitnehmern ins Leben gerufen und ein McJobs-Programm für Behinderte eingeführt. Die »Burger King Academy« ist eine alternative High School für Schüler mit Lernschwierigkeiten und solche, die die Schule abgebrochen haben.

■ Für die Unternehmen, die verpackte Waren herstellen: »Jahrelang haben wir unsere Produkte so verpackt, daß sie Ihre Aufmerksamkeit auf sich zogen. Jetzt recyceln wir, um einen Beitrag zur Rettung der Erde zu leisten.« Kodak hat das Schwergewicht auf das Recycling seiner Filmbehälter gelegt (7,5 Millionen Tonnen Plastik jedes Jahr). Procter & Gamble hat ein Programm zum Recycling von Windeln gestartet. Sowohl Coca-Cola als auch Pepsi-Cola benutzen wiederaufbereitete Plastikflaschen für ihre Getränke.

■ Für die Genußmittelindustrie: »Als Teil der Spirituosenindustrie befürworten wir maßvolles Trinken. Unser Unternehmen gibt zu, daß Alkoholmißbrauch gefährlich ist.« Seagram's gibt ein Handbuch für Eltern heraus, damit in der Familie die verschiedenen Aspekte des Alkoholkonsums diskutiert werden können. Anheuser-Busch hat 35 Millionen Dollar für eine Alkohol-Aufklärungskampagne zur Verfügung gestellt. Miller Brewing hat eine Anzeigenkampagne gestartet, die den Verbrauchern rät: »Trinken Sie mit Verstand.« Oder die Tabak-Industrie: »Wir glauben, daß Sie das Recht haben, zu rauchen, wenn Sie sich dazu entschließen. Aber wir glauben auch, daß Sie das Recht haben, mit Rauchen aufzuhören.«

Bis jetzt wurde noch nichts getan, aber vielleicht sucht die Industrie eines Tages nach revolutionären neuen Wegen, um Ihnen zu helfen, Ihr Verhalten zu ändern... wenn Sie es wünschen.

Mit diesen vier Schritten können die Unternehmen in den neunziger Jahren einen Unternehmensgeist finden und die Herzen der Verbraucher gewinnen:

■ Eingeständnis: Unsere Branche hat nicht immer alles Menschenmögliche getan, um die Welt lebenswerter zu machen.

■ Offenheit: So waren wir. Und so will das Unternehmen mit Ihrer Hilfe werden.

- Verantwortlichkeit: So definieren wir unseren Verantwortungsbereich, und diese Personen können verantwortlich gemacht werden.
- Selbstdarstellung: Dies versprechen wir Ihnen, dem Verbraucher: Sie werden unseren Unternehmensgeist in allen unseren Produkten finden.

Die Unternehmen werden andere Prioritäten setzen und andere Fähigkeiten belohnen müssen. Der Status, den in den achtziger Jahren der wirtschaftswissenschaftliche Studienabschluß M.B.A. (Master of Business Administration) für die Hersteller hatte, wird durch den Status eines neuzuschaffenden M.B.S. (Master of Business Soul) ersetzt werden. Das garantiert den Erfolg bis zum Jahre 2000. Und darüber hinaus.

Das Ende des Einkaufens

In Orwells Klassiker *1984* kontrollierte der Staat den Bildschirm. Im Jahr 2000 wird der Verbraucher den Bildschirm kontrollieren. Den computergesteuerten Einkaufsbildschirm.

Der häusliche Kokon wird der Sitz des zukünftigen Einkaufszentrums sein. Alle Familienmitglieder werden von einer Stelle aus einkaufen können. Anstatt in das Geschäft zu gehen, wird das Geschäft zu uns kommen, wie ungewöhnlich das Produkt auch sein oder wie häufig es auch gebraucht werden mag. An unseren Bildschirmen werden wir etwas über die neuesten Produkte oder Stile erfahren oder schlicht unsere alten Lieblingsmarken bestellen.

Wie das herkömmliche Unternehmen, so ist auch das gewohnte Einkaufen zu einer eher lästigen Bürde geworden; beides ist ineffizient und befindet sich nicht im Einklang mit den Trends. Die großen Kaufhäuser entdecken, daß es nicht mehr möglich ist, für alle Kunden alles zu sein. Das Einkaufszentrum wird zu einem Dinosaurier im großen Strom der Zeit.

Heute haben die Versandhauskataloge und die Reklamezettel (die irgendwo im Haus gestapelt sind und darauf warten, durchgeblättert und weggeworfen zu werden) ausgedient – zu viel Papierverschwendung; außerdem arbeitet die Post so ineffizient, sind die Gebühren so hoch, daß sie nicht mehr auf dem Postweg verschickt werden können.

Die nächste verbraucherorientierte Revolution, die auf der Tagesordnung steht, betrifft die Vertriebssysteme. Direktes Einkaufen beim Hersteller ist angesagt, unter Umgehung des gesamten Einzelhandels; keine Zwischenhändler, keine Zwischenstationen.

Die Lieferung ins Haus wird kein Extraservice, sondern eine Lebensweise sein. Wenn ein großer Lastwagen hundert Kunden beliefert, so ist das ein effizienterer Ressourceneinsatz als wenn hundert Kunden zu ihren Geschäften fahren. Es wird in Ihrem Haus beispielsweise Vorratstanks für (gekühlte) Getränke wie Milch, Sodawasser und Mineralwasser sowie Behälter für Waschseife und Hundefutter geben; diese Produkte werden wie Heizöl geliefert.

Wenn die Hauslieferungen erst einen bestimmten Umfang erreicht haben, werden die Geschäfte allmählich überholt sein. Für große Artikel – Medien, Autos, Möbel und andere Einrichtungsgegenstände – werden Handelsvertreter ins Haus kommen. Bei Lebensmitteln und verpackten Waren werden Proben das Ausprobieren durch Einkaufen ersetzen. Für Neuheiten oder Spontaneinkäufe wird es mobile Ausstellungsräume geben, eine Art Unterhaltungsmobil für Erwachsene (wenn wir die Glocke hören, eilen wir nach draußen, um einzukaufen...).

Verpackungen sind überflüssig. Da eine regelmäßige Kommunikation zwischen Herstellern und Verbrauchern stattfinden wird, und die Verbraucher bestimmten Marken verstärkt die Treue halten werden, wird die Notwendigkeit aufwendiger Verpackungen entfallen. Die Hersteller werden von den Verbrauchern über 800er-Nummern eine Rückmeldung erhalten. Und die Hersteller werden mit ausgesuchten Gruppen von Verbrauchern zusammenarbeiten, die jede neue oder veränderte Produktidee testen und begutachten. (Es wäre eine gute Idee, die Verbraucher zu einem frühen Zeitpunkt in die Entwicklung eines Produkts einzubeziehen, so daß sie ein persönliches Interesse an seinem Erfolg haben – und für die Hersteller die Chance, »reale« Kommentare von »realen« Kunden zu hören.)

Für eine rationelle Gestaltung des zukünftigen Einkaufserlebnisses sorgen die folgenden Neuerungen:

■ Bildschirm-Nachrichten. Jeden Morgen kann der Leser auf seinen Bildschirm schauen und in den Schlagzeilen, Anzeigen und Kupons »schmökern«. Nachdem er angegeben hat, was er ausführlicher lesen möchte, wird eine individuelle Zeitung ausgedruckt. Viel weniger Papier zum Recyceln. Am Ende des Monats wird dem Leser nur das in Rechnung gestellt, was wirklich ausgedruckt wurde. Und die Kosten für die Unternehmen, die die Anzeigen aufgeben, bemessen sich daran, wie viele Leser sich dafür entschieden haben, ihre Informationen auszudrucken. Außerdem erhalten sie ein Verzeichnis mit den Namen, Adressen und demographischen Kennzeichen der Leser, die ihre Zielgruppe sind.

■ Bildschirm-Post. Den ganzen Tag über kommt Post ins Haus, die entweder auf dem Bildschirm erscheint oder ausgedruckt wird – so kaufen wir ein, bezahlen unsere Rechnungen, ordnen die uns zugehenden Nachrichten und verschicken unsere eigenen Nachrichten. Es gibt zum Beispiel spezielle Angebote, die nur für einen Tag gelten, so wie es früher in den Geschäften Sonderangebote für einen Tag gab. Da die Versandhauskataloge ausgedient haben, floriert die Bildschirm-Post.

Bevor der Verbraucher Kleider bestellt, spielt er sein eigenes Bild ein, um die Sachen »anzuprobieren« und zu sehen, wie die Formen und Farben wirklich an ihm aussehen (ein ziemlicher Fortschritt gegenüber dem Versandhaus L.L. Bean, bei dem man seinen Fuß auf Papier aufmalen mußte, wenn man aus dem Katalog bestellte.) Die Bekleidungsunternehmen werden maßgeschneiderte Stücke und Farben anbieten, die den Präferenzen des Käufers entsprechen; außerdem liefern sie besondere Accessoires, die dem Aussehen des Kunden den »letzten Schliff« geben.

■ Bildschirm-Informationen. Welche drei Autos sind derzeit für den langfristigen Gebrauch am besten geeignet? Welche drei Videorecorder sind am leichtesten zu bedienen? Welches ist das nächste Geschäft, in dem sie zum günstigsten Preis zu kaufen sind? Fragen Sie die Info-Bank in Ihrem Computer. Dann können Sie am Bildschirm Ihre Entscheidung treffen und sofort eine Bestellung aufgeben. (Das Ende der herkömmlichen Werbung.)

Zwei Formen des Einkaufengehens werden bleiben:
1. Spezialgeschäfte, die solche Dinge wie Delikatessen, Haushaltswaren und Artikel des persönlichen Bedarfs führen. Diese kleinen, lokalen Geschäfte bieten einen persönlichen Service. Was uns außerdem motiviert, in diesen Geschäften (anstatt am Bildschirm) einzukaufen, ist die Persönlichkeit und der Stil des Besitzers. Da mittlerweile so viele Aspekte des Einkaufens rationalisiert und mechanisiert sind, muß das, was noch übrigbleibt, den Einkäufern ein lustvolles, befriedigendes Erlebnis auf individueller Basis verschaffen.
2. Oder riesige Handelszentren, wo das Einkaufen zum Theater wird.

Mit ihren tollen Präsentationen, ihren Gratisproben und ungewöhnlichen Sonderangeboten werden diese neuen Zentren die Einkäufer dadurch in Versuchung führen, daß sie die Atmosphäre des Kaufhauses mit der eines Zirkus verbinden. Man muß mehr bieten als Waren, um die Menschen aus ihren Kokons herauszulocken. Sie werden mit ihren Familien wegen des *Unterhaltungswertes* kommen; das Einkaufen wird einem Besuch in Las Vegas oder Disney World ähneln. Die Geschäfte werden von Vertriebsimpresarios geleitet werden, deren Aufgabe es ist, die Aufmerksamkeit der Verbraucher auf die Waren zu lenken. Geschulte Kräfte werden neue Technologien und Geräte vorführen. Ehemalige Olympiateilnehmer werden zeigen, wie neue Sportgeräte funktionieren. Chefköche werden originelle Rezepte kreieren, indem sie die Lebensmittelprodukte auf neuartige Weise kombinieren, und die Kunden mit dem Duft ihrer Speisen und mit Kostproben anlocken.

Einkaufen ist eine Tätigkeit, die wir zwei- oder dreimal im Monat planen, und zwar als Alternative zum Kino oder zu einem sportlichen Ereignis.

Konsumieren werden wir weiterhin jeden Tag. Am Bildschirm oder anders. Das Ende der heutigen Form des Einkaufens ist der Beginn einer neuen Form des Konsumierens. Effizient, unterhaltsam, angenehm, lukrativ.

Wahrheit in der Werbung

In den sechziger Jahren war die Werbung für mich mit Abstand die kreativste Tätigkeit. Die Konsumwelt war neu und weit geöffnet; die Anzeigen lebten ganz von der Kreativität, nicht von Untersuchungen. Als ich in dieses Geschäft einstieg, war ich von ihm begeistert. Ich war zwanzig und hatte *Bettgeflüster* schon allzu oft gesehen.

In den siebziger und achtziger Jahren verengte sich die Konsumwelt spürbar. Man verlegte sich auf ernsthafte Untersuchungen, und die Anzeigen wurden mit gewichtigen (und häufig bedeutungslosen) Versprechungen befrachtet – und die Kunden kauften nur die Anzeigen, die mit hohen Zahlen jonglierten. Die Konsumwelt war unter die Herrschaft der Quantität geraten.

In den neunziger Jahren glauben die Verbraucher den Versprechungen nicht mehr. Wenn es in einer Anzeige heißt, daß »neunzig von hundert Menschen dieses Produkt« bevorzugen, so nehmen wir zynischerweise an, daß es sich bei diesen neunzig um die besten Freunde und um Verwandte des Werbefachmanns handelt. Wir wissen, daß Zahlen fast beliebig interpretiert werden können. Die Situation ist heute also die, daß Zahlen ihre Glaubwürdigkeit verloren haben, daß die Kreativität aber nicht stark genug ist, um sich allein zu behaupten. Viele wirklich kreative Leute gehen heutzutage nicht in die Werbung, sondern werden selbst Unternehmer.

Bevor ich BrainReserve gründete, dachte ich mit Marty Smith, dem »futuristischen« Chef der Agentur über verschiedene Ideen nach. Eines unserer Lieblingsthemen war die Frage, wie man das Werbegeschäft rein und edel gestalten könnte. Als Stuart Pittman und ich die Agentur dann verließen, um unser eigenes Unternehmen aufzuziehen, wollten wir nach einem solchen erhabenen Ideal handeln – und dachten daran, das Unternehmen »Wahrheit in der Werbung« zu nennen. Dahinter stand die Idee, daß wir nur für das *Beste* werben wollten – den besten Orangensaft, das beste Auto, das beste Waschmittel. Wir würden dafür bekannt werden, daß wir die Wahrheit sagten. Das Jahr 1974 war für die Wahrheitsidee jedoch noch nicht reif; die Verbraucher waren der Tricks und Neuheiten noch nicht überdrüssig (und wir hatten noch nicht die Ausstattung, die für das Testen von Produkten erforderlich ist).

Heute, in den neunziger Jahren, hat sich so vieles verbraucht, sind wir so ernüchtert, daß wir die Wahrheit hören wollen. Wahrheit in der Werbung. Ein ganz neuartiges Unternehmen mit einer Persönlichkeit wie Ralph Nader als Geschäftsführer. Anzeigen und Werbespots, die so ehrlich sind, daß man jedes Wort glauben kann. Die Agentur »Wahrheit in der Werbung« wird für das bürgen, was sie schreibt – und für die aufgestellten Behauptungen haften.

Die Bündnisse werden sich verändern. Die traditionelle Partnerschaft bestand darin, daß der Kunde und die Agentur mit vereinten Kräften versuchten, den Verbraucher zu verführen. Wenn die Werbefirmen in den kommenden Jahren überleben wollen, müssen sie die Front wechseln und sich auf die Seite des Verbrauchers schlagen. Die neue Partnerschaft wird darin bestehen, daß sich die Agentur und der Verbraucher zusammentun, um die Wahrheit aus dem Auftraggeber herauszubekommen.

Die Wahrheit wird in den Kokon eindringen.

Eine Agentur kann sich zum Beispiel mit den drei Spitzenprodukten einer Kategorie beschäftigen. In einem Werbespot könnte es heißen: »Unabhängige Untersuchungen haben ergeben, daß die Unternehmen A, B und C den besten, zweitbesten und drittbesten Staubsauger herstellen. In diesem Punkt ist A besser als B und B besser als A und C.« Vielleicht unterscheiden sich die Staubsauger von A, B und C durch ihren Preis oder andere Merkmale. Die Verbraucher werden entscheiden müssen, welche Variablen ihnen wichtig sind. Sie werden die Informationen erhalten, die sie brauchen, um eine Entscheidung zu treffen, die auf rationalen Argumenten und nicht auf Tricks basiert. Die Agentur verfährt so, als würde sie ungeschminkte Verbraucherberichte abfassen. Und die Auftraggeber werden immer noch für eine solche Werbung zahlen.

Die Wahrheit wird auch in die Werbespots Einzug halten, die auf den Computerbildschirmen (in der Öffentlichkeit oder zu Hause) gezeigt werden. Die Verbraucher werden eingeben, was sie über die zu kaufenden Dinge wissen müssen. Auf dem Bildschirm werden alle erforderlichen Informationen erscheinen; außerdem wird er die drei besten Produkte in der betreffenden Kategorie empfehlen und angeben, wo sie zu kaufen sind.

Interessanterweise gibt es ein Schönheitsmagazin mit dem Namen *Allure*, das genau nach diesem Prinzip arbeitet. Es verspricht, die *Wahrheit* über Schönheitsprodukte, ihren Preis und ihre Verpackung zu sagen. Die Kosmetikfirmen und die Werbeagenturen werden sich entsprechend verantwortungsbewußt verhalten müssen.

Wahrheit in der Werbung wird folglich nicht nur eine Branche verändern. Die neue Werbung wird dem Informationsbedürfnis des Verbrauchers Rechnung tragen.

Wenn den amerikanischen Unternehmen heute Wahrheit in der Werbung auch zu simpel, zu dürftig, zu ehrlich erscheinen mag, so sollten sie doch begreifen, daß sie morgen auf der Tagesordnung stehen wird. Der Verbraucher ist endlich den Glanz und Frust der achtziger Jahre leid und bereit, die Wahrheit zu hören – die Wahrheit zu kaufen, ob die Wirtschaft darauf vorbereitet ist oder nicht.

Die Altersbarriere
durchbrechen

Es ist eine Tatsache, daß unsere Bevölkerung älter wird, daß die ältesten Mitglieder der riesigen Baby-Boom-Generation im Jahre 1996 um die fünfzig sein werden. Es ist auch eine Tatsache, daß eine alternde Bevölkerung ein harter Brocken ist, der den Herstellern schwer zu schaffen macht.

Manche dieser Fünfzigjährigen werden Marathonläufer sein; andere werden verbraucht sein und schnell alt werden.

Manche werden erwachsene Kinder haben; andere werden noch kleine Kinder haben. Einige Mütter werden zum ersten Mal in den Beruf gehen, nachdem die Kinder das Nest verlassen haben. Andere Eltern werden sich beruflich verändern, aussteigen oder ihre Identität verändern – durch neue Ehen, neue Wohnsitze, neue Körper oder Gesichtslifting.

Niemand wird auch nur im entferntesten den Fünfzigjährigen ähneln, die die Hersteller vor Augen haben, weil »Fünfzig« nicht mehr das bedeutet, was es einmal bedeutet hat. Unser physisches und psychologisches Altern vollzieht sich anders als das unserer Eltern (oder Großeltern). Heute sieht ein jung gebliebener Fünfzigjähriger eben *jung* aus.

Wir sehen nicht nur deshalb so gut aus, weil wir eitel sind, eine höhere Lebenserwartung haben oder dem Druck einer jugendorientierten Kultur ausgesetzt sind – sondern weil es sich die meisten von uns gar nicht *leisten* können, sich wie Fünfzig zu fühlen. Die Zeiten sind hart; es ist nicht möglich, kürzer zu treten. Selbst die ältesten Baby-Boomer haben noch einen langen Weg vor sich, bevor sie einen anderen »Gang einlegen« können.

Die Realitäten sind aber nun einmal da, und trotz aller Bemühungen um ein möglichst langes Leben sind nur wenige Menschen mit Fünfzig noch so leistungsfähig oder sehen noch so unverbraucht aus wie sie eigentlich sollten. Die Produkte, die die Anspannung mildern und das Wohlbefinden steigern, ohne sich als solche auszugeben, werden sich auf diesem Markt einen wichtigen Platz erobern.

Um diese Gruppe zu gewinnen, müssen Sie den richtigen »Altersstandard« für Ihre Produkte finden. Zuerst müssen Sie begreifen, daß man sich auf diesem Markt tatsächlich wie Fünfunddreißig »fühlt«. Eine neuere Untersuchung hat ergeben, daß die meisten Fünfzigjährigen vor dem Spiegel ihr Bild zurechtrücken und sich selbst als Fünfunddreißig sehen. Der beste Weg, diesen älteren Verbraucher zu erreichen, besteht darin, dessen fünfunddreißigjähriges Selbst anzusprechen, die Seite also, die noch sehr lebendig, sexy, lustig, voller Hoffnungen und Möglichkeiten ist.

Ein schlagendes Beispiel: Ein großes Pharmaunternehmen wandte sich an BrainReserve, um herauszufinden, warum ein Shampoo, das es für die Fünfzigjährigen und Älteren auf den Markt gebracht hatte, ein totaler Flop war, obwohl es eine ausgezeichnete Qualität hatte. Die Werbung zeigte ein schönes älteres Paar, das Hand in Hand durch einen Garten mit italienischen Statuen ging; dazu die Abbildung des Produkts mit seinem Namen und der Zielgruppe, »Für 50 + «.

Erstes Problem: Identifikation.

Man will nicht jeden Tag im Badezimmer mit seinem Alter

konfrontiert sein. Die Frauen, die wir interviewt haben, nahmen Anstoß daran, daß ein Shampoo ihr Alter preisgab.

Zweites Problem: Bildersprache.

Als wir die Frauen baten, frei zu assoziieren, meinten sie, daß die Statuen dem Garten das Aussehen eines Friedhofs gäben.

Man muß das Marketing auf die *Bedürfnisse* der Fünfzigjährigen abstellen und nicht auf ihr *Alter*. Vielleicht sollten Sie ein Shampoo für sehr trockenes Haar herausbringen (das gewöhnlich für diese Altersgruppe kennzeichnend ist). Gestalten Sie den Verschluß so, daß er sich leichter öffnen läßt, und drucken Sie die Gebrauchsanweisung in größeren Buchstaben.

Wenn Sie die Altersbarriere durchbrechen, werden Sie feststellen, daß ein gutes Produkt, das subtil auf den Markt für Ältere abgestimmt ist, zur Norm für viele Märkte werden wird. Jedes Produkt, das Zugang zu einem älteren Markt findet und dort gut ankommt, dürfte auch auf anderen Märkten gut ankommen (wenn es nicht ein spezifisch geriatrisches Produkt ist, wie »Depend«).

Wenn Sie dieser Maxime folgen, werden Sie nicht der Versuchung erliegen, Ihrem allgemeinen Kosmetiksortiment besondere Gesichtscremes und Grundierungen für die »reife« Frau hinzuzufügen. Ihr Hauptsortiment sollte auch Produkte für die trockene Haut enthalten.

Erfinden Sie also eine »New Age Kräuter-Aufbaucreme«, auf der jüngere Menschen abgebildet sind.

Füllen Sie poppige Törtchen mit Pflaumen.

Und hören Sie auf, verhutzelte Neunzigjährige als die über fünfzigjährigen Großeltern eines kleinen Kindes darzustellen.

Fünfzig sollte der Altersstandard bleiben – aber Fünfzig in Richtung Fünfunddreißig. Umwerfend. Und vital.

Auf die Feststellung, daß sie mit Fünfzig noch so jung aussehe, antwortete Gloria Steinem: »*Genau so* sieht man mit Fünfzig aus.«

Den Kampf der Kinder
unterstützen

So wie uns die sechziger Jahre die Friedensfreunde bescherten, die siebziger Flower Power, die achtziger den Konsumrausch, werden die neunziger Jahre vom Kampf der Kinder geprägt sein: Die Kleinen werden unserer Außenpolitik ein anderes Gepräge geben, unsere Auffassung von Erziehung und Bildung verändern und unsere Umwelt retten.

Man sollte sie nicht unterschätzen, sonst muß man – wie die Firma Bumble Bee – dafür zahlen. Diese Firma hatte zum Beispiel unter dem Thunfischboykott zu leiden. Die Verwendung von Wandnetzen, in denen sich unglückliche Delphine verfingen, rüttelte besonders die amerikanischen Schulkinder auf. Sie aßen keinen Thunfisch mehr. Und ihre Eltern kauften keinen mehr.

Das war ein deutliches Beispiel dafür, daß die Kinder ihre wachsenden Muskeln spielen ließen und Einfluß auf die Kaufentscheidungen der Familie ausübten. Aber die Kinder haben auch selbst Kaufkraft (der sogenannte »Görenmarkt« der Vier- bis Zwölfjährigen hat Kleinumsätze im Wert von ungefähr

75 Milliarden Dollar zu verzeichnen). Die größeren Summen werden, der Zeitschrift *Forbes* zufolge, für die neuesten Videospiele (etwa 20 Milliarden) und die zweiunddreißigjährige Barbie ausgegeben (die Designer-Nachthemden trägt, welche über 100 Dollar kosten). Als Sony mit dem entwaffnend einfachen Slogan »Mein erster Sony« in diesen Markt eindrang, waren Kinder die direkte Zielgruppe für seine Produkte. Dadurch zog sich das Unternehmen die nächste Generation von treuen Sony-Kunden heran. Glänzend.

Die heutigen fernseherfahrenen Kinder sind zu einem sehr frühen Zeitpunkt durch bestimmte Dinge geprägt worden. Sie sind Schlüsselkinder, die von der Schule in eine leere Wohnung kommen und die Einkäufe erledigen müssen: Waschmittel, Hundefutter und Tiefkühlgerichte. Sie schneiden mit Begeisterung Kupons aus und sind sehr markenbewußt. Denken Sie an den Jungen in »Home Alone« (einem tollen Film), der die Kassiererin mit seinen Fragen nervte, weil er herausfinden wollte, ob die von ihm ausgesuchte Zahnbürste vom Amerikanischen Zahnärzteverband gebilligt worden war. Die heutigen Kinder stellen eben die richtigen Fragen.

Aber Spaß beiseite. Es werden genau diese Kinder sein, die ihre Eltern zwingen werden, die umweltmäßig und moralisch richtigen Kaufentscheidungen zu treffen. Wehe der Mutter, die immer noch die Fruchtsäfte in dioxinhaltigen Schachteln kauft oder die Aluminiumdosen nicht aussortiert.

Wenn wir zurückdenken, so gehörten die Zivilschutzübungen in der Schule zu den schrecklichsten Erlebnissen der Baby-Boom-Generation. Wir mußten uns in den Fluren auf den Boden setzen und unsere Hände über den Kopf halten. Um uns gegen einen Atomangriff zu schützen! Aber welche schrecklichen Ängste gibt es heute. Wenn man eine kindliche Phantasie hat und von der globalen Erwärmung, den vergifteten Nahrungsmitteln, dem verseuchten Wasser, der schlechten Luft und dem Abbrennen der Regenwälder hört.

Kein Wunder, daß die Kinder Angst haben. Die Umwelt ist

der Atompilz dieser Generation. Und die Umwelt ist das hohe Ziel ihres Kampfes. Sie erkennen, daß die Gesundheitsrisiken, denen sie ausgesetzt sind, von Menschen gemacht sind. Sie begreifen, daß sie dabei sind, zu einer gefährdeten Spezies zu werden. Sie sind die nächsten Wehrhaften Verbraucher.

Und sie werden ihren Eltern die Lektion beibringen.

Irgendwann (bald) werden die Kinder fähig sein, durch ihre Nintendos mit anderen Kindern auf der ganzen Welt zu kommunizieren. Die Kinder werden sich gegenseitig davon überzeugen, am Kampf zur Rettung der Wale, zur Rettung des Wassers, zur Rettung der Welt teilzunehmen. Kurz gesagt, mit vereinten Kräften einen kulturübergreifenden Kampf zu führen. Und so weitet er sich immer mehr aus.

Wie erreicht man die kämpferischen Kinder? Machen Sie es wie das Unternehmen für Sportbekleidung, Patagonia, das jährlich 10 Prozent seiner Gewinne für kleine Umweltreparaturen zur Verfügung stellt, beispielsweise für Schulkinder, die einen sterbenden Fluß reinigen. Manifestieren Sie deutlich den Geist Ihres Unternehmens und sagen Sie den Kindern genau, wer Sie sind. Seien Sie ehrlich. Kinder haben sehr gute Instinkte. Sie mögen es, wenn Versprechen eingelöst und reale Garantien gegeben werden.

- Geben Sie den Kindern (bis zu 18 Jahren) eine spezielle 800er-Nummer.
- Korrespondieren Sie mit ihnen.
- Holen Sie Kinder in Ihren Verwaltungsrat.
- Hören Sie zu. Und lernen Sie.

6. Teil

ZUKUNFTSSIGNALE

»Über den Tellerrand hinweg in die Zukunft blicken.«

Trendsignale

Was kommt als nächstes? Was geschieht, wenn in allen Geschäften alles, was in den Regalen steht, im Trend liegt? Wenn sich die Vielfalt (und Launenhaftigkeit) der menschlichen Natur erneut geltend macht? Woher werden die nächsten Trends kommen?

Der beste Weg, »neue« Trends frühzeitig zu erkennen, besteht darin, die Entwicklung der aktuellen Trends richtig zu verstehen. Trends durchlaufen verschiedene Stadien. Bis ein Trend sich seinem Ende nähert, hat er viele Veränderungen durchgemacht. In den achtziger Jahren haben wir beispielsweise beobachtet, daß das Lebenstempo schneller wurde. Wir nannten dies das »Beschleunigungssyndrom«. Als sich der Trend noch mehr beschleunigte, benannten wir ihn in »99 Leben« um. Die Frauen hatten zwei Berufe und eine Familie zu versorgen. Die Faxgeräte verlängerten unsere Arbeitswoche, indem sie einen Haufen Papier ausspuckten (»bitte antworten Sie noch heute abend«), als wir gerade das Büro verlassen wollten. Und die mobilen Telefone machten jeden Ort (Autos, Flugzeuge, Taxis, Züge) zu einem mobilen Büro. »99 Leben« war genau die richtige Beschreibung für eine Nation, die sich in halsbrecherischem Tempo vorwärtsbewegte. Ziellos.

Ebenso entwickelte sich der Trend »Erstklassige Qualität« allmählich zum Trend »Qualität« (das Wort »erstklassig« deutete irgendwie auf überzogene Preise hin). Nach dem Zusammenbruch des Aktienmarktes im Jahre 1987 verengte sich der Trend »Qualität« mit seinen elitären Untertönen zum Trend »Kleine Genüsse«, der eine plötzliche Nüchternheit zum Ausdruck brachte. Anstatt große, teure Artikel zu kaufen, verwöhnten sich die Menschen mit kleinen Dingen – Schokolade (4,5 Milliarden Pfund Jahresumsatz), Blumen und teurem, besonders reichhaltigem Eis.

Ein brandheißer Trend-Tip: der »Rückzug in den Kokon« könnte Ende 1992 in ein völliges »Einigeln« übergehen; die Verbraucher können einfach die ganze Hektik nicht mehr aushalten, erstarren in einer Abwehrhaltung und verschwinden faktisch für ungefähr ein Jahr von der (Markt-)Bildfläche.

Die fernere Zukunft: Wir werden wieder auftauchen. Wir werden unsere sichere Festung verlassen und uns zu Gruppen zusammenschließen. Wir werden das Bedürfnis haben, unsere Zeit mit gleichgesinnten Menschen zu verbringen und mit ihnen eine Gruppe zu bilden (20 bis 20000 Mitglieder). Egonomics und Nischen-Marketing werden in dem Maße eine neue Bedeutung gewinnen, wie ein Bedürfnis nach Produkten entsteht, die auf die Mitglieder dieser Gruppen abzielen.

Um Ihre Wahrnehmungsfähigkeit in puncto Trends zu schärfen, sollten Sie sehr auf die Signale in bestimmten Nachrichtenbereichen achten. Bei BrainReserve verfolgen wir sorgfältig alle Artikel über:

- Ernährung: neue Produkte, Restaurants, die in Mode kommen, Bestseller-Kochbücher.
- Einführungen neuer Produkte, egal ob sie erfolgreich sind oder nicht.
- Veränderungen in der Familienstruktur.

- Veränderungen am Arbeitsplatz.
- Die Umwelt: Sind die Menschen motiviert, ihr Verhalten zu ändern?
- Die Wirtschaft: Ist der Angstpegel hoch?
- Die gesamte kulturelle Stimmungslage: ängstlich oder hoffnungsvoll?

Wenn Sie die aktuellen Trends als Bezugspunkt nehmen, werden Sie in der Lage sein, die Dinge so zu interpretieren, daß Sie selbst die Verbindungen zum Trend herstellen können.

Sie lesen zum Beispiel: Immer mehr Nachbarschaften heuern bewaffnete Wachleute an. Sie *kombinieren:* Der Mobile Kokon prägt sich noch stärker aus, und wir erleben den Beginn einer regelrechten Einigelung.

Sie lesen: In Ihrer Gemeinde gibt es jetzt die Möglichkeit, »Klettern« in geschlossenen Räumen zu praktizieren. In Denver, Colorado, gibt es heute neuartige Vergnügungsparks mit dem Namen Big Fun; sie haben die Größe eines Geschäfts und sind mit Autoscootern, Labyrinthen, einem Museum und einem Café ausgestattet. Sie *kombinieren:* Das Fantasy-Abenteuer entfernt die Verbraucher noch mehr von der Realität und der Gefahr.

Sie sehen: Schürzentragende Kellnerinnen servieren jetzt von 17 bis 20 Uhr in 900 Burger-King-Schnellrestaurants die Whoppers am Tisch. Sie *kombinieren:* Die Egonomics halten Einzug in den Schnellimbiß-Bereich; nicht mehr das mühsame Gedränge und Geschiebe an der Theke, sondern persönliche Ansprache und Bedienung.

Sie hören: Irgend jemand hat einen Boykott gegen Evian-Mineralwasser organisiert, weil diese Firma immer noch Plastikflaschen verwendet, die nicht nachfüllbar sind (dies ist *noch nicht* geschehen!). Sie *kombinieren:* Der Wehrhafte Verbraucher wird immer zorniger.

Oder Sie stellen fest, daß ein Trend in eine neue Phase eintritt, daß neue Produkte aufkommen.

Nehmen wir zum Beispiel ein neues Zigarettenprodukt (das es noch nicht gibt). Die Zigarette wird nur einzeln verkauft, ist aus dem besten Tabak hergestellt und elegant verpackt wie ein Nachtisch-Pfefferminz für besondere Gelegenheiten. Der Umsatz steigt. Möglicherweise handelt es sich um eine neue Kehrseite – einen Gegentrend zu »Möglichst lange leben«: Vielleicht sind es die Menschen leid, tugendhaft und gesund zu leben, und denken, daß sie sich eine Zigarette gönnen dürfen. Sie *kombinieren:* Der Erfolg eines solchen Produkts könnte auf eine »Neue Dekadenz« hindeuten, die auch anderweitig zu beobachten ist. Der Wehrhafte Verbraucher wird zum Hedonisten.

Die Golfkrise lenkte unsere Aufmerksamkeit auf die Tragödie des ölverschmierten Wassers. Noch mehr als die Tankerkatastrophe der Exxon Valdez. Wir erkannten, wie lebenswichtig Wasser ist, von den Meerespflanzen bis zu den Delphinen und Vögeln... bis zu uns. Sie *kombinieren:* Woher kommt das Wasser in unseren alkoholfreien Getränken? Gibt es einen nationalen Standard für die Wasserqualität? (Nein.) Sie *kombinieren* weiter: Die Getränke, die aus Maine kommen, sind vielleicht reiner als diejenigen, die aus New York kommen. Sie *kombinieren* noch weiter: Der Verbraucher möchte nicht nur die einzelnen Bestandteile, sondern auch ihre Herkunft kennen. Die *Idee:* Warum mache ich mir Gedanken über das Wasser, das ich trinke, während ich noch nicht viel über das Wasser nachgedacht habe, das mein Baby trinkt? *Neue Produktidee:* Baby-Quelle, reines Wasser für Babies aus den Gletscherquellen des arktischen Alaska.

Und so kann man immer weiter kombinieren.

Was aber geschieht, wenn Sie etwas bemerkt haben, das nur allzu offensichtlich ist? Sie bemerken zum Beispiel, daß alle Ihre Nachbarn bei Ausbruch des Krieges im Nahen Osten plötzlich Fahnenstangen hervorholten und jeden Tag die amerikanische Fahne hißten.

Das Offensichtliche: Es gibt wieder Patriotismus.

Die Kombination: Amerika ist total »in«.

Das Ergebnis: Neues Vertrauen in amerikanische Autos, amerikanische Technologie. Ein neuer Glaube an amerikanische Mixer, Fahrräder und Markenartikel.

Das Signal ist einfach: Die Patriot-Rakete hat funktioniert, nicht wahr? (Guter Name für ein neues Auto, ein Kind oder einen Hund.)

Und wenn es uns gelingt, die Qualität – und den Stolz – beizubehalten, werden alle in den USA hergestellten Produkte davon profitieren.

Als morgens im Fernsehen ein Interview mit einer Arbeiterin aus einer Patriot-Fabrik kam, in dessen Verlauf gezeigt wurde, mit welcher Sorgfalt sie jeden Draht befestigte, wurden auch die vierziger Jahre wieder lebendig – »Rosie an der Nietmaschine« war wieder da.

Das also ist Ihre Methode, ein Signal zu erkennen, sich einen Trend zunutze zu machen. Indem Sie sich das Leben genau anschauen.

So werden die neunziger Jahre für Sie zu einem großen (oder noch größeren) Erfolg

»Es ist immer und überall wie ein Déjà-vu-Erlebnis.«

(dem Yogi Berra zugeschriebener Ausspruch)

Im Geschäftsleben bedeutet Stillstand Rückschritt. Es kann nicht einfach alles beim alten bleiben. Die Zeiten, in denen die Verbraucher mit dem Vertrauten zufrieden waren, sind ein für allemal vorbei. Tradition reicht nicht mehr. Aber manchmal ergeben sich die besten Zukunftsideen aus Ihrem eigenen Background.

Es gibt einige Marken, berühmte Namen, die nie untergehen – oder verblassen. Um einige andere ist es still geworden, so daß sie eine trendgerechte Aktivierung brauchen. Noch andere sind zwar schon sehr groß, können aber noch größer, besser, profilierter werden. Zum Beispiel:

- »Green Giant« (»Der grüne Riese«): Wenn sie geschickt vorgehen, könnten sie den vegetarischen Bereich besetzen (gesund, krebsverhütend), während »Sprout« ein neues Sortiment für Kinder auf den Markt bringen könnte.
- »Bon Ami«: Vielleicht hat dieses sichere, ökologisch einwandfreie Reinigungsmittel die Welt für sich gewonnen (so rein und so giftfrei, daß man sich damit die Zähne putzen könnte).
- »Ford« und »Chrysler«: Wenn sie wieder den 57er Thunderbird und den Kombiwagen für Stadt und Land – aber auf dem Stand der Technik der neunziger Jahre – auf den Markt bringen würden, dann könnten sie den Wunsch der Amerikaner beflügeln, amerikanische Produkte zu kaufen.
- »Cream of Wheat«: Würde man das altmodische Image dieses leicht zuzubereitenden Gerichts wiederbeleben, könnte man ein Nostalgie-Frühstück schaffen, das durchaus mit »Quaker« konkurrieren könnte. Das wäre genau das Richtige.
- Digestifs (»Fernet-Branca«, »Grappa«): Die Getränke, die in den neunziger Jahren nach dem Essen genossen werden, könnten eine Aura von Gesundheit bekommen. Medizinisch wertvoll – lustvoller als »Alka-Seltzer«.
- »Speedy« (wie bei »Alka-Seltzer«): Führen Sie den Namen wieder ein! Für Schnellreparaturdienste für Fernseher, Faxgeräte, Autotelefone, Anrufbeantworter. Welch eine Erleichterung für die geplagten High-Tech-Verbraucher!
- »Schwinn«: Eine neue Generation von New-Age-Radlern wird den Wunsch haben, diesen Rolls-Royce unter den Fahrrädern auszuprobieren.
- »Haig & Haig Pinch«: Da wir weniger, dafür aber Besseres trinken, werden wir das Bedürfnis haben, mehr von diesem legendären Scotch zu trinken. Die schlanke Flasche bringt die stilvollen Trinkfreuden der frühen fünfziger Jahre zurück.

- »Timex«: Da wir nicht nur irgendwo »pünktlich ankommen«, sondern auch ein »sicheres Zuhause« haben wollen, hat Timex die große Chance, erschwingliche Sicherheitssysteme zu liefern, die man selbst installieren kann.
- »Tupperware«: Heraus aus der Küche und hinein in den Garten! Wie wäre es mit Gartengeräten (oder überhaupt Geräten), die mit einer lebenslangen Tupperware-Garantie in den Wohnungen verkauft werden?
- »Levi's«: Die Amerikaner fühlen sich in Levi's-Jeans wahnsinnig wohl. Jetzt wäre die Zeit für eine landesweite Kette von rustikalen Ferienranches mit diesem Namen gekommen.
- »Merck«: Auf seinem guten Namen in der Medizin aufbauend, könnte Merck zum Vorreiter für die kommende Industrie der »Pharmalebensmittel« werden; es könnte »gesunde Speisepläne« anbieten und die entsprechenden Nahrungsmittel – gut für Körper und Seele – auf dem Versandweg verkaufen.
- »Kleenex«: Reinigungsmittel für Allergiker zur Beseitigung aller Staub-, Pollen- und Giftpartikel sind für dieses »Anti-Schnupfen«-Unternehmen ein natürlicher Sprung in die Zukunft.
- »Miles One-a-Day Vitamins«: Dieses Unternehmen geht mit einem Pflaster in das nächste Jahrtausend, das dem Körper Vitamine und Mineralstoffe zuführt, wann immer er sie braucht.
- »Pathfinder«: Die Zukunft liegt in dem Namen. Das Unternehmen könnte auf neuen Pfaden wandeln, wenn es in die Bereiche Reisebücher, Tonbänder, Videokassetten, Atlanten, Landkarten und Taschenlampen expandieren würde.
- »McDonald's«: Vom »Essen für Kinder« über »Essen und Unterhaltung für Kinder« zu... Die Zukunft von McDonald's könnte in einer Kette von Kinderbetreuungszentren liegen; ein moralisch verantwortungsbewußter (und lukrativer) Weg für die kommenden Jahre.
- »Jeep«: Warum keine Campingausrüstung und -kleidung im verwegenen Abenteuer-Stil (für Camper und solche, die es werden wollen)?

- »Apple Computer«: Mit seinem Unternehmensethos, das bei allem High-Tech auf »leichte Bedienbarkeit« und »Spaß am Gerät« abgestellt ist, hat Apple die idealen Voraussetzungen für die Eröffnung einer Reihe von Lernzentren für Behinderte und die Einführung von computergestützten Hilfsmitteln für Stotterer und Lesegestörte.
- »Carter's«: Die »Schlafenszeit« war einmal die Domäne dieses Unternehmens. Mit einem schlaffördernden Kräutergetränk für Kinder könnte Carter's diese Domäne im New Age noch weiter ausbauen.
- »Whitman's«: Der traditionelle amerikanische Schokoladenhersteller (jedes seiner Produkte ist unverwechselbar) könnte die Bedürfnisse befriedigen, die sich aus den Trends »Länger jung bleiben«, »Möglichst lange leben« und »99 Leben« ergeben, wenn er eine Auswahl von Frisch-Desserts auf den Markt bringen würde, die sowohl in Drugstores als auch im Laden um die Ecke erhältlich sind.
- »Buster Brown«: Ein Unternehmen, das die Schuhindustrie noch einmal revolutionieren könnte, wenn es die individuelle Anpassung von Kinderschuhen durch Sonogramme einführen würde. (Erinnern Sie sich an Ihre Kindheit, als der Sitz der Schuhe mit Hilfe von Röntgenstrahlen geprüft wurde?) Dies wäre eine Kombination von gefahrloser Nostalgie und individueller Bedienung.
- »Perdue«: Der Hähnchenkönig könnte sein profilstarkes Konzept auf die Fischzucht übertragen; sie ist der zukünftige Wachstumsbereich der Ernährungsbranche.
- »Johnson & Johnson«: Die Leute, die sich so gut um Babies kümmern, sollten eine Kette von (arbeitsbezogenen) Einrichtungen für Senioren schaffen. Ein Unternehmen für lebenslange Betreuung!

Jetzt sind Sie an der Reihe, den Faden weiterzuspinnen.

Ausblick
auf die neunziger Jahre

Wenn man die Zukunft kennt, ist es ziemlich leicht,
die Gegenwart zu verstehen.

(1990)

Die Aussichten sind gut: Wir werden endlich lernen, unsere Technologie zu optimieren – unsere Ressourcen zu strecken und unsere Seele zu retten.

Dieses Jahrzehnt wird dadurch geprägt sein, daß die Verbraucher ihre inneren Kräfte gegen die äußeren Gefahren und Bedrohungen auf dem Gebiet der Wirtschaft, der Kriminalität, der Moral und der Umwelt mobilisieren.

Gewaltlosigkeit wird ein großes Thema sein – von der Therapie bis zur Ernährung. Die Sitzungen, bei denen vor ein oder zwei Jahrzehnten der Urschrei geübt wurde (kommt er uns heute nicht überflüssig vor?), werden von heiterer Gelassenheit geprägt sein; in den neuartigen »Psycho-Kliniken« von morgen werden Lichttherapien zugleich für unsere Stärkung und Entspannung sorgen.

Wir werden auch Nahrungsmittel haben wollen, die ohne Gewalt gewonnen werden. Man kann darüber streiten, ob Pflanzen weinen, wenn sie abgeschnitten werden, aber wir wollen keine Nahrung von Lebewesen, die grausam behandelt worden sind, damit sie auf unserem Teller landen können. Erinnern Sie sich an die Kampagne »Fleisch stinkt« von K.D. Lang, die sich gegen das brutale Abschlachten der Rinder richtete. Und an die Kampagne für größere und bessere Hühnerställe. Auch die Modebranche hat die Botschaft vernommen: Keine Pelze mehr von wilden Tieren, die mit Fußfallen gefangen wurden.

Die Stärkung der inneren Kräfte wird zu einem großen Geschäft werden – Psychonahrungsmittel; Selbstbehandlung; Streßmanagement; und Umwelttechnik, wie beispielsweise giftempfindliche Filter- und Testgeräte für Luft, Wasser und Nahrungsmittel.

Einige zukunftsträchtige Ideen

Hier sind einige neue Gedanken, einige neue Geschäftsideen, die – so meine Prognose – unsere nahe und ferne Zukunft bestimmen könnten.

Kontrollierte Flucht: Computer werden uns im Geiste nach Afrika, in den brasilianischen Regenwald, in den Himalaya entführen. Oder wir machen eine Zeitreise in die Französische Revolution oder in unsere eigene sichere Kindheit oder in die unserer Eltern und Großeltern.

Das Zeitalter des Denkens: In den späten neunziger Jahren werden wir einen neuen Respekt vor dem »Denken im Dienst des Überlebens« entwickeln. Wir haben gelernt, daß wir mit reiner Technik und roher Gewalt nicht sehr weit gekommen sind. Ein Streben nach Erkenntnis wird einsetzen. Wir werden unsere Denkfähigkeit in »geistigen Fitneßzentren« schulen, und es wird

Clubs geben, in denen wir Denk-Spiele spielen (eine riesige neue Industrie, die in den achtziger Jahren mit Nintendo begann). Ideal für die Kinder, die denkfaul geworden sind, weil sie sich zu sehr auf Taschenrechner und Computer verlassen. Wir werden Kräuter kaufen können, die das Denken anregen, und Kreativitätswasser, das unseren Verstand schärft, unsere Fähigkeiten steigert.

Zeit für sich selbst: In einer Umgebung, in der ökologisch, moralisch und bildungsmäßig vieles im argen liegt, wird der höchste Luxus darin bestehen, daß man ein Jahr lang aus dem Alltagstrott ausbricht. Dieser einjährige Urlaub, diese Art Freisemester, wird zum »Genuß« der neunziger Jahre werden und eine neue Industrie ins Leben rufen, die Ratschläge, Planungen und Zielvorgaben für die »Nichtkarriere« bereitstellt.

Schönheit als Wissenschaft: Alterungsbeständige Gesichtsimplantate werden Ihnen nach und nach ein altersloses Aussehen geben. Die Rehabilitationschirurgie wird Sie größer, breiter, stärker, gerader machen, und Ihr Seh- und Hörvermögen verbessern.

Öko-Wohnen: Es wird zunehmend die Tendenz bestehen, alles aufzugeben und an einen saubereren, gesünderen, sichereren Ort zu ziehen. Für immer. Und zum Wohl der Kinder.

Familienerweiterung: Es wird mehr Menschen geben (verheiratet oder unverheiratet, allein oder in Gruppen lebend), die Babies, kleine Kinder und Erwachsene adoptieren, denen es nicht so gut geht wie ihnen selbst.

Kinder als Experten: Wir erkennen endlich die Kraft, Klugheit und Intuition der Kinder; wir holen ihren sachkundigen Rat ein, setzen sie in unsere wichtigsten Gremien, wählen sie in politische Ämter und machen sie bei kriegerischen Konflikten zu Schlichtern. »Und ein kleines Kind soll uns führen« ist der Anti-Kriegs-Ruf der späten neunziger Jahre.

Androide Roboter im eigenen Besitz: Es werden nicht mehr Menschen sein, die Busse fahren, an der Kasse im Supermarkt sitzen oder Fast-Food (sowie andere Mahlzeiten) servieren. Diese Menschen werden durch Kolonnen von androiden Robotern ersetzt werden, die Ihren Hund spazierenführen oder Ihren

Krieg führen können. Außerdem sind sie auch nicht in der Gewerkschaft.

Kompostindustrie: Leichte (luftdichte) Kompostbehälter zum Selberbasteln werden in der Küche stehen, und in jedem Garten wird sich ein eingefaßter Komposthaufen befinden. Abfallvermeidung wird ein großes Geschäft werden, mit Kompostberatern, Büchern, Videos und Geräten.

Sicherheitsbildschirm: Eine tragbare Fernbedienung wird Ihre Haustür bewachen, auf Ihr Baby aufpassen, das Grundstück absuchen, Ihnen Botschaften übermitteln und sogar den Schmorbraten abstellen.

Traumarchitekten: Neue Beratungsdienste werden den Menschen helfen, ihre Träume zu erkennen und zu verwirklichen. Wir werden lernen, wie wir es erreichen können, daß unsere Träume kurz-, mittel- oder langfristig »wahr werden«, im Geschäftsleben, in der Kunst, in der Wissenschaft.

Baby-Haltestellen: Wo man seinen Kinderwagen leichter abstellen kann. Dort, wo Fast-Food angeboten wird, gibt es auch schnelle, aber gesunde Baby-Kost – in Kaufhäusern, Vergnügungsparks oder an der Straße.

Die Neuen Helden: Ökologische Retter – von den Wissenschaftlern, die ausgelaufenes Öl beseitigen, bis zu einem Serienstar, der »Öko-Mann« genannt wird. Der neue akademische Grad wird ein Magister der Ökologie sein.

Medizinische und juristische Zentren: Das Personal wird nicht aus Vollmedizinern oder -juristen bestehen, sondern aus Kräften, die gut genug geschult sind, um erste / schnelle Hilfe zu leisten – von Spritzen und Rezepten bis zur juristischen Beratung.

Aufklärungsgerät: Ein kleiner tragbarer Computer wird Sie über die soziale, ökologische, moralische Einstellung jeder Firma aufklären, die im Supermarkt vertreten ist. Er wird die Gewichte per Laser überprüfen und sogar Ihre Kassenbons nachrechnen.

Such-Chip: Ein Mikrochip, den ein Zahnarzt einem Kind in die Haut oder in die Zähne einpflanzt, wird es per Satellit sein Leben lang überall in der Welt aufspürbar machen.

Das erste Kapitel
meines nächsten Buches

Weil Sie nicht aufhören können, in die Zukunft zu blicken.
  Bei den Trends gibt es nie ein Ende.
  (Und die Zukunft ist nie dort, wo man gerade ist.)
  Wenn Sie dies also gelesen haben, werden Sie sagen müssen:
»Her mit dem nächsten, dem nächsten und dem übernächsten!«

BrainReserves Lektüreliste

Es folgt eine Auswahl der von uns gelesenen (gewöhnlich drei Leute, drei Stunden am Tag) und für unsere Trend-Bank ausgewerteten Publikationen. Zur Bestätigung von Trends und Gegentrends / Kehrseiten sowie Nebengleisen.

Allgemeine Informationen:
Time
Newsweek
People
New York
Modern Maturity
Essence
Emerge
California Magazine
Vanidades
Women
Vogue
Elle
BBW (Big Beautiful Women)
Sassy
Mirabella
Lear's
Good Housekeeping
Working Mother
New York Woman
Harper's Bazar
Mademoiselle
Victoria
Ladies' Home Journal
Allure
W

Männermagazine:
Esquire
Gentleman's Quarterly
Men's Health
M, inc.
Details

237

Aktuelle Nachrichten:
The New York Times
The Wall Street Journal
USA Today
The Washington Post
Newsday
U. S. News & World Report
Le Monde

Wissenschaft:
Discover
Technology Review
The Futurist
Omni
Science Digest

Gesundheit:
American Health
Longevity
Self
In Health
Health Watch
Vegetarian Journal
Changes

Essen und Trinken:
Bon Appétit
Gourmet
Food & Wine
Eating Well
Vegetarian Times

Wohnen:
Metropolitan Home
HG
Architectural Digest

Reisen / Ausland:
Conde / Nast Traveler
European Travel & Life

Travel & Leisure
Soviet Life
Tokyo Journal
Harper's & Queen
Marie Claire
Arena
Elegance (Niederlande)

Unterhaltung / Klatsch:
Interview
National Enquirer
L. A. Style
Vanity Fair
Entertainment Weekly
Premiere
TV Guide
Billboard
Variety
Rolling Stone

Literatur / Kunst:
The New Yorker
Granta
The Quarterly: New American Writing
Journal of Popular Culture
Publishers Weekly
The Atlantic
Harper's
Art & Antiques
Grand Street

Wirtschaft:
The Economist
Japan Economic Journal

Geschäftsleben:
Fortune
Forbes
Business Week
Entrepreneur
Inc.
Business Ethics

238

Politik:
The Nation
New Republic
The Manchester Guardian
The Washington Spectator
Politique Internationale
Reason
Z
Mother Jones

Umwelt:
Garbage
Greenpeace
Earthwatch
Buzzworm
E: The Environmental Magazine
The Earthwise Consumer
The Amicus Journal
EcoSource

**Mitteilungsblätter und
Fachpublikationen:**
John Naisbitt's Trend Letter
Mayo Clinic Health Letter
Tufts Nutrition Letter
Berkeley Wellness Letter
Research Alert
Consumser Confidence Survey
The Art of Eating
Britchkey Restaurant Letter

New Product News
Food Industry Newsletter
Food Marketing Briefs
Food & Beverage Marketing
Market Watch: The Wines,
Spirits & Beer Business
Top Shelf: Barkeeping At Its Best
Chain Drug Review
National Home Center News
Supermarket News
Consumer Reports
National Boycott News
Advertising Age
Adweek's Marketing Week

New Age:
New Age
Whole Earth Review
East West
Yoga Journal
Design Spirit
New Realities

Exzentrisches:
Utne Reader
Libido: The Journal of Sex & Sensibility
Monk: Public Diary of the Pilgrim's
Journey
Paper
Outweek

Anhang:

Wie die von »Fortune« ermittelten 500 Größten (und andere) die Zukunft sehen

Beruhigende Gedanken.
»Wir werden bald einen rasanten Aufschwung der ›aufbauenden Medikamente‹, d. h. der Anti-Streß-Medikamente erleben. Obwohl wir die Zukunft der Halbleiter kennen, haben wir noch keine Vorstellung davon, wie wir die Biochemie des Gehirns steuern können. Aber wir werden sie steuern.«

> Ian A. Martin,
> Vorsitzender und geschäftsführender
> Direktor, Grand Metropolitan Food Sector

Das Barometer der Initiative.
»Man spricht von Marktfluktuation. Ich habe den Eindruck, daß das Auf und Ab des Marktes von der Initiative und Kreativität der Menschen abhängt, die das Marktgeschehen bestimmen. Unsere Marktchancen steigen, wenn wir Initiative, Erfindungsgeist und Kreativität entwickeln. Und sinken, wenn wir träge sind oder auf der Stelle treten.«

> Robert M. Phillips,
> Vorsitzender und geschäftsführender
> Direktor, Unilever Personal Products Group
> USA

Der nächste Schritt.
»Die traditionellen Warenzeichen und Marken wird es in Zukunft genauso geben wie heute. Aber durch die Computertechnik, durch Modeme oder Gesprochene Post wird man in der Lage sein, eine zentrale Stelle anzurufen, um alle notwendigen Güter für die nächsten dreißig Tage zu bestellen – und man wird sie dort abholen können, wie man Sachen von der Reinigung abholt.«

> Michael K. Lorelli,
> Präsident, Pepsi-Cola East

Tu Gutes, sei gut.
»Es ist wunderbar, weibliche Prinzipien im Geschäftsleben anzuwenden – ein Unternehmen mit Gefühl, Instinkt, Intuition und Leidenschaft zu führen. Hinter dem Konzept von Pflegen und Teilen steht eine sehr starke weibliche Ethik, und ich glaube immer noch, daß Frauen den Markt verändern können.«

> Anita Roddick,
> Geschäftsführerin, The Body Shop
> International PLC

Marketing nach innen und nach außen.
»Immer mehr Dienstleistungsunternehmen erkennen, daß ihre eigene Belegschaft eine ihrer wichtigsten Zielgruppen ist. Je besser sich die Angestellten fühlen und je positiver sie dem Unternehmen gegenüber eingestellt sind, desto positiver sind sie dem Kunden gegenüber eingestellt.«

> Michael W. Gunn,
> Erster Vizepräsident, Abteilung Marketing,
> American Airlines

Zukunftsoptik.
»Die Glasfaseroptik wird das Aussehen der Städte verändern. Die Arbeitnehmer werden auch meilenweit von ihren Unternehmen entfernt arbeiten können; deshalb wird es weniger notwendig sein, die Innenstädte mit großen Bürohochhäusern vollzubauen.«

> Henry E. Kates,
> Präsident und geschäftsführender Direktor,
> Mutual Benefit Life

Die Macht des Richtigen.
»Wie sehr sich Vertrieb und Einzelhandel auch verändern, entscheidend wird immer der Markenartikel sein. Die Geschäfte werden weiterhin auf erfolgreichen Marken mit den richtigen Werten basieren. Bei Speisen und Getränken kommt es natürlich in erster Linie auf den hervorragenden Geschmack an, aber die großen Marken von morgen werden auch unter dem Gesichtspunkt der Ernährung die richtigen Eigenschaften haben müssen.«

> William G. Pietersen,
> Präsident, Seagram Beverage Group

Warten auf ein neues Postsystem.
»Da die Postgebühren wesentlich schneller steigen als die Inflationsrate, wird der amerikanischen Bundespost mit Sicherheit ernsthafte Konkurrenz erwachsen.

241

Den traditionellen Großpostkunden stehen immer mehr Alternativen zur Verfügung.«

Reginald K. Brack, Jr.
Vorsitzender, Präsident und
geschäftsführender Direktor,
Time Warner Publishing

Ein Huhn in jedem Gewächshaus.
»In Zukunft werden Gewächshäuser ein fester Bestandteil von Wohnungen und Häusern sein, und die Menschen werden ihr eigenes Gemüse und ihre eigenen Kräuter anbauen, vielleicht sogar Schweine und Hühner halten. Das Gewächshaus wird genauso wichtig sein wie das Badezimmer.«

Michael Roux,
Präsident, Carillon Importers, Ltd.

Schneller als ein Geschoß.
»Mich beunruhigt, daß die Phasen des Konjunkturzyklus, der das Auf und Ab der Wirtschaft regelt, immer kürzer werden, und daß einige Gipfel höher, einige Täler tiefer werden. Man muß viel mehr auf Draht sein als früher. Man muß die Fähigkeit haben, nicht in Panik zu geraten oder überzureagieren. Sicherheit und Beständigkeit waren für die Generation meines Vaters kennzeichnend. Aber heute kommt es auf das Reaktionsvermögen an.«

I. M. Booth,
Präsident und geschäftsführender Direktor,
Polaroid Corporation

Die neue Führerpersönlichkeit.
»Die zukünftige Führung der Wirtschaft wird keine Ähnlichkeit mehr mit jener der Vergangenheit haben. Die Führungsrolle wird darin bestehen, éine ›Vision‹ für das Unternehmen zu entwerfen und eine Kultur zu entwickeln, die zuhören kann – den Kunden, den Arbeitnehmern – und letzteren dann freie Hand gibt, ihre Aufgaben wahrzunehmen. In einer komplexen Welt, die sich rasch verändert, die sich in einem ständigen Kommunikationsprozeß befindet und die von sehr unterschiedlichen Arbeitskräften abhängig ist, wird der alte Führungsstil, der auf Befehl und Kontrolle basierte, nicht mehr funktionieren. Die Führungskräfte der Zukunft werden hohe Ziele setzen, die Standards definieren und eine Kultur schaffen müssen; den Rest müssen sie den Mitarbeitern überlassen.«

Martin J. Pazzani,
Vizepräsident, Abteilung Marketing,
Heublein, Inc.

242

A-B-C, Uno, Dos, Tres.

»Es gibt keine einfache Antwort auf unsere vielen Probleme, aber eines ist ganz sicher: Das öffentliche Schulsystem ist die Grundlage einer demokratischen Gesellschaft. Und eine Kultur, die Menschen hervorbringt, die nicht richtig lesen und schreiben können, ist, besonders in der heutigen Zeit, hochgradig gefährdet. Unser Schulsystem in Ordnung zu bringen, ist unser größtes Problem.«

John R. Opel,
Vorstandsvorsitzender, IBM Corporation

Das Ende des Small Talk.

»Die persönlichen Beziehungen werden sich schwieriger gestalten, weil immer mehr Menschen an Computern arbeiten müssen. Es wird noch weniger Interaktion geben, und die Menschen werden nicht mehr so ausgefeilte Kommunikationsfähigkeiten haben wie heute. Die Kunst des Lesens und des Gesprächs wird verlorengehen. Das geschieht bei unseren jungen Leuten bereits heute. Kein Small Talk. Das ist eine ernste Bedrohung für unsere Kultur.«

Ellen Merlo,
Vizepräsidentin, Abteilung Marketing,
Philip Morris USA

Läden ohne Wände.

»Ich glaube, daß wir eine erhebliche Ausweitung des Versandgeschäfts erleben werden. Wir werden unsere Bestellungen für Lebensmittel und alle anderen lebenswichtigen Güter in mysteriöse Maschinen eingeben. Wir gehen nicht in Geschäfte, weil wir es müssen, sondern weil wir es wollen, weil wir unter die Leute kommen und etwas erleben wollen.«

Ronald Ahrens,
Präsident der Kundenabteilung,
Bristol-Myers Squibb

Das Unternehmen als Bildungsvermittler.

»Meiner Ansicht nach haben Unternehmen eigentlich nicht die Aufgabe, Bildung zu vermitteln, aber jedes Unternehmen, das erkennt, was sonst geschehen würde, wird diese Verantwortung zwangsläufig übernehmen. Mangels Alternativen werden die Unternehmen im Bildungssektor die Zügel in die Hand nehmen.«

Philip J. Riese,
geschäftsführender Vizepräsident und
Generaldirektor, Abteilung Persönliche
Kreditkarten, American Express Company

Das Richtige tun.

»Ist das Wort Unternehmensethik ein Oxymoron? Was genau ist die Rolle des heutigen Unternehmens? Wir befinden uns auf sehr konkrete Weise in einer wunderbaren Übergangsperiode. Vielleicht wissen wir noch nicht, wie wir es anstellen sollen, aber wir wollen das richtige Produkt mit der richtigen Verpackung von dem richtigen Unternehmen kaufen.«

Sam Keen, Autor

Wir wollen Ihr Gesicht sehen.

»Das anonyme Marketing funktioniert nicht mehr. Die Verbraucher wollen nicht nur wissen, *was* sie kaufen, sondern *von wem* sie kaufen. Sie wollen die *Menschen* kennen und nicht das *Logo*. Kontakt zum Verbraucher herzustellen, ist genauso wichtig wie ein Produkt zu entwickeln.«

Frank P. Perdue,
Aufsichtsratsvorsitzender,
Perdue Farms Inc.

Unsicherheit am Arbeitsplatz.

»Die größte Veränderung der letzten zehn Jahre besteht darin, daß sich heute niemand mehr sicher fühlt. Man kann nicht vierzig Prozent der Belegschaft eines Unternehmens entlassen und verlangen, daß die restlichen sechzig Prozent meinen, sie hätten für den Rest ihres Lebens einen sicheren Arbeitsplatz. Ich glaube, daß die Japaner die nächsten sind, die diese Erfahrung machen werden. Sobald diese überdehnte Wirtschaft anfängt, Leute zu entlassen, wird das ganze Konzept erschüttert sein, für das Japan steht – lebenslange Arbeitsplätze, Treue gegenüber dem Unternehmen.«

Jay Chiat,
Vorsitzender und geschäftsführender
Direktor, Chiat / Day / Mojo / Inc.
Advertising

Schwindeleien sind teuer.

»Die Unternehmen erkennen, daß ein unmoralisches Verhalten sehr teuer sein kann. Die Zahl der Prozesse nimmt ungeahnte Ausmaße an... ebenso die Zahl der Vergleiche, wenn die Unternehmen das Verfahren verkürzt haben.«

Mary Cunningham Agee,
Geschäftsführende Direktorin,
The Nurturing Network

Nostalgie.

»Nostalgie, diese tiefe Sehnsucht nach der Vergangenheit, erfaßt die Menschen heute in einem jüngeren Alter als jemals zuvor. Früher war es so, daß nur Menschen, die bereits ein reifes Alter erreicht hatten, auf die guten alten Tage zurückblickten. Heute sind es Menschen in den späten Dreißigern oder frühen Vierzigern, die zunehmend der jüngeren Vergangenheit nachtrauern. Andere Generationen konzentrierten sich mehr auf die Fragen der Zukunft.«

> Adam Hanft,
> Präsident und künstlerischer Leiter,
> Slater Hanft Martin, Inc.

Kleine Genüsse können ein großes Geschäft sein.

»Vor zwölf oder fünfzehn Jahren, als ich häufig in Europa war, stieß ich auf die wunderbaren lackierten Kugelschreiber von Dupont. Bei uns kostete ein guter Kugelschreiber zwölf oder fünfzehn Dollar – diese hingegen kosteten den Gegenwert von 125 Dollar. Zum ersten Mal ging mir auf, wieviel Geld die Leute für etwas Besonderes ausgaben. Für nur hundert Dollar konnte man etwas absolut Exquisites kaufen – das, was ich einen ›erschwinglichen Aufheiterer‹ nenne. Der Wunsch nach solchen Dingen wird in Zukunft noch zunehmen.«

> Leslie H. Wexner,
> Vorsitzender und geschäftsführender
> Direktor, The Limited, Inc.

Die sanfte Beeinflussung.

»Das Magisch-Neue befand sich bisher immer im *Produkt.* Jetzt aber liegt es außen, in der Verpackung. Und ›umweltfreundliche‹ Produkte werden wichtiger sein als ›natürliche‹, das Schlagwort der letzten zehn Jahre. Auch das Geschäft mit den Düften wird eine Wiederbelebung erfahren – Lufterfrischer in neuen Formen, Lotionen mit Duftkomponenten, die entspannend oder schlaffördernd wirken.«

> Cornelius J. Goeren,
> Direktor, Abteilung Entwicklung neuer
> Produkte, The Mennen Company

Herunterschalten, aussteigen.

»Die Konzernwelt ist eine stagnierende, unbefriedigende, unehrliche, schreckliche Welt. Warum sollte irgend jemand den Wunsch haben, sich ihr anzuschließen? Der kluge Mensch lehnt sich zurück, wägt alle seine Optionen ab, sagt, das brauche ich nicht, und geht. Wir werden erleben, daß sich das Schwergewicht von der Güterproduktion auf die Dienstleistungen verlagert. Unternehmer, dies ist eure Stunde.«

> Marquis Visich de Visoko

245

Graphik des Projektablaufs bei BrainReserve

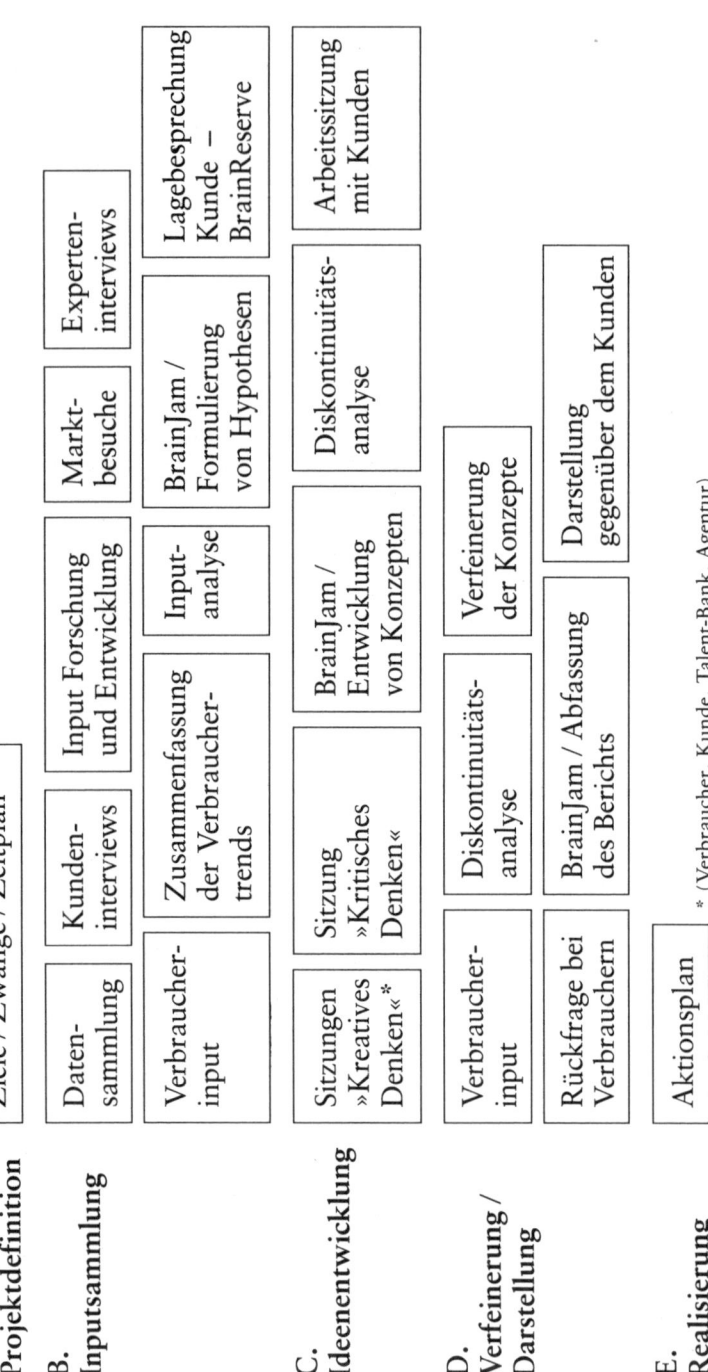

A. Projektdefinition
Ziele / Zwänge / Zeitplan

B. Inputsammlung
Datensammlung · Kundeninterviews · Input Forschung und Entwicklung · Marktbesuche · Experteninterviews
Verbraucherinput · Zusammenfassung der Verbrauchertrends · Inputanalyse · BrainJam / Formulierung von Hypothesen · Lagebesprechung Kunde – BrainReserve

C. Ideenentwicklung
Sitzungen »Kreatives Denken«* · Sitzung »Kritisches Denken« · BrainJam / Entwicklung von Konzepten · Diskontinuitätsanalyse · Arbeitssitzung mit Kunden

D. Verfeinerung / Darstellung
Verbraucherinput · Diskontinuitätsanalyse · Verfeinerung der Konzepte
Rückfrage bei Verbrauchern · BrainJam / Abfassung des Berichts · Darstellung gegenüber dem Kunden

E. Realisierung
Aktionsplan

* (Verbraucher, Kunde, Talent-Bank, Agentur)

Danksagung

Meine besondere Anerkennung und mein besonderer Dank gilt Cheryl Merser, die die vielen Entwürfe zu diesem Buch überarbeitet und viel dazu beigetragen hat, ihm seine Form zu geben; meiner Lektorin Harriet Rubin, die das Projekt inspiriert und betreut hat; meiner Agentin Binky Urban, die früh an mich glaubte; und der BrainReserve-Familie, die arbeitete und arbeitete, ohne sich zu beklagen. Ein besonders herzliches Dankeschön an:

Melinda Davis, unsere hochbegabte Leiterin der Abteilung Neue Ideen, deren spektakuläre Ideen in den Text eingeflossen sind; Ash DeLorenzo, Leiter der Trend-Abteilung, dessen Kenntnisse und Voraussicht uns viele aufschlußreiche Blicke in die Zukunft erlauben; die unermüdliche Michele Rodriguez-Cruz, Leiterin der Talent-Bank, die wie gewöhnlich ihr Bestes gab; Jo-Ann Robotti, unsere engagierte Projekt-Leiterin; Nadja Bacardi, unsere unerschrockene kaufmännische Leiterin; Debbie Holstein, unsere wunderbare Projekt-Leiterin für den Westen; und Carmen Colon-Medina, David Hardcastle, Paul Brennan, Nancy Campbell, Barbara Buckner und Linda Bartsch, die alle ihren Teil zum Fortgang der Sache beigetragen haben; mein ganz besonderer Dank gilt Mary Kay Adams Moment, der Leiterin von TrendView, die mir treu zur Seite stand und dafür sorgte, daß nichts schief- und alles gutging; sowie meiner Schwester, Mechele Flaum, die die Gesamtleitung des Unternehmens innehat und deren Unterstützung und unbeirrbarer Glaube mir wie immer geholfen haben, mein Ziel zu erreichen; sie hat sich um das »Geschäft« gekümmert, als ich mich um das Buch gekümmert habe.

Vielen, vielen Dank all den hervorragenden Persönlichkeiten, die von ihren ohnehin schon ausgebuchten Tagen und Nächten kostbare Zeit geopfert haben, um mir zu sagen, wie sie die Zukunft sehen:

Anthony J. Adams, Vizepräsident, Marktforschung, Campbell Soup Company

William Agee, Vorsitzender und geschäftsführender Direktor, Morrison Knudsen Company

Ronald Ahrens, Präsident der Kundenabteilung, Bristol-Myers Squibb

Geri Bauer, Präsident, Jellybean Photographic Labs

Herbert M. Baum, Präsident, Campbell Soup Company

James R. Behnke, Erster Vizepräsident, Abteilung Wachstum und Technologie, The Pillsbury Company

Gerti Bierenbroodspot, Künstlerin und Schriftstellerin, Amsterdam, Niederlande

I. M. Booth, Präsident und geschäftsführender Direktor, Polaroid Corporation

Reginald K. Brack, Vorsitzender, Präsident und geschäftsführender Direktor, Time Warner Publishing

Jay W. Brown, Vorsitzender und geschäftsführender Direktor, Continental Baking Company Inc.

Robin Burns, Präsident und geschäftsführender Direktor, Estée Lauder, USA

Herman Cain, Präsident und geschäftsführender Direktor, Godfather's Pizza

William I. Campbell, Präsident und geschäftsführender Direktor, Philip Morris USA

Dr. Marvin J. Cetron, Präsident, Forecasting International, Ltd.

Kenneth I. Chenault, Präsident, Kundenkreditkartenabteilung USA, American Express Company

Jay Chiat, Vorsitzender, geschäftsführender Direktor In- und Ausland, Chiat / Day / Mojo, Inc., Advertising

Joseph R. Chiesa, Abteilungsdirektor, Johnson & Johnson

Patrick Choel, Vorsitzender, Elida Gibbs-Fabergé, Paris, Frankreich

Ben Cohen, Mitbegründer und Vorsitzender, Ben & Jerry's Homemade Inc.

Elizabeth Heller Cohen, Bereichsleiterin Marketing, Beech-Nut Nutrition Corporation

Janet Coleman, Verlegerin, Doubleday

Robert Collier, Erster Vizepräsident, Abteilung Marketing-Strategie, Intercontinental Hotel Group

Edwin M. Cooperman, Präsident und geschäftsführender Direktor, TRS Nordamerika, American Express Company

Roger J. Crudington, Vizepräsident, Abteilung Marketing, Jafra Cosmetics, Inc., USA

Hugh Cullman, stellvertretender Vorsitzender im Ruhestand und Berater, Philip Morris Companies, Inc.

Mary Cunningham, geschäftsführende Direktorin, The Nurturing Network

Laurel Cutler, stellvertretender Vorsitzender, Abteilung weltweite Marketingplanung, FCB / Leber Katz Partners

David S. Daniel, geschäftsführender Direktor, Evian Waters of France, Inc.

Philip Davis, Direktor, Entwicklungsabteilung Neue Produkte, Anheuser-Busch Companies

Jerry Della Femina, Vorsitzender, Della Femina, McNamee, Inc.

Karen Dubinsky, Marketing Insights, Inc.

Robert Edmonds, Esq., Edmonds & Beier, P.C.

Phylis M. Esposito, Inhaberin, Artemis Capital Group Inc.

John B. Evans, geschäftsführender Vizepräsident, Abteilung Entwicklung, The News Corporation, Ltd.

Carol Farmer, Präsident, Carol Farmer Associates

David Fink, Esq.

Richard Finn, Präsident, Chesebrough-Pond's USA

Peter J. Flatow, Präsident, Ryan Management Group

Sander A. Flaum, Präsident und geschäftsführender Direktor, Robert A. Becker, Inc.

Susan Foley, Vizepräsidentin, Abteilung Marketing, Eveready Battery Company

Sharon Fordham, Erste Direktorin, Abteilung Marketing und Neuabschlüsse, Nabisco Biscuit Company

George Friedman, Vorsitzender und geschäftsführender Direktor, Gryphon Development, L.P.

Elaine Garzarelli, geschäftsführende Vizepräsidentin, Leiterin der Abteilung Branchenanalyse, Lehman Brothers

Richard Gillman, Direktor, Bally's Park Place Casino Hotel

Cornelius J. Goeren, Direktor, Entwicklungsabteilung Neue Produkte, The Mennen Company

H. John Greeniaus, Präsident und geschäftsführender Direktor, Nabisco Brands, Inc.

Amy Gross, Redakteurin, *Mirabella*

Adam Hanft, Präsident und künstlerischer Leiter, Slater Hanft Martin, Inc.

T. George Harris, Gründer und Herausgeber, *Psychology Today* und *American Health*

Donald D. Hollander, Präsident, Roche Dermatologics, Tochterfirma von Hoffman-La Roche Inc.

R.L. Hunt

Carole Isenberg, Big Light Films

Laurie S. Kahn, geschäftsführender Vizepräsident, Leiter der Abteilung Werbesendungen, Young & Rubicam New York

John Kapioltas, Aufsichtsratsvorsitzender, Präsident und geschäftsführender Direktor, ITT Sheraton Corporation

Mitchell Kapor, Vorsitzender, On Technology, Inc.

David Kearns, Vorsitzender, Xerox Corporation

Sam Keen, Autor
Ayse Manyas Kenmore, Eigentümer, Krause's Sofa Factory
Robert H. Kenmore, Präsident, Equivest Partners, Inc.
William Lauder, Vizepräsident und Generaldirektor, Origins Natural Resources, Inc.
Peter & Sandra Lawrence
Claire Cosner Leggett
Carl Levine, Erster Vizepräsident, Bloomingdale's
Judy Licht, Fernsehjournalistin
Charles A. Lieppe
Michael K. Lorelli, Präsident, Pepsi-Cola East
Oren Lyons, Häuptling des Irokesen-Stammes
Reuben Mark, Vorsitzender, Präsident und geschäftsführender Direktor, Colgate-Palmolive Company
Ellen Marram, Präsidentin und geschäftsführende Direktorin, Nabisco Biscuit Company
Ian Martin, Vorsitzender und geschäftsführender Direktor, Grand Metropolitan Food Sector
Leo P. McCullagh, Leiter der Abteilung Produktdiversifizierung, Philip Morris USA
Jack McDonough, geschäftsführender Vizepräsident, Abteilung Internationales Marketing, Anheuser-Busch Companies
Brian McFarland, Präsident, Abteilung Körperpflege, The Gillette Company
Bill McGibbon
Gordon R. McGovern, Präsident im Ruhestand, Campbell Soup Company
William McKnight, Präsident und geschäftsführender Direktor, Nabisco Foods Company
Mike Medevoy, geschäftsführender Vizepräsident, Orion Pictures
Ellen Merlo, Vizepräsidentin, Marketing-Abteilung, Philip Morris USA
Sandra Meyer, Vorstandsmitglied, Unternehmensbereich, Citibank N. A.
Grace Mirabella, Verlagsdirektorin, *Mirabella*
James J. Morgan, Vizepräsident, Marketingplanung, Philip Morris USA
Joanne Newbold, Newbold Schkufza Design Associates
Sol M. (Mike) Nissel, Partner, Nissel & Nissel
William Norman, geschäftsführender Vizepräsident, National Railroad Passenger Corporation
John R. Opel, Vorstandsvorsitzender, International Business Machines Corporation
Peter M. Palermo, Vizepräsident und Generaldirektor, Abteilung Unternehmensdarstellung beim Verbraucher, Eastman Kodak Company
Frank P. Perdue, Aufsichtsratsvorsitzender, Perdue Farms Inc.
Morris Perlis, Präsident und Generaldirektor, TRS Canada, American Express Company
Peter G. Peterson, Vorsitzender, The Blackstone Group

William G. Pietersen, Präsident, Seagram Beverage Group

Robert M. Phillips, Vorsitzender und geschäftsführender Direktor, Bereich persönliche Bedarfsartikel, Unilever USA

Rex Proctor, Vizepräsident und Direktor, Continental Baking Company

Jack Rehm, Präsident und geschäftsführender Direktor, Meredith Corporation

C. Duncan Rice, Dekan, Philophisch-Naturwissenschaftliche Fakultät, New York University

Phillip J. Riese, geschäftsführender Vizepräsident und geschäftsführender Direktor, Personalkarten-Abteilung, American Express Company

Judi Roaman, Präsidentin, Confetti & J. Roaman, East Hampton, N. Y.

Anita Roddick, Geschäftsführerin, The Body Shop International

Peter Rogers, Präsident und geschäftsführender Direktor, E. J. Brach Corporation

Michel Roux, Präsident, Carillon Importers, Ltd.

Joseph Sadow, Esq.

Eduardo Sardina, geschäftsführender Vizepräsident und Generaldirektor, Bacardi Imports, Inc.

Robert L. Schwartz, Präsident, Lionhead Transport, Ltd.

John Sculley, Vorsitzender, Präsident und geschäftsführender Direktor, Apple Computer, Inc.

Arthur Shapiro, Vizepräsident, Bereichsleiter Marketing, Abteilung Neue Produkte, The House of Seagram

Robert Sheasby, Vizepräsident, Abteilung Marketing, Chesebrough-Pond's Inc.

Allen Sherman, Vizepräsident, Entwicklung neuer Produkte, Schenlex Industries Inc.

John Signore, Präsident und geschäftsführender Direktor, Continental Baking Company

Thomas Silberg, stellvertretender Vizepräsident, Leiter der Abteilung Gesundheitssysteme, Hoffman-La Roche Inc.

Jacqueline Simon, Leiterin des US-Büros und Mitherausgeberin, *Politique Internationale*

Pierre F. Simon, Präsident, Multicorp, Inc.

Janet Siroto, freie Schriftstellerin

Anne Slattery, Geschäftsführerin der Einzelhandelsbank, Citibank N. A.

Patrick J. Slattery, Coldwell Banker Residential Real Estate Inc.

William T. Smail, Generaldirektor, Acura Motorcars of South Hills

Richard Socarides, Esq.

Howard Stein, Aufsichtsratvorsitzender und geschäftsführender Direktor, The Dreyfus Corporation

Sylvia Stein, Consumer Eyes, Inc.

Martha Stewart, Martha Stewart, Inc.

Laura Teller, Präsidentin, Teller Management Consulting

Jimmu Tenno

Eric Utne, Präsident / Chefredakteur, *Utne Reader*

W. Anthony Vernon, Leiter des Produktbereichs, McNeil Consumer Products
Company
Marchioness Judith Anne Visich de Visoko
Marquis Visich de Visoko
Scott A. Wallace, geschäftsführender Vizepräsident, George A. Hormel & Co.
Larry Weisberg, Erster Vizepräsident, Waring & La Rosa, Inc.
Walter Weissinger, Erster Vizepräsident, New York Life Insurance Company
Dick West, Dekan, Leonard N. Stern School of Business, New York University
Leslie H. Wexner, Aufsichtsratsvorsitzender, The Limited, Inc.
Jim Williams, Eigentümer, Williams Inference Service
Bruce Wood, Präsident, Planters LifeSavers Company
Mort Zuckerman, Vorsitzender und Chefredakteur, *U. S. News & World Report*

Und vier Mitglieder des ersten BrainReserve-Teams: mein erster Partner, der kreative Stuart Pittman; unsere erste Assistentin Virginia Danner; der liebe Max Reimerdes; und unsere New-Business-Advokatin (und Charmeurin) Cheryl Hendrickson-Swanson.

Register